고통 속에 감추인 은혜의 경륜

The Crook
in the Lot

by
Thomas Boston

고통 속에 감추인
은혜의경륜

토마스 보스톤 지음 | 서문 강 옮김

청교도신앙사

Contents

역자의 말 _ 6

1부 우리의 고통과 하나님의 주권

1. 고통에 대한 믿음의 바른 관점   18
2. 굽게 하신 하나님의 주권   24
3. 모든 환난을 주장하시는 하나님의 주권   50
4. '굽은 것'을 방편 삼아 영적으로 유익하게 하시는 하나님   62
5. '굽은 것'과 관련된 교리의 작용   78
6. 하나님께서 '굽게 하신 것'을 곧게 펴려는 시도의 한계   95

2부 고통의 때에 견지할 믿음의 자세

7. '굽은 것'을 대하는 정당한 자세   114
8. '굽은 것'을 바르게 숙고하는 마음을 얻는 경로   135
9. '굽은 것' 아래서 겸손한 마음의 덕   151
10. 완고하고 교만한 자들이 '굽은 것'에 대하여 가지는 태도   170
11. 겸손의 좋은 열매들   180
12. '굽은 것'에 적응하는 겸손한 자에 관한 교훈의 적용   193

3부 낮은 자리에서 높이시는 하나님

- 13 하나님의 능하신 손 아래서 목표해야 할 큰 일 218
- 14 겸손에 이르기 위한 실천 방안들 234
- 15 환난 중에 겸비한 자들에게 주어진 약속의 때 255
- 16 환난 중에 있는 성도가 높여질 소망의 근거 264
- 17 겸손한 자기 백성을 높이시는 하나님의 주권의 다양성과 관련된 여러 의문들 284
- 18 겸손한 자들이 높아지는 내용 294
- 19 겸손한 마음의 요건들 309
- 20 하나님의 높여주심의 절정 316

역자의말

　　　　　먼저 이 책을 이렇게 새롭게
한국교회에 선을 보이게 허락하신 하나님 우리 아버지께 우리 주 예수
그리스도의 이름으로 감사와 영광과 존귀를 드리는 바입니다.

　본서는 솔로몬의 전도서 7장 13절 말씀을 기초 본문으로 삼고 있습니다.
"하나님께서 행하시는 일을 보라 하나님께서 굽게 하신 것을 누가 능히 곧
게 하겠느냐?"
　이 본문의 핵심을 주제로 삼아 지상의 성도들의 단골 메뉴와도 같은
'고통'의 문제를 하나님의 은혜와 그 능하신 손아래서 어떻게 접근해야
하는지를 가르치고 있습니다.
　이 책의 원제는 'The Crook in the Lot' 입니다. 그대로 직역하면
'몫 속에 들어 있는 굽은 것' 이라고 하겠지요. 하나님께서는 지상에 있
는 당신의 자녀들에게 분정(粉定)된 몫을 각자에게 주시되, 그 속에 '굽
은 것'을 주시어 고통을 느끼게 하신다는 것입니다. 하나님의 백성들
중에 이 면에서 면제된 사람은 하나도 없습니다. 물론 그리하시는 하나
님의 목적은 그들로 '고통당하게 하는 것 자체'를 위한 것이 아닙니다.
도리어 그리스도 예수님 안에서 사랑하시어 구원하신 당신의 자녀들을

향하신, 하늘에 속한 신령한 '은혜의 경륜'을 그 '고통의 현실'이라는 방편으로 이루고자 하심입니다.

그러므로 그리스도인들이 지상에서 하나님께서 주권적으로 나누어 주신 '자기 몫 속에 들어 있는 굽은 것 때문에 고통당할 때' 그 현실 자체만을 주목하는 것은 그릇됩니다. 오히려 그 고통을 방편으로 깊고 긍휼어린 '은혜의 경륜'을 이루어 나가시는 하나님의 손을 믿음으로 주목해야 해야 합니다. 그래서 '고통 속에서도' 성경이 말하는 참 신자는 믿음과 소망과 사랑을 견지합니다. 그 속에서 참된 겸손으로 궁극적으로 자신을 높이실 하나님의 능하신 손아래 복종하는 실천적인 능력을 소유한 자입니다.

그런데 그 '고통 속에서 사랑하시는 하나님의 손'을 주목하는 것이 그리 간단한 문제가 아닙니다. 단순한 개념이 아닙니다. 스펄전 목사님이 어느 설교에서 '믿음의 사람들은 교리적이요, 체험적이요, 실천적인 사람들이라.'고 하였듯이, 이 문제는 교리와, 은혜의 체험과 실천적인 의지와 능력의 문제입니다. 이 책에서 저자는 바로 지상의 조건 속에서 하늘 본향을 가는 성도가 자기 '몫에 주어진 그 고통의 실상'을 어떻게 대처해야 하는지를 그렇게 교리적으로, 체험적으로, 실천적으로 제시하고 있습니다.

그래서 이 책을 읽는 모든 독자들은 '자기 몫에 하나님께서 섭리적으로 숨겨 놓으신 고통의 요인들'을 신령하게 대처하는 법을 알고, 고통 중에서도 기쁨과 자유함을 가지는 비결을 갖게 될 것입니다. 독자 제위여, 사도 바울이 그 모진 고난 속에서도 "기뻐하라. 내가 다시 말하노니 기뻐하라."고 진실로 말할 수 있었던 비결의 보고(寶庫)와, 그 문을 여는 열쇠를 이 책을 통해서 받으십시오.

저자인 토마스 보스톤(Thomas Boston)은 너무 유명한 하나님의 사람입니다. 이 책을 읽는 독자를 위하여 간략하게 저자에 대한 몇 가지 요점들을 주목하는 것이 좋을 듯합니다.[1]

그는 1676년 지금 스코틀랜드 지역인 영국 버위크셔의 던스(Duns)에서 한 언약도(Covenanter)의 아들로 태어났습니다. 그리고 56세인 1732년에 하늘로 부르심을 받아 갔습니다. 그가 죽기 전까지 줄곧 한 교회에서 25년 동안 섬겼습니다. 그가 처음 사역을 시작한 것은 그의 나이 23세인 1699년인데, 그 때 사역지는 심프림(Simprim)이었습니다. 거기서 8년간 섬기다가 산지가 많은 에트릭(Etrick)으로 사역지를 옮겼습니다. 거기서 죽기까지 25년간 줄기찬 사역을 감당하였습니다. 처음 부임 당시 성찬에 참여하는 이들이 60명이었으나, 그로부터 24년 후에 성찬 참여인원은 771명으로 늘어났습니다.

보스톤은 항상 자기 회중에 대한 영적인 부담을 느끼면서 때를 얻든지 못 얻든지, 강단에서나 집에서 부단하게 가르쳤습니다. 제임스 패커(James Packer)는 그의 사역의 중심에 대하여 말하기를, "그는 자기에게 맡기신 주님의 사람들을 가르치고, 가르치고, 또 가르치는 것이었다."고 하였습니다. 때를 얻든지 못 얻든지 늘 하나님의 복음을 자기에게 맡겨진 주님의 사람들에게 증거하고 설교하고 가르치는 일을 쉬지 않는 위대한 목회자요 설교자상을 구현하였습니다. 조나단 에드워즈(Jonathan

---

[1] Thomas Boston, *Memoirs of Thomas Boston*, First Published 1899, First Banner of Truth Trust Edition 1988에서 발췌하였음.

Edwards)도 그를 가리켜 참으로 위대한 신학자였다고 평하였습니다.

천성적으로 수줍음을 타고 소심한 사람이었지만, 말씀의 진리에 대한 특심은 당대 심슨(Simpson) 교수의 가르침을 이단이라고 강력하게 탄핵하는 일에 가담하게 하였습니다. 또 그 유명한 'Marrow Controversy'에서도 주도적인 지도력을 발휘하였습니다. 그 논쟁은 복음의 순전한 은혜와, 그 은혜를 흐리려는 사탄의 간계 사이에 눈에 보이지 않으나 치열한 영적 전쟁이었습니다. 그 때 그는 그 논쟁에서 주도적인 역할을 하면서 복음의 은혜를 사수하는 데 총력을 기울였습니다. 그런 점에서 보스톤의 복음에 대한 선명하고 탁월한 이해를 신뢰할 수 있습니다. 그 논쟁을 소개하면 이러합니다.

Marrow Controversy는 Edward Fisher(1627-1656)의 *Marrow of Modern Divinity*〈근대 신학의 골자(骨子)〉라는 책을 중심으로 1720년에 일어난 일련의 신학 논쟁입니다. 이 논쟁의 발단은 보스톤이 1718년 그 저작을 접하고 숙독하고는 동료 목사에게 추천하였던 일입니다. 보스톤이 그 책을 수년 전 한 친구에게서 빌려온 것인데, 그 책을 얼마나 즐겨 숙독하였는지 모릅니다. 그래서 그 책을 그 소유주 친구에게서 돈을 주고 샀습니다. 당시는 책들이 많지 않았으나 책을 아주 크게 가치 있는 것으로 여기는 시대였습니다. 그도 그 책을 자신의 것으로 소장하게 된 것을 자랑스럽게 여겼고, 그 책을 자기가 소장한 책들 중에서 가장 귀한 것으로 여겼습니다. 그 책을 소개받은 목사는 다시 그것을 당시 '불같은 스코틀랜드 설교자' 란 별명이 붙은 James Fog에게 소개합니다. 그 책을 접하게 된 Fog는 바로 그 해인 1718년에 그 책을 재 발행합니다. 재 발행된 그 저작의 서문에서 그는 '스코틀랜드 교회'(Church of Scotland)에 속한 많은 이들이 '복음이라 믿고 떠드는 것'이 아주 잘못된 것임을 지적하였습니다. 그 논조가 아주 직설적이고 강력한 탄핵의 형식을 띠고 있었습니다. 그럼에도 불구하고 스코틀랜드 교회는 각성하지 않고 '악한 짐승'의 계략에 속아 넘어가고 있음을 알지 못하고 있었습니다. 그러나 그로 인해 당시의 그리스도의 은혜와 신자의 행위를 첨가하여 하나님께 구원을 받는다는 식의 교황주의적인 오류의 흑암이 교회를 덮고 있는 상황에 복음의 빛을 발사한 셈이 되었습니다. 그런 오류의 가라지가 개혁적인 신앙을 가지고 있다고 스스로 뽐내는 이들에 의해서 개혁주의 교회들에 심겨지고 있음에도 불구하고, 그것을 눈치채고 경계하는 이가 없는 오늘날 21세기의 상황과 아주 흡사하였습니다. Fog의 가식 없는 직선적이고 탄핵적인 발언에 자극을 받은 이들은 Fog가 자신들을 이단으로 취급하고 있음을 아주 선명하게 의식했습니다. 그래서 Fog의 관점과 그 공격적인 지적에 찬동하지 않는 반대자들과 그 Fog와 같은 입장을 견지하는 이들 사이에 첨예한 신학적인 논쟁이 발발하게 된 것입니다. James Fog를 대적하는 이들은 그와 견해를 같이 하는 이들을 Marrow Men〈매로우 파 사람들〉이라고 규정하고 '너희는 반율법주의(Antinomianism) 옹호자들이라.'고 정죄하였습니다. 그리고 그 신학적인 논쟁의 소산으로 서로 자기들의 주장의 정당성을 강변하는 소책자를 내어 반포하니 '소책자 논쟁'(pamphlet war)으로 번지게 되었습니다. 소위 Marrow Men을 대표하여 James Fog가, 그들을 대적하는 자들을 대표하는 St Mary's College 학장이요 교수였던

James Hadow가 서로 자기 주장을 그 소책자를 통하여 천명합니다. Hadow는 Marrow파 사람들이 반율법주의나 무제한속죄(Unlimited Atonement)를 주장하는 이들이라고 비난하였습니다. 'Fog가 스코틀랜드 교회가 오직 믿음으로 말미암아서만 의롭다 하심을 입는다는 이신칭의(以信稱義, justification by faith alone) 교리를 신실하게 설교하거나 가르치는 일에 순전을 기하지 못하고 있다는 식의 악선전을 하고 있다.'고 비난하였습니다. 스코틀랜드의 총회의 대세는 바로 그 Hadow의 주장에 편승하여 'Marrow파 사람들'을 의심하는 쪽으로 기울어져 있었습니다. Fog가 볼 때에 스코틀랜드 교회 안에 속한 많은 이들이 복음의 본질을 제대로 이해하지 못하고 있었습니다. 곧 사도 바울이 말한 대로, '그리스도 예수 안에 구속으로 말미암아 믿음으로 인하여 은혜로 값없이 의롭다 하심을 받는다.'는 복음의 진수를 놓치고 있었습니다. 곧 오직 '그리스도의 의(義)'만이 '믿는 자들을 의롭다' 하시는 하나님의 완전 충분한 근거라는 사실을 놓치고 있었다는 말입니다. 그리스도의 구속(救贖)과 그 완전한 의(義)로 말미암아 믿는 자들을 의롭다 하시는 하나님의 복음의 진수를 버리고, 그리스도의 의에다 신자의 선행이나 행위의 의를 혼합하려는 교황주의적인 발상이 그 교회를 잠식하고 있는 실상을 의식하지 못하고 있었습니다. 이에 대해 보스톤과 James Fog를 중심한 'Marrow파 사람들'은 '오직 그리스도의 의만으로 의롭다 하시는 하나님의 법정적인 선포의 정당한 근거가 확립되었다.'고 확신하였습니다. 그런 의미에서의 '확신'은 구원 얻는 믿음(saving faith)입니다. 여기서 말하는 '확신'은 주관적인 의미에서의 체험적인 무엇이 아니라 그리스도의 대속의 완전성과 충분성에 근거하여 자기의 구원이 확실하다는 의식입니다. 성화(聖化)가 칭의(稱義)를 기초하고 있으며, 그 칭의에 대한 마땅한 신자의 반응이요 하나님의 부르심의 소망인 것은 사실입니다. 그러나 성화와 칭의를 혼합하는 것은 절대금물임을 주장하였습니다. 만일 그 구분을 제대로 하지 못할 때에 하나님의 복음은 더 이상 복음이 될 수 없다는 것입니다. Edward Fisher의 *Marrow of Modern Divinity*는 복음과 율법에 대한 관점을 바르게 이해한 그리스도인 신앙을 위한 균형 잡힌 신학적 저작입니다.

오늘날도 여전히 '복음의 진수'가 되는 바, '그리스도 안에 있는 완전하고 충분한 은혜를 믿음으로 구원을 주시는 하나님의 은혜의 방식'을 견지하려는 영적인 순 세력은 싸워야 합니다. 그 진수를 대수롭지 않게 여기고 은혜 밖에서 인간의 행위를 고조하려는 음흉한 인간주의를 집어넣은 사탄적인 간계에 대항하여 싸워야 한다는 말입니다. 보스톤은 그 논쟁에서 주도적인 역할을 하며, 성경이 말하는 복음적 은혜의 본질과 진수에 대한 바른 이해를 소유한 지도자로 발견된 것입니다.

이 책 '고통속에 감추인 은혜의 경륜'은 바로 그 복음적인 완벽한 이해의 눈으로 지상에 있는 이들에게 주어지는 '고통'을 바라보면서, 그 속에서 역사하시는 '하나님의 은혜의 경륜'을 설파한 대작입니다. 하나님께서는 이 책을 쓰게 하시어 그 이후 교회사 시대의 당신의 사람들을 먹이시려고 섭리적으로 그를 준비시키셨습니다. 이 책의 소재와 모든 내용은 그의 자서전에서 '내 인생 중 신음하는 대목'이라고 하면서 밝했던 그의 생애 마지막 8년간의 삶 속에서 체험적으로 맛본 '은혜의 경륜'에서 우러나온 것입니다. 앞에서 말한 것 같이 그는 당시 스코틀랜드 교회(Church of Scotland)를 덮고 있었던 비복음적인 암운(暗雲)에 대하여 크게 상심하면서 투쟁하였습니다. 그리고 자기 아내가 중풍을 동반한 우울증에 시달리고 있었던 관계로 그를 짓누르는 무게를 느끼고 있었습니다. 그 자신도 신장결석으로 많이 고생하였습니다.

이런 '고통의 시기' 속에서 지상에 있는 인생의 질고의 중심부를 몸소 맛보며, 그런 중에 자신이 하나님의 능하신 손아래서 겸비하지 않으면 안되는 실제를 만나게 되었습니다. 그래서 자기의 '몫 속에서 고통하게 하는 굽은 것'을 대응하는 그리스도인의 참된 자세가 무엇임에 대하여 깊이 연구하고 실제로 자신의 삶 속에서 실천하고 그것을 자기 회중에게 가르쳤습니다. 그리고 이렇게 책으로 묶어낸 것입니다. 그래서 이 책은 교리적이면서도 체험적이고, 그러면서도 구체적인 실천 방안을 제시하는 매우 실질적인 책입니다.

본래 이 책은 2005년 SFC 출판사에서 「내 몫에 태인 십자가」라는 제목으로 본 역자에 의해서 역간(譯刊)된 바 있습니다. 그런데 SFC의 노고에도 불과하고 독자들의 눈에 띄지 않아 안타까웠습니다. SFC 일꾼들의 신실함을 알기에 그에 대한 책임을 따지자면 역자인 제게 다 있다는 부담을 느끼던 차에, 허락이 되면 청교도신앙사에서 이 책을 새롭게 발간할 뜻을 세웠습니다. 그래서 그 수순으로 SFC에 양해를 구하니 얼마나 선뜻 그 뜻을 존중해 주시는지, 그 너그러운 양해에 깊이 감사하였습니다.

이 책을 위해서 다시 원문과 일일이 대조하며 거의 새롭게 번역한다는 의식으로 작업을 하였습니다. 물론 이전의 번역을 많이 참조는 하였지만 그대로 답습은 하지 않았습니다. 오로지 저자가 원저(原著)를 통해서 역설하는 요점을 더욱 충실하게 드러내려고 나름으로 참 많이 다듬기도 하고, 어떤 대목은 아예 이전의 것을 무시하고 새롭게 번역하였습니다. 그리하여 원저의 내용이 바르게 부각되도록 애를 썼습니다. 그 작업을 하는 동안 성령께서 주시는 기쁨과 행복이 제게 여간 크지 않았습니다.

편집의 양식에 큰 변화를 주었습니다. 원저의 편집양식을 고수하는 것이 독자들의 '책 읽기'를 어서수선하게 만드는 요소가 있음을 알았기 때문입니다. 본래 원저에는 장(章) 구분이 분명하지 않습니다. 이 책의 '기초 본문 말씀'을 강해한 다음에 그 요지 속에 들어 있는 진리의 '실꾸리'를 풀어내어 그 세목(稅目)들을 정하고, 그런 다음 그 세목들을 차례로 숙고하고 논증하는 형식을 띠고 있습니다. 그리고 장(章) 구분도 뚜렷하지도 않습니다. 그 세목들의 순서 표시도 어떤 경우에는 독자들의 책 읽는 것을 돕기 보다는 방해할 요소로 작용하겠다는 느낌을 주었습니다. 주부들이 아끼려고 냉장고에 좋은 식재료를 많이 넣어 쌓아 놓으나 잘 정돈이 되어 있지 않으면 나중에 쓸 때에 주부들의 힘을 빼는 것이 될 수 있는 이치와 마찬가지입니다. 요즘에는 냉장고의 공간을 잘 활용하면서도 주부들의 편의와 정리습관을 위한 아이디어 상품으로 '각지거나 둥근 투명 용기'가 나와서 큰 관심을 받는 것 같습니다. 편집의 역할도 그런 경우와 닮은 점이 많다는 생각이 듭니다.

그래서 이번에는 독자들의 편의를 위해서 내용을 20개의 장으로 구분을 하였습니다. 그 20개의 장들을 편의에 따라서 1~6장을 제 1부로, 7~12장을 제 2부로, 나머지 13~20장을 제 3부로 나누었습니다. 장 구분 말고 책 전체를 세 부분으로 나눈 것은 역자가 처음 시도한 것이 아닙니다. 이미 어느 교회사 시대에 이 책을 깊이 숙지한 구미(歐美)의 어느 무명의 신실한 성도가 그렇게 나누어 놓았고, 그것을 또 어느 친절한 분이 성실하게 인터넷에 올려놓아 뜻있는 독자들을 도우려 하였습니다. 저도 그 도움을 받았습니다.

하여간 이 책에 설파된 바, '그리스도 안에 있는 지상의 자녀들을 향하신 하나님의 빛나는 의도'를 독자들이 파악하는 데 도움을 주려고 편집을 하였습니다. 이번에 이 책을 만들며 생각했습니다. 아무리 좋은 내용도 편집이 잘못되면 마치 상차림이 섬세하지 못하여 '일품요리(一品料理)'가 '하품요리(下品料理)'로 보일 수 있겠다고 말입니다. 이 책은 지상에 있는 하나님의 사람들의 영혼을 위한 참되고 신령한 '일품요리' 입니다.

책에 인용된 성구는 주로 개역개정판이지만, 역자 개인의 입장에서 번역이 더 낫다고 여겨지는 부분에서는 개역성경을 표기없이 그대로 사용하였음을 밝혀둡니다.

주님, 이 책을 읽는 모든 독자들에게 성령님으로 말미암아 계시의 정신을 주시어 섭리적으로 지상에서 받는 '고통 속에 감추인 은혜의 경륜'을 알게 하옵시고, 그 경륜을 이루시는 아버지의 손을 보게 하시옵소서. 아멘.

2013년 새해의 혹한(酷寒) 속에서도
따스함을 주시는 하나님의 손아래서 역자 아룀

하나님께서 행하시는 일을 보라 하나님께서 굽게 하신 것을 누가 능히 곧게 하겠느냐?
형통한 날에는 기뻐하고 곤고한 날에는 되돌아보아라.
이 두 가지를 하나님이 병행하게 하사 사람이 그의 장래 일을 능히 헤아려 알지 못하게 하셨느니라
_ 전 7:13,14

1부

우리의 고통과
하나님의 주권

1 고통에 대한 믿음의 바른 관점

"하나님께서 행하시는 일을 보라 하나님께서 굽게 하신 것을 누가 능히 곧게 하겠느냐."(전 7:13)

그리스도인이 자신을 괴롭히는 것들로 고통을 당하게 될 때, 그것을 보는 바른 관점을 가지는 것이 매우 중요합니다. 그런 바른 관점은 자신의 의식을 통해서가 아니라 하나님을 믿는 믿음을 통해서 얻게 됩니다. 자기를 괴롭게 하는 일들을 바르게 비추어내는 것은 오직 하나님의 말씀 밖에 없기 때문입니다. 그 말씀 속에서만이 그 고통을 허락하신 완전하신 하나님의 의도가 드러나 보입니다. 말씀 속에서 그 고통거리를 믿음으로 응시하고 숙고할 때 바른 시각을 갖게 되는 것입니다. 언뜻 사람의 생각으로는 자기가 당한 일이 참담해 보여 정서가 격하게 일어나 하나님을 대적하려고 요동칩니다. 그럴 때에 말씀 속에서 믿음으로 견지하는 바른 시각이 그 정서를 가라앉힐 수 있습니다.

솔로몬은 그러한 관점을 가진 자로서 전도서 7장 앞부분에서 역설적인 논리를 펼치고 있습니다. 육신의 눈으로 볼 때 우울하고 끔찍하며 슬프고 충격적인 일들 앞에 서 있습니다. 그러나 믿음의 관점을 가지고 그것들을 호의적으로 수용하려는 놀라운 결심에 이르게 됩니다. 솔로몬은 "사람이 태어난 날 보다 죽는 날이 더 낫다."고 선언합니다. 예를 들어, 믿음으로 말미암아 하나님을 친밀하게 경외하고 섬기는 어떤 사람이 있다 합시다. 그는 하나님의 영광을 위해서 삶을 영위합니다. 자기 세대 사람들을 섬김으로 보배로운 향 기름보다 더 선하고 풍미 있는 이름을 드러내는 품격 높은 삶을 삽니다. 그런 자가 죽으면 그 날은 '그가 태어난 날보다 낫다.' 는 것입니다.

같은 방식으로 솔로몬은 선언합니다.

"초상집에 가는 것이 잔칫집에 가는 것보다 나으니 모든 사람의 끝이 이와 같이 됨이라. 산 자는 이것을 그의 마음에 둘지어다. 슬픔이 웃음보다 나음은 얼굴에 근심하는 것이 마음에 유익하기 때문이니라. 지혜자의 마음은 초상집에 있으되, 우매한 자의 마음은 혼인집에 있느니라. 지혜로운 사람의 책망을 듣는 것이 우매한 자들의 노래를 듣는 것보다 나으니라. 우매한 자들의 웃음소리는 솥 밑에서 가시나무가 타는 소리 같으니 이것도 헛되니라."(전 7:2-6)

이 여러 대비(對比)에서 뒤의 것이 앞의 것보다 즐겁기는 훨씬 더하나 유익의 면에서는 앞의 것이 더 낫습니다. 여기서 우리가 유념하여 곰곰히 생각해 보면 사람들이 무엇 때문에 위기에 처해 있는지 알게 됩니다.

세상은 지혜의 사람들을 눈살을 찌푸리며 바라보며 푸대접하고 압박하기까지 합니다. 또 세상은 미소를 띠며 사람들을 미혹하여 마음을 무너지게 합니다. 그러니 우리가 세상에 나가면 어떤 길에서도 위험을 만나기 마련입니다. 모든 세상사(世上事)를 보면 시작보다는 끝까지 견인(堅忍)하며 좋은 결말을 기다리는 것이 더 낫습니다.

"탐욕이 지혜자를 우매하게 하고 뇌물이 사람의 명철을 망하게 하느니라 일의 끝이 시작보다 낫고 참는 마음이 교만한 마음보다 나으니."(전 7:7,8)

솔로몬은 전반적인 안목을 가지고 고통하는 시절에는 분노하기 보다 겸손하게 인내하는 것이 낫다고 말하고 있습니다. 우리가 겸손하고 인내하는 경우에는 가장 최선의 것에 지혜롭게 복종하는 것이 되는 것입니다. 반면에 거만하고 참지 못하면 최선의 것을 대항하여 싸우는 셈이 되기 때문입니다.

우리에게 떨어진 몫이 우리 눈에 보기에 억울하게 보이거나 부당하게 보여도 분내지 말라고 솔로몬은 설득합니다. 왜냐하면 그러다가는 위험을 만날 수 있기 때문입니다.

"급한 마음으로 노를 발하지 말라 노는 우매한 자들의 품에 머무름이니라."(전 7:9)

또 솔로몬은 이전의 때와 지금의 때를 비교하는 가증한 일도 범하지 말라고 경고합니다.

"옛날이 오늘보다 나은 것이 어쩜이냐 하지 말라. 이렇게 묻는 것은 지혜가 아니니라."(전 7:10)

그럴 경우 하나님의 섭리에 대항하는 온당치 못한 불만을 은근히 품을 수 있습니다. 그렇게 경고하고 나서 툭 하면 불평하고 조급한 성미와 성품을 치료하는 보편적인 처방으로서 거룩한 지혜를 제시합니다.

"지혜는 유업같이 아름답고 햇빛을 보는 자에게 유익하도다. 지혜도 보호하는 것이 되고 돈도 보호하는 것이 되나 지식이 더욱 아름다움은 지혜는 지혜 얻은 자의 생명을 보존함이니라."(전 7:11,12 한글개역)

진정 거룩한 지혜는 우리로 하여금 모든 일에서 최선의 유익을 얻게 하고, 우리를 죽이는 환경 속에서도 생명을 주는 처방입니다.

그런 다음에 솔로몬은 곤란한 조건 속에서 그런 지혜에 합당한 구체적인 처방을 제시합니다. 그 내용은 그 지혜를 경우에 온당하게 적용하는 것을 내용으로 하는 처방입니다. 우리는 말씀을 따라 그 제안들의 효력 자체와 더불어 그 처방을 적절하게 활용하는 방법에 대해 깊이 생각해 보기로 합시다.

그 처방 자체는, '우리가 보기에 어려움을 느끼게 하는 모든 것 속에서 지혜롭게 하나님의 선하심을 생각하고 하나님의 행하시는 일을 보는 것' 입니다.

다시 말하면, 자신의 '몫에 들어 있는 고통의 가시들, 곧 굽고 거칠고 어긋나 보이는 부분들' 속에서 하나님의 하시는 일을 보는 것입니다. 그 고통거리들은 하나님의 행사 속에서 우리에게 '지워진 십자가' 입니다. 그런데 우리는 우리를 무겁게 짓누르는 그 십자가 자체만 바라보기를 매우 잘합니다. 아울러 우리를 괴롭게 하는 그 십자가의 가장 가까운

제 2의 동인(動因)을 찾아 그것을 제거하려고 애를 씁니다. 그 일로 결국 더 큰 혼돈에 빠져 초조해집니다. 그러나 그 문제 속에서 고요하고 만족한 심령 상태를 얻고자 한다면 눈을 들어 하늘을 바라보고, 그 문제 속에서 일하시는 하나님의 손을 보아야 합니다. 그 요점이 가장 중요합니다. 우리의 몫에 들어 있는 '그 구부러진 것'의 첫 번째 원인, 곧 하나님의 행사와 그 뜻하심이 무엇인지 생각해 보라는 것입니다.

'앞에서 언급한 그러한 바른 관점은 우리의 마음을 다스리는 작용을 하여, 우리 몫에 들어 있는 고통의 가시를 바라보고 악하게 일어나려는 마음의 정서를 잠재웁니다.'

"하나님의 행하시는 것을 보라 하나님이 굽게 하신 것을 누가 능히 곧게 하겠느냐?"(7:13)

그렇게 할 자가 아무도 없습니다. 우리의 몫에 구부러진 것을 넣어주신 분이 바로 하나님이십니다. 하나님의 의도가 그러하면 정하신 기한 동안 우리의 몫에 우리를 고통케 하는 '그 굽은 것'이 계속 남아 있을 것입니다. 그 '굽은 것'을 곧게 펴려고 온갖 힘을 다 써 보겠으나 허사일 것입니다. 할 수 있는 모든 역량을 다 기울여 본다 하여도 상황은 달라지지 않을 것입니다. 오직 '굽게 하신 그 분' 만이 곧게 펴실 수 있습니다. 그런 생각을 가져야 마음의 소란(騷亂)이 잠잠해집니다. 그래서 그런 관점을 가진 이들이 자기 몫에 '굽은 것'을 여전히 가지고 있으면서도 자기들을 지으시고 다스리시는 분께 복종합니다.

그러니 본문의 의도를 살펴 나갈 때 다음의 세 요점을 항상 염두에 두는 조감적인 안목을 견지해야 할 것입니다.

첫째, '굽게 하신 하나님의 주권' – 사람의 몫에 '굽은 것'이 있으면, 그것이 우연의 소산이 아니라 그리 되게 하신 하나님의 주권적인 행사의 결과다.

둘째, '굽게 하신 하나님의 주권을 대항하는 인간의 허사' – 하나님께서 보시기에 그렇게 하는 것이 합당하다 여기시어 그리하신 것이니 아무도 스스로는 자기 몫에 들어 있는 그 '굽은 것'을 능히 고쳐 펴지 못할 것이다.

셋째, '굽은 것을 방편으로 영적으로 유익하게 하시는 하나님의 행사' – 그 '굽은 것'이 하나님의 주권적인 행사라면, '그것'이 그리스도인다운 성품을 견지하게 유도하는 독특한 방편으로 작용하게 하실 분도 하나님이시다.

2 굽게 하신 하나님의 주권

어느 사람의 몫에 어떤 '굽은 것'이 있다면, 그리 되게 하신 분은 하나님이십니다.

여기서 우리는 두 가지 요점을 주목해야 합니다. 첫째는 '굽은 것 자체'요, 둘째는 그리 되게 하신 '하나님의 주권적인 행사'입니다.

1. 우리 몫에 들어 있는 굽은 것 자체

첫째, 우리가 살아가는 동안 각자에게 떨어지는 사건들의 과정이나 경로가 있기 마련인데, 그것이 하나님의 주권적 섭리에 의한 것입니다.

우리를 지으시고 다스리시는 주권적 하나님의 의도에 따라서 그런 몫이 우리에게 주어진 것입니다.

"왕의 호흡을 주장하시고 왕의 모든 길을 작정하시는 하나님께는…"(단 5:23)

사람의 몫은 다 각기 다릅니다. 이 세상에서 사람들의 조건들을 아주 다양하게 정하신 분이 하나님이십니다. 어떤 이들은 높은 데서 활동하게 하시고, 또 다른 이들은 낮은 영역에서 움직이게 하십니다. 오직 주권자 하나님의 뜻과 경영에 따라서 그 다양성이 나타납니다.

둘째, 어떤 일들은 그 과정과 추이(推移) 속에서 우리에게 무거운 십자가로 작용하여 우리를 짓이겨 가루로 만들려고 합니다.

이런 과정이 우리의 분깃 속에 '굽은 것'이 생기게 만드는 것입니다. 물론 어떤 것들은 우리 몫에 좋은 조건을 만들어 냅니다. 그러나 어떤 것들은 우리에게 지기 싫은 십자가와 같이 작용합니다. 때로는 일들이 부드럽고 유연하게 진행되어 나가는 것 같아 보입니다. 그런데 일이 점차 진행되는 과정 속에서 그 진로가 불쑥 반전되어 우리를 '부수고 괴롭게 하기도' 합니다. 마치 발이 갑자기 접질림으로 절름거리기 시작하는 것과 같습니다.

셋째, 사람마다 세상에 사는 동안 반드시 무언가 '굽은 것'을 갖고 있기 마련입니다.

불평하는 이들은 다른 이들과 자기를 비교하며 말도 안 되는 생각을 곧잘 가집니다. 다른 사람들의 조건을 둘러보고는 얼른 '저들은 곧게 펴진 것 밖에 없네.'라고 말해 버립니다. 그러나 사실은 이웃들의 '굽은 것'은 모르고 자기들의 관점대로 '곧게 보이는 것들'만 보고 그런 거짓된 판단을 하는 것입니다. 이 세상에 사는 이들 중에 하늘에 당도하기까지 '굽은 것'이 하나도 없는 완전한 몫을 가진 이는 하나도 없습니다.

"내가 해 아래에서 행하는 모든 일을 본즉 다 헛되어 바람을 잡으려는 것이로다."(전 1:14)

하만을 보세요. 그는 좋은 가정에서 태어나 바사 궁정에서 총리직을 맡아 부와 명예를 누리며 왕의 총애를 한 몸에 받고 있었습니다. 당시 그를 보고 '저에게도 굽은 것이 있구나.' 하고 생각한 이는 아마 없었을 것입니다. 그러나 여전히 그의 몫에도 '굽은 것'이 있었습니다. 그것이 그 사람을 어찌나 못 쓰게 만들었던지요. 그런 영화 속에서도 그는 편치 못하였습니다.

"그러나 유다 사람 모르드개가 대궐 문에 앉은 것을 보는 동안에는 이 모든 일이 만족하지 아니하도다."(에 5:13)

다른 이들이 알지 못하는 고통 때문에 괴로워할 때 누구나 그렇게 편치 못합니다.

물론 여기서 중요하게 유념할 요점은 각 사람의 몫에 온통 '굽은 것'만 있지 않고 '바르게 펴진 곧은 것'도 있다는 사실입니다. 실로 사람들이 격한 감정에 사로잡혀 혼미하여 이지적으로 생각하지 못할 정도가 되면 금방 이러한 생각이 치밀어 오릅니다. '내게는 모든 것이 다 불행한 것뿐이야! 제대로 된 게 하나도 없어.' 지옥에 가면 영원토록 불행하고 고통스런 것 밖에 없겠으나 이 세상에서는 그 말이 합당하지 못합니다. 지옥에는 '물 한 방울'의 자비도 허용되지 않습니다(눅 16:24). 그러나 이 세상 사는 날 동안에는 누구에게나 위로(慰勞)가 주어져 선(善)을 견지하게 도와주시는 하나님의 자비하심이 허락됩니다.

"여호와의 자비와 긍휼이 무궁하시므로 우리가 진멸되지 아니함이니이다."(애 3:24)

넷째, 각 사람의 몫에 들어 있는 '굽은 것'은 죄로 말미암아 들어온 것입니다.

그 일은 타락으로 야기된 일입니다.

"이러므로 한 사람으로 말미암아 죄가 세상에 들어오고 죄로 말미암아 사망이 왔나니, 이와 같이 모든 사람이 죄를 지었으므로 사망이 모든 사람에게 이르렀느니라."(롬 5:12)

각 사람이 '사망 아래 있다'는 사실이 '각자의 몫에 굽은 것이 들어 있음'을 함축하고 있습니다. 성경의 문체를 보면 '위로나 번영의 상태'가 '생존하는 기간' 속에서만 표현되고 있습니다.

"이같이 그 부하게 사는 자에게 이르기를, 너는 평강하라, 네 집도 평강하라, 네 소유의 모든 것도 평강하라."(삼상 25:6)

"예수께서 이르시되 가라 네 아들이 살아 있다 하시니 그 사람이 예수께서 하신 말씀을 믿고 가더니."(요 4:50)

죄가 사람들의 마음과 지성을 얼마나 심하게 '굽게 하였던지' 거룩한 율법에 대해서도 그 생각이 굽어지게 하였습니다. 그래서 하나님께서 사람들의 몫을 허락하시되 그 속에 '굽은 것'을 넣으셨습니다. 그 일은 하나님의 정당한 처사입니다. 그래서 사람들의 '몫 자체'도 굽게 되었습니다. 그러니 죄 때문에 '굽은 것'이 불가피하게 우리의 몫에 따라 다니게 되었습니다. '죄와 사망의 몸'에서 벗어나 하늘 문 안에 우리 발을 들여놓기 전까지는 계속 우리는 그러한 상태 속에 있기 마련입니다.

2. 굽은 것의 두 측면

그런 것들을 전제로 하면, 각 사람의 몫 속에 들어 있는 '굽은 것'은 보편적으로 두 가지 측면에서 생각할 수 있습니다.

첫째로, 모든 '굽은 것'은 다 '역경'(逆境, adversity)이라고 말할 수 있습니다. **둘째로,** 그 '굽은 것'의 기간과 효과의 '계속성'(繼續性, continuance) 문제입니다.

이런 연유로 우리가 사는 날들은 '곤고한 날들'과 '형통의 날들'로 엮어져 있습니다. 곧 자기의 원하는 대로 모든 것이 돌아가지 않는 '곤고한 역경'의 날들이 있고, 자기의 소원대로 일이 이루어져 가는 '형통한 날들'이 있습니다. 그 형통한 날들에 일들이 '곧게 펴져 있듯이' 잘 진행이 됩니다. 그러나 '역경'은 그 사람의 진로를 막아서서 '괴롭게 하는 굽은 것'이 됩니다. 하나님께서는 이 두 가지가 각 사람의 삶 속에 함께 섞여 있게 하셨습니다. 그래서 마치 형통의 날들이 이어져 '인생의 선(線)'이 반듯하게 곧게 잘 그어져 나가는가 싶더니 '역경'이 불어닥쳐 그 마음이 괴로워 그 선(線)이 굽어집니다. "세상에서 너희가 환난을 당할 것이라."(요 16:33)는 경계의 말씀을 받은 성도들의 몫이나 다른 모든 이들의 몫에 다 '형통과 곤고'가 함께 섞여 있습니다.

물론 어떤 경우에 역경이 계속되기도 하지만 금세 끝나기도 합니다. 그런 경우 우리는 그것을 '굽은 것'으로 여기지 않습니다. 강제적으로 묶어 졸라매는 것 같은 고통을 당하였으나 이내 본래의 곧은 상태로 회복되는 경우는 그렇게 여기지 않는다는 말입니다. 어떤 친구가 지나가면서 뾰족한 것으로 내 옆구리를 쿡 찌르고 지나가 따끔한 느낌이 들었지만 금세 그 고통이 사라지는 것 같이, 역경이 닥쳐와서 우리를 심하게 쑤시는 고통을 주는가 싶더니 그 상황이 계속되지는 않고 지나갑니다. 그런 경우 '굽은 것'이 주는 날카로운 아픔을 느끼지만 그런 경우에는 여유로움을 가집니다. 그 '굽은 것'이 찾아 들어 곧게 펴야겠다고 덤비려 하였지만 그 고통이 짧은 기간 내에 지나가 버립니다.

그러나 그 고통이 오래 동안 계속될 수도 있습니다. 이 경우가 '굽은 것'입니다.

3. '굽은 것'의 세 가지 성격

그래서 사람들의 몫에 들어 있는 '굽은 것'이 삼중적 성격을 지니고 나타날 수 있습니다.

첫째, 섭리적으로 주어지는 '굽은 것' 그 자체가 오래 남아있지는 않았지만 그 효과는 지속적으로 남아 있는 경우입니다.

헤롯이 잔인하게 베들레헴 어머니들의 몫에 '심하게 찌르는 굽은 것'을 만들어 놓은 경우를 보세요. 아이들의 어머니들은 그 살인자로 말미암아 "그 자식을 위하여 애곡하는 것이라 그가 자식이 없으므로 위로받기를 거절하였도다!"(마 2:18)[1] 사람이 한 번 실족하여 다쳐서 오랫동안 절름거리는 것과 같습니다.

"대저 사람은 자기의 시기를 알지 못하나니 물고기가 재앙의 그물에 걸리고 새가 올무에 걸림같이 인생도 재앙의 날이 홀연히 임하면 거기 걸리느니라."(전 9:12).

이런 일이 우리 인생들에게 순식간에 일어날 수 있습니다. 그런 일을 당한 사람이 한 번의 역경으로 타격을 입어 평생을 절름발이로 지낼 수도 있다는 말입니다.

둘째, 곤고하게 하는 역경의 종류가 같든지 다르든지 '굽은 것'을 겪게 하시는 하나님의 경륜 때문에 '굽은 것'이 계속 주어지는 경우도 있습니다.

그런 때에는 역경이 계속 연달아 일어나고, 그 일들을 겪고 난 후에도 그 영향이 계속 남아 있습니다. 욥의 경우가 그러합니다. 재앙으로 인한 불행한 소식을 전하는 자가 욥에게 보고를 채 마치지 못하였는데, 또 다른 이가 와서 다른 불행을 말합니다. 또 다른 이가 그런 식으로 와서 욥에게 고합니다(욥 1:16-18). 십자가를 지고 있는데 다른 십자가가 더 지워져서 더 낮은 데로 더 깊게 내려갑니다. 그리하여 '굽은 것'이 더 지독하게 굽어집니다.

그런 경우를 당한 사람들은, 마치 길을 걷다가 돌부리에 걸려 넘어지려 하다가 몸을 곧추 세우겠다는 마음으로 다른 곳을 밟았는데 그만 그

---

1) 흠정역(KJV)은 그 대목 있는 그대로 직역하면 "라헬이 자기 자식들 때문에 울되 자식들이 없어졌으므로 위로 받지 않을 것이다." (Rachel weeping [for] her children, and would not be comforted, because they are not.)

것이 굴러다니는 돌 조각이라서 몸을 지탱해주지 못하여 결국 나뒹굴고 마는 경우와 같습니다. 어느 사람이 형제를 만나리라는 기대감으로 알지 못하는 산길을 따라 어렵게 산을 넘어 가고 있는데 가면 갈수록 도착지는 나타나지 않고 더 높은 산이 우뚝 자기 앞에 서 있는 것을 발견하고 힘들어하는 경우라고 할까요. 시편 73편을 보면, 아삽은 자기 목에 들어 있는 '굽은 것'을 주목하며 모든 신앙을 포기하고 싶은 충동이 일어날 정도로 '내 고통이 크다'는 느낌을 가졌습니다. 그러나 아삽은 그러기 전에 성소에 들어갔고, 그 성소에서 섭리의 비밀을 깨닫게 되었습니다.

"내가 내 마음을 깨끗하게 하며 내 손을 씻어 무죄하다 한 것이 실로 헛되도다. 나는 종일 재난을 당하며 아침마다 징벌을 받았도다. 내가 만일 스스로 이르기를 내가 그들처럼 말하리라 하였더라면 나는 주의 아들들의 세대에 대하여 악행을 행하였으리이다. 내가 어쩌면 이를 알까 하여 생각한즉 그것이 내게 심한 고통이 되었더니, 하나님의 성소에 들어갈 때에야 그들의 종말을 내가 깨달았나이다."(시 73:13-17)

또 솔로몬은 '굽은 것'에 대해 이렇게 고백하였습니다.

"세상에서 행해지는 헛된 일이 있나니 곧 악인들의 행위에 따라 벌을 받는 의인들도 있고 의인들의 행위에 따라 상을 받는 악인들도 있다는 것이라 내가 이르노니 이것도 헛되도다."(전 8:14)

자신의 시각으로 언뜻 보니, 선한 것과 악한 것에 대한 하나님의 섭리가 그런 식으로 멸시를 받는 것처럼 보였다는 것입니다.

요셉 역시 젊은 날에 하나님의 섭리가 마치 그런 모습을 띠고 있는 것

같이 보이는 기회를 가졌습니다. 야곱은 중년에, 베드로는 노년에 그런 경험을 가졌습니다. 우리 구주 예수님의 지상의 전 생애 속에서 속속들이 그 섭리의 경우들을 체험하셨습니다.

셋째, 한 '굽은 것'으로 인하여 고통을 당하는 일은 이제 지나가 버렸는데, 그 영향은 이미 이전에 제거된 그 굽은 것 자리에 지속적으로 남아 있는 경우도 있습니다.

이제 그 '고통의 십자가 자체'는 제거되었다 하였는데 바로 그 일로 인하여 다른 '굽은 것'이 들어온 격이 됩니다. '굽은 것'이 바르게 펴지기는 하였지만 그 자리에 '또 다른 굽은 것'이 들어앉아 있는 셈입니다. 라헬에게는 자식이 없어 오랫동안 고통당하는 '굽은 것'이 있었습니다.

"라헬이 자기가 야곱에게서 아들을 낳지 못함을 보고 그의 언니를 시기하여 야곱에게 이르되 내게 자식을 낳게 하라 그렇지 아니하면 내가 죽겠노라."(창 30:1)

그런데 라헬은 그 소원대로 아들을 낳아 '굽은 것'이 '곧게 펴지는' 섭리를 만났습니다. 그러나 그 '굽은 것'이 있던 자리에 '또 다른 굽은 것'이 들어앉게 되었습니다. 곧 해산의 고통을 감내하기 어려운 일을 맞게 되었습니다.

"그들이 벧엘에서 길을 떠나 에브랏에 이르기까지 얼마간 거리를 둔 곳에서 라헬이 해산하게 되어 심히 고생하여, 그가 난산할 즈음에 산파가 그에게 이르되 두려워하지 말라 지금 네가 또 득남하느니라 하매, 그가 죽게 되어…"(창 35:16-18)

이 세상은 광야입니다. 우리의 머물 자리가 계속 바뀔 수 있습니다.

그런데 자리가 바뀌어 다른 데 가도 결과는 여전히 광야입니다. 우리의 몫에 들어 있는 '한 굽은 것'은 '곧게' 펴졌습니다. 그러나 우리의 몫의 '다른 부분이 굽어집니다.'

4. '굽은 것'이 우리를 괴롭게 하는 네 가지 성질

앞의 경우와 관련하여 더 특별하게 알아 볼 것은 그 '굽은 것'이 굽게 된 성질이 네 가지라는 사실입니다.

첫째, '굽은 것'이 우리 비위를 상하게 하는 성향을 갖고 있습니다.

'굽은 것'은 곧게 되잡기가 힘든 성향을 가집니다. 곧게 하는 어떤 법칙을 적용하여도 거기에 순응하지 않고 버팅거립니다. 그런데도 불구하고 하나님께서 그 기뻐하시는 대로 모든 것을 주관하시는 분이심과, 그 주권적인 뜻을 지혜로 이루시는 것을 생각해 보십시오. 그러면 그 영원한 경륜과 그 '굽은 것'이 서로 조합하여 맞아 돌아감을 발견할 것입니다. 그 둘 사이에 조금도 어긋나지 않고 잘 맞아 돌아감을 볼 것이란 말입니다.

"모든 일을 그 마음의 원하는 대로 역사하시는 자의 뜻을 따라…"(엡 1:11 한글개역)

그러니 세상을 다스리시는 하나님의 섭리적 의지에 그 '굽은 것'을 비추어 보면, 거기에는 완벽한 조화가 있습니다.

바울이 예루살렘에서 결박당하여 '이방인의 손에 넘겨져도' 그것은

"주의 뜻대로 된" 것입니다(행 21:11,14). 그러므로 지상에서 가장 모질게 '굽어 보이는 것'도 하늘에 비추어 보면 '곧게 펴진 것'으로 보이는 것입니다. 하늘에 계신 하나님의 보시기에는 하나도 어긋나지 않습니다. 그러나 각 사람마다 자기의 마음과 본성적인 성향의 입장에서 보면 '자기 몫에 굽은 것만'이 존재합니다. 하나님의 높은 경륜 속에서 주어지는 역경도 사람의 본성의 성향으로는 십자가로 느껴지고, 본성의 법과 부합하지도 않고 조화되지도 않습니다. 하나님께서 섭리적으로 부과하셨음에도 언뜻 어긋나 보입니다. 그러니 사람의 뜻대로 하고 싶은 것과 하나님의 섭리가 맞지 않을 수 있다는 말입니다. 사람의 뜻은 위로 치솟고 싶습니다. 그러나 고통을 주는 사건들이 일어나 그를 아래로 짓누릅니다. 그래서 본성과 '굽은 것' 사이에 일치하는 것이 없이 서로 상충하며 대적합니다. 그래서 사람의 본성의 시각으로 보기에는 자기를 괴롭게 하는 '굽은 것'만 보입니다. 사실 그 '굽은 것'으로 하여금 그를 검증하고 연단하기에 좋은 도구로 만드는 것이 바로 그 본성과 그것 사이의 불일치입니다. 정말 그로 하여금 그것이 '십자가 짐 같은 고통으로 느끼게 하는 것'이 그를 연단하고 검증하기에 아주 잘 들어맞는 재료가 됩니다. 이 검증 상태에서 하나님께 인정을 받으려고 믿음으로 행할 뜻이 있다면, 먼저 하나님의 목적 속에 자신을 앉혀야 합니다. 자기 원하는 대로 일이 되어야 한다고 계속 고집을 부리지 말아야 합니다.

"하나님께서 그대가 거절한다고 하여 그대의 뜻대로 속전을 치르시겠느냐? 그러면 그대가 스스로 택할 것이요 내가 할 것이 아니니 그대는 아는 대로 말하라."
(욥 34:33)

둘째, '굽은 것들'이 사람이 보기에 유쾌하지 않습니다.

사람이 자기 몫에 들어 있는 어떤 '굽은 것'도 즐거워 보이지 않습니다. 사람의 몫에 들어 있는 어떤 '굽은 것'이 보기에 즐겁습니까? 아닙니다. 도리어 슬퍼 보이고 불쾌한 느낌을 갖게 하는 모양입니다.

"무릇 징계가 당시에는 즐거워 보이지 않고 슬퍼 보이나 후에 그로 말미암아 연단 받은 자들은 의와 평강의 열매를 맺느니라."(히 12:11)

그러므로 자기 생각으로 자신의 몫에 주어진 '굽은 것'만 염두에 두고 계속 그것만 지나치게 바라보지 않도록 조심할 필요가 있습니다.

다윗은 시편 39편에서 그런 체험으로 마음이 상했던 일을 보여주고 있습니다.

"내 마음이 내 속에서 뜨거워서 묵상할 때에 화가 발하니 나의 혀로 말하기를, 여호와여 나의 종말과 연한이 어떠함을 알게 하사 나로 나의 연약함을 알게 하소서"(시 39:3,4. 한글개역)

야곱은 그 점에 있어서 아주 지혜로운 모습을 연출하였습니다. 막내 아들을 낳는 산모 라헬이 득남하였다는 소리를 산파로부터 듣더니 그 아들 이름을 '내 슬픔의 아들'이라는 뜻의 '베노니'라 하였습니다. 그러나 야곱은 '아니라 베냐민이라' 하였습니다(창 35:18,19). 그 이름의 뜻은 '오른 손의 아들'입니다. 야곱은 그 이름을 부를 때 마다 자기의 몫에 주어진 '굽은 것,' 곧 슬픔의 일이 새롭게 생각나지 못하게 하였습니다.

실로 그리스도인은 거룩한 말씀의 빛에 비추어 유연하고 일관성 있게 자기 몫에 주어진 '굽은 것'을 안전하고 바르게 보아야 합니다. 하나님의 거룩한 말씀은 그리스도인들에게 주어지는 '굽은 것'을 언약 성취를 위해 주어지는 연단으로 표현하고 있습니다. 그래서 믿음은 그 '굽은 것' 속에 숨겨진 아름다운 경륜을 발견합니다. 겉으로 보기엔 매우 언짢아 보이지만 그 속에 하나님의 무한한 선하심과 사랑과 지혜에 합당한 것이 들어 있음을 꿰뚫어보아야 합니다. 그럴 때 그것이 그런 일을 만난 당사자들에게 가장 존귀한 유익을 주는 방편으로 작용될 것입니다. 그로 인하여 그 사람이 곤고함 속에서도 즐거움, 정말 세련된 즐거움을 취할 수 있게 되는 것입니다.

"그러므로 내가 그리스도를 위하여 약한 것들과 능욕과 궁핍과 박해와 곤고를 기뻐하노니 이는 내가 약한 그 때에 강함이라."(고후 12:10)

셋째, '굽은 것'은 동작을 거북하게 만드는 성질이 있습니다.

솔로몬은 다리를 저는 자의 걸음이 불안하고 힘이 없어 보이는 원인을 자세히 관찰했습니다. "저는 자의 다리는 힘없이 달렸나니"(KJV는 'The legs of the lame are not equal' 〈저는 자의 두 다리의 길이가 같지 않다〉라 하였음-역자주). 자기 몫에 들어 있는 '굽은 것' 때문에 시련을 당하고 있는 사람 역시 저는 자와 같이 불안한 느낌을 가집니다. 심령의 기상은 높은데 자기를 낮추는 자기 몫에 찾아온 역경 때문에 그리스도인다운 행보에 큰 거북함을 느낍니다. 그런 '굽은 것'이 들어오면 그 틈으로 시험이 들어올 활로가 열린 셈입니다. 그런 경우처럼 실족하여 넘어질 기회를 쉽게 제공하는 경우가 없습니다. 그러므로 사도는 말합니다.

"너희 발을 위하여 곧은 발을 만들어 저는 다리로 하여금 어그러지지 않고 고

침을 받게 하라."(히 12:13)

우리는 그 굽은 것 아래서 고통 받고 있는 사람들을 불쌍히 여겨야 합니다. 엄격한 비판 정신을 가지고 그들을 대하지 않아야 합니다. 물론 누구든지 직접 체험하여 배우지 않고는 다른 이가 당하는 그 어려운 일을 이해하기가 매우 어렵습니다. 욥이야말로 그런 경험의 산 증인으로 오늘날까지 그의 관찰은 유효합니다.

"평안한 자의 마음은 재앙을 멸시하나 재앙이 실족하는 자를 기다리는구나."(욥 12:5)

넷째, '굽은 것'은 마치 '낚시의 바늘' 같이 사람을 갈고리로 꿰어 얽어매기 쉬운 성질을 가지고 있습니다.

그 사람의 몫에 들어 있는 그 굽은 것이 그 사람의 심령을 헝클어지고 안달하게 만듭니다. 그리고 그 부패한 근성을 격발할 정도로 아주 강한 인상을 남깁니다. 사탄은 그런 때를 놓칠 리가 없습니다. 우리에게 아주 치명적인 위험이 될 수 있는 자기 목적들을 이루기 위하여 기민하게 움직입니다. 사탄이 일단 어떤 유리한 고지를 점령하게 되면, 시험받는 그 사람은 자기도 알지 못하는 사이에 빠져나갈 길이 보이지 않는 잡목 숲 속에 갇혀 있는 것 같은 처지가 됩니다. 그렇게 시험받는 경우에 '굽은 것'이 흔히 고여 있는 웅덩이를 휘젓는 굽은 막대기 같은 모습을 띱니다. 막대기로 웅덩이를 휘저으면 물속에 있던 모든 흙먼지들이 범벅이 되어 흙탕물이 되고, 바닥에 있던 매우 추한 것들이 솟구쳐 올라오지요. 그와 같이 그런 종류의 시험에 빠지면 아삽의 경우처럼 됩니다. 곧 하나님을 모독하고 하나님이 없다는 사상이 고약한 냄새를 풍기며 들메려 합니다.

"내가 내 마음을 정히 하며 내 손을 씻어 무죄하다 한 것이 실로 헛되도다."
(시 73:13)

그는 마치 이렇게 말하고 있었던 셈입니다. '믿음이란 정말 아무것도 아니야. 그런데도 이제까지 마음이나 삶 속에서 정결을 유지하고 거룩함에 이르려고 애를 썼다니. 난 참 미련한 사람이었어.' 정말 그 정도까지 나아가다니 경건한 아삽이 맞습니까? 어떻게 그렇게 전혀 딴판의 사람으로 변할 수 있나요! 그러나 그 경우는 사탄이 바로 그 '굽은 것'을 손잡이 삼아 가장 선한 성도의 마음에도 잠재하고 있는 부패를 놀랍게 들추어 낸 것입니다.

6. '굽은 것'이 우리 몫에 들어오는 양상

이제 우리는 보다 더 특별하게 그 '굽은 것'이 우리의 몫의 어떤 부분에 어떤 양상으로 떨어지는지 관찰해 봅시다. 이와 관련하여 세 가지 결론을 내릴 수 있습니다.

첫째, '굽은 것'은 그 사람의 몫의 어떤 부분에라도 떨어질 수 있습니다.
그 일에서 면제되는 부분이 하나도 없습니다. 왜냐하면 죄가 그 사람의 인격 모든 부분에서 발견되기 때문입니다. 그러니 '굽은 것'이 그 사람의 인격과 모든 요소와 그의 몫 어떤 부분에도 발생할 수 있습니다.

"무릇 우리는 다 부정한 자 같아서 우리의 의는 다 더러운 옷 같으며, 우리는 다 잎사귀 같이 시들므로 우리의 죄악이 바람 같이 우리를 몰아가나이다."
(사 64:6)

'굽은 것'을 쉽게 쓸어 몰아가는 죄의 탁류가 사람마다 매우 다양한 통로들을 통해서 급하게 흘러갑니다. 사람들의 마음의 성향도 매우 다양합니다. 그래서 이 사람에게는 짓누르는 무게로 느껴지는 것이 다른 사람에게는 아주 가볍게 느껴지기도 합니다.

둘째, 어떤 이들에게는 '굽은 것'이 그 사람의 몫의 많은 부분에 한꺼번에 나타날 수도 있습니다.

그 엄숙한 날에 주께서 부르시면 어느 사람이 가공할 공포심에 휩싸이지 않겠습니까?

"주께서 야곱의 모든 거처들을 삼키시고 긍휼히 여기지 아니하셨음이여 노하사 딸 유다의 견고한 성채들을 허물어 땅에 엎으시고 나라와 그 지도자들을 욕되게 하셨도다."(애 2:2)

때로는 하나님께서 어떤 사람의 몫에 한 가지 '굽은 것'이 현저하게 돋보이게도 하십니다. 그리하여 '그 굽은 것'이 다른 '굽은 것들'의 부대를 이끌어 들이는 선구자의 역할을 하는 것 같이 보이기도 합니다. 그것들이 군대 같이 그 사람의 몫에 다발적으로 주둔하여 포진하는 양상입니다. 마치 한 물살이 어느 방향에서 그 사람을 향하여 거세게 흘러드는가 싶더니 다른 방향에서 또 다른 물줄기가 밀어닥치는 것과 같습니다. 그래서 그 물들이 다 합해져 마침내 큰물을 이루어 도랑을 내 버립니다.

셋째, '굽은 것'이 흔히 그 사람의 더 연약한 부분에서 갑작스럽게 나타나기도 합니다.

그 사람에게 있어서 가장 감내하기 힘든 부분, 또는 적어도 그 사람 자신이 정말 참아내기 힘들다 여기는 부분에서 굽은 것이 나타날 수 있다는 말입니다. 시편 기자는 말합니다.

"그는 곧 너로다 나의 동료, 나의 친구요 나의 가까운 친우로다. 우리가 같이 재미있게 의논하며 무리와 함께 하여 하나님의 집안에서 다녔도다."(시 55:13,14)

'굽은 것'이 그 사람의 몫의 다른 어떤 부분 보다 더 쉽게 둥지를 틀 자리가 있으면 거기서 '굽은 것의 뾰족한 가시'가 돋아나게 될 것입니다. 특별히 그가 하나님께 속한 사람이라면 더 그러할 것입니다. 가장 예민하게 느낄 부분에 '굽은 것'이 돋아나면 정말 예리한 통증과 무거운 압박감을 느낄 것입니다. 그 부분에서의 시련이 그를 아주 괴롭게 할 것입니다. 왜냐하면 그 부분에서 그리스도와 엄청난 다툼을 겪어야 하기 때문이다.

"인자야 내가 그 힘과 그 즐거워하는 영광과 그 눈이 기뻐하는 것과 그 마음이 간절하게 생각하는 자녀를 데려가는 날, 곧 그 날에 도피한 자가 네게 나와서 네 귀에 그 일을 들려주지 아니하겠느냐?"(겔 24:25,26)

자기의 몫에 들어 있는 '굽은 것'은 그 각자에게 특별한 시험(trial)으로 주어진 것입니다. 그러니 모든 일 가운데서 그에게 가장 예민한 부분에 그 '굽은 것'을 넣는 것이 가장 이치에 합당하고 또 하나님의 지혜에도 부합한 것입니다.

5. '굽은 것'이 들어오는 우리 몫의 네 부분

모든 사람이 다 겪는 환난들을 보다 구체적으로 살펴보면 그 '굽은 것'이 그 사람에게 '주어진 몫'의 네 가지 부분에서 주로 나타납니다.

첫째로 천성적인 부분입니다.
타고 나면서부터 영향력을 가진 사람들은 모든 형질을 이루신 위대하신 하나님께서 자기들의 몫이 그리되게 정하셨다고 생각하였습니다. 인류의 조상인 아담과 하와는 전적으로 건전하고 완전하게 지음을 받았습니다. 영혼이나 몸이 조금도 흠이 없이 완전하였습니다. 그러나 그들의 후손이 모태에서 조성될 때에는 그들의 본래 모습과는 현저하게 차이가 났습니다. 선천적이든 후천적이든 간에 육신적인 결함과, 인격적인 여러 결함과 연약이 사람들의 몫 속에서 '굽은 것들'로 나타나게 됩니다. 아담의 후손들은 모두 다 눈에 보이든 보이지 않든 간에 다 심각한 무엇을 가지고 있습니다. 이러한 종류의 '굽은 것들'은 정도의 차이는 있지만 관찰될 수 있는 것으로서 매우 일반적이고 보편적입니다. 가장 최선의 사람들이라 할지라도 이 면에서 제외될 사람은 없습니다.

사실은 그 '굽은 것들'의 수가 그 보다 더 많아졌을 터인데 그렇게 되지 않은 것은 순전히 주권적인 하나님의 자비하심 때문입니다. 레아는 안력(眼力)이 부족한 것이 그녀의 몫에 주어진 '굽은 것'이었습니다(창 29:17). 라헬은 아름다웠으나 자식이 없는 것이 바로 그녀에게 '굽은 것'이 되었습니다(창 30:1). 이방인의 위대한 사도였던 바울은 흔히 생각하는 대로 풍채가 있는 사람이 결코 아니었습니다. 외모는 보잘 것 없는 사람이었습니다. 바로 그 때문에 미련한 사람들에게 경멸을 당하였습니다(고후 10:10). 디모데는 연약하고 병약한 체질을 가지고 있었습니다. 다리를 저는 사람이나, 눈 먼 사람이나, 귀먹은 사람이나, 말 못하는 사람의 몫에는 훨씬 더 심각하게 '굽은 것'이 들어 있습니다. 어떤 사람은 지적 능력의 정도가 약합니다. 총명한 영혼을 가진 자들 중에는 그 영혼의 집인 몸에 여러 결함을 가지고 있어 그 밝은 영혼을 어둡게 하는 구름의 역할을 하기도 합니다. 그래서 그들에게는 바로 그 점이 '굽은 것'으로 작용합니다. 의젓하고 지혜롭고 인내심이 많은 욥에게서 그 경우의 정말 탁월한 예를 발견합니다.

"나는 햇볕에 쬐지 않고 검어진 살을 가지고 걸으며 공회 중에 서서 도움을 부르짖고 있느니라."(욥 30:28)

둘째, '굽은 것'이 그 사람의 존귀함과 관련되어 나타나 평판에 나쁜 영향을 주는 방식으로 떨어질 수도 있습니다.

작은 자든 큰 자든 모든 사람들에게 주어진 마땅한 존귀함이 있습니다.

"뭇 사람을 공경하며 형제를 사랑하며 하나님을 두려워하며 왕을 존대하

라."(벧전 2:17)

사람이 본래 하나님의 형상대로 지음 받았기 때문에 인성(人性)의 근저에는 존귀함이 존재합니다. 그러나 주권적인 하나님의 거룩한 섭리와 경륜으로 인해 어떤 사람에게는 '굽은 것'이 바로 이 존귀와 관련된 부분에 떨어져 다른 이들에게 무시를 당하고 가볍게 취급 받을 수도 있습니다. 그들은 이 세상을 지날 때 마치 구름 아래를 지나는 것 같습니다. 그 이름이 사람들 중에서 좋지 않게 여겨져 그에 대한 평판도 형편없어집니다. 물론 그런 일이 그들 자신의 어리석고 죄된 행실의 자연스런 결과일 수도 있습니다. 야곱의 딸 디나의 경우가 그러하였습니다. 그녀는 젊은 호기심을 채우기 위해서 세겜 땅 여기저기 돌아다니며 분별없이 굴었습니다. 그녀는 섭리적인 하나님의 부르심을 기다리지 않았습니다. 그러다가 결국 자기 명예를 흠집 내어 지워지지 않는 상처를 남기게 되었습니다.

"레아가 야곱에게 낳은 딸 디나가 그 땅의 딸들을 보러 나갔더니 히위 족속 중 하몰의 아들 그 땅의 추장 세겜이 그를 보고 끌어들여 강간하여 욕되게 하고…"(창 34:1,2)

그러나 어떤 사람들의 경우에는 그 자신이 그럴만한 일을 한 적이 없는데도, 하나님의 주권적인 뜻에 따라서 자기 몫에 이런 의미의 '굽은 것'이 들어와 있습니다. 그 같이 악한 이 세상에서는 그럴 만한 죄를 지은 적이 없어도 '굽은 것'을 미연에 방지할 수 없는 경우가 있습니다. 어떤 참된 공덕을 쌓아서 그런 의미의 '굽은 것'이 들어오지 못하게 방비해도 소용이 없을 수 있습니다. 또 이미 들어온 '굽은 것'을 '곧게 펴려고 무진 애'를 써 보나 허사입니다. 다윗이 그와 같은 상황에서 자신의 경우를 이렇게 표현합니다.

"내가 모든 대적들 때문에 욕을 당하고 내 이웃에게서는 심히 당하니 내 친구가 놀라고 길에서 보는 자가 나를 피하였나이다. 내가 잊어버린바 됨이 죽은 자를 마음에 두지 아니함 같고 깨진 그릇과 같으니이다. 내가 무리의 비방을 들었으므로 사방이 두려움으로 감싸였나이다. 그들이 나를 치려고 함께 의논할 때에 내 생명을 빼앗기로 피하였나이다."(시 31:11-13)

셋째로, 소명(召命)을 받아 일을 수행하는 부분에 '굽은 것'이 떨어질 수 있습니다.

사람이 이 세상에 살 때 감당한 어떤 일에 대한 소명을 받기 마련입니다. 그런데 그 소명을 감당하기 위하여 세움 받은 지위에서 '굽은 것'을 만날 수 있다는 말입니다. 그것이 성직이든, 국가 정치이든 하나님의 부르심의 명을 받들어 일을 감당하는 자리에서 '굽은 것'을 만날 수 있습니다. 이사야는 탁월한 선지자였습니다. 그러나 그 사역(使役)은 외적으로 볼 때에 거의 성공하지 못하였습니다.

"우리가 전한 것을 누가 믿었느냐 여호와의 팔이 누구에게 나타났느냐?" (사 53:1)

예레미야는 그 선지직을 감당하면서 내내 낙담하게 하는 일들을 만나게 됩니다. 그래서 자기의 거룩한 직임을 감당하는데 큰 어려움을 겪었습니다. 그는 심지어 그 거룩한 직임을 포기하고 싶은 유혹도 받았습니다. "내가 다시는 여호와를 선포하지 아니하며 그 이름으로 말하지 아니하리라."(렘 20:9)고 말할 지경까지 갔었습니다. 시편 기자가 관찰한 바에 의하면, 세상에서 매우 부지런하여 밭에 씨를 뿌리고 가꾸고 거두고 하는 사람의 몫에도 그런 '굽은 것'이 떨어질 수 있습니다.

"밭에 파종하며 포도원을 재배하여 풍성한 소출을 거두게 하시며, 또 복을 주사 그들이 크게 번성하게 하시고 그의 가축이 감소하지 아니하게 하실지라도, 다시 압박과 재난과 우환을 통하여 그들의 수를 줄이시며 낮추시는도다." (시 107:37,38)

욥은 견실하여 곧게 펴진 상태를 오래 누린 후에 그런 '굽은 것'을 받았습니다. 어떤 이들은 세심한 분별력과 부지런함으로 자기들에게 주어진 생업을 운영합니다. 농부는 자기 땅을 잘 경작하고, 양치기는 "양 떼의 형편을 부지런히 살피며 자기 소떼에 마음을 두는"(잠 27:23) 성실함을 보입니다. 장사하는 이들은 부지런히 장사합니다. 이익을 창출할 기회를 포착하기 위하여 마음을 놓지 않습니다. 그러나 그들의 그 부분에 '굽은 것'이 있어 곧게 펴려 해도 할 수 없을 때가 있습니다.

그 이유는 어디에 있습니까? 그 목적을 달성하기 위해서 합당한 방편들을 바르게 다 사용하여도 그 일의 성공을 명하시는 하나님의 말씀이 없이는 아무 것도 이룰 수 없음을 보여주기 위한 것이 아니겠습니까?

"주의 명령이 아니면 누가 이것을 능히 말하여 이루게 할 수 있으랴. 화와 복이 지존자의 입으로부터 나오지 아니하느냐?"(애 3:37,38)

사람들이 근면하며 모든 기술을 다 동원하여 자기의 일에 열심 내고 있는데 갑자기 바람이 정면으로 들이닥칩니다. 하나님의 섭리가 그들의 산업에 타격을 주어 그들의 소유와 분량을 줄입니다. 그리하여 그들의 희망이 꺾이고 기대가 무너집니다. 하나님의 섭리가 그들을 운신하기 힘든 좁고 협착한 처지 속에 가두어 둡니다. 그래서 전도자 솔로몬은 말하였습니다.

"내가 다시 해 아래에서 보니 빠른 경주자들이라고 선착하는 것이 아니며, 용사들이라고 전쟁에 승리하는 것이 아니며, 지혜자들이라고 음식물을 얻는 것도 아니며, 명철자들이라고 재물을 얻는 것도 아니며, 지식인들이라고 은총을 입는 것이 아니니, 이는 시기와 기회는 그들 모두에게 임함이니라."(전 9:11)

그래서 기민한 경주자라도 상을 놓치고, 강한 자가 전투에서 패하고, 지혜로운 자가 떡을 차지하지 못하게 되는 일이 있습니다. 반면에 어떤 이는 그 일에 지혜와 능력이 모자라도 하나님께서 섭리로 말미암아 발생하는 사건 때문에 경주에서 이겨 상을 얻는 것과 같은 일이 벌어지기도 합니다. 연약한 자가 전투에서 승리하여 노획물을 차지하여 부요하게 되기도 하고, 떡이 미련한 자의 무릎에 떨어지기도 하는 것입니다.

넷째, 다른 사람과의 관계 속에서도 '굽은 것'이 나타날 수 있습니다.

사회는 여러 사람들 간의 인간관계의 총합입니다. 그런데 어떤 사람은 바로 그 인간관계 속에서 '굽은 것'을 몫으로 받기도 합니다. 그래서 여러 사람과의 관계 속에서 아주 예리한 고통을 느끼기도 합니다. 사실은 그런 사회관계를 잇는 끈들이 우리의 위로의 원천으로 작용하는 것이 원칙입니다. 그러나 그런 것들이 우리에게 가장 격렬한 아픔으로 돌변할 수도 있습니다. 때로 이러한 '굽은 것'이 인간관계의 손실로 말해지기도 합니다.

야곱은 사랑하는 아내 라헬의 죽음을 통해서 '굽은 것'을 몫으로 받았습니다. 가장 사랑하는 아들 요셉을 잃어버리는 아픔으로 그 '굽은 것'을 또 만나게 됩니다. 요셉을 잃은 슬픔이 어찌나 컸던지 마치 '애곡하며 울면서 무덤에 내려가는 것 같았다.'고 성경은 기록하고 있습니다. 욥 역시 자기 삶에 이러한 '굽은 것'이 들어와 슬퍼하였습니다.

"이제 주께서 나를 피로하게 하시고 나의 온 집안을 패망하게 하셨나이다."
(욥 16:7)

자기의 사랑하는 자녀들 중에 아들이나 딸 하나도 남기지 않고 모두를 무덤에 장사한 일을 생각하며 그 말을 하였습니다. 때로는 그 '굽은 것'이 무겁게 짓눌러 곤고하게 하시는 하나님의 손으로 말미암아 주어지기도 합니다. 그러한 관계들 속에서 그런 차원의 '굽은 것'을 만난 사람들은 반동적인 모습을 드러내기도 합니다. 저 믿음 깊었던 가나안 여인이 애타는 심정으로 주님을 불러 외친 것 같이 말입니다.

"소리 질러 가로되 주 다윗의 자손이여 나를 불쌍히 여기소서. 내 딸이 흉악히 귀신 들렸나이다."(마 15:22)

에브라임은 자기 가족의 아픔을 생각하며 이렇게 표현하였습니다.

"아내가 잉태하여 아들을 낳으니 그 집이 재앙을 받았으므로 그 이름을 브리아라 하였더라."(대상 7:23)

모든 것이 허무할 뿐만 아니라 심령을 곤고케 함으로 그것을 그냥 지나칠 수가 없었습니다.

또한 그런 의미의 '굽은 것'들은 가장 가까운 이들 때문에 받기도 합니다. 욥의 몫에 그러한 굽은 것이 있었습니다. 온당치 못하고 안존한 성품을 갖추지 못한 그 아내로 말미암아 그런 '굽은 것'을 만난 것이지요.

"내 아내도 내 숨결을 싫어하며 내 허리의 자식들도 나를 가련하게 여기는구나."(욥 19:17)

아비가일은 성질이 포악하고 고집스러운 남편 때문에 그런 '굽은 것'을 만났습니다(삼상 20:30-33). 엘리는 그 자녀들의 방종함과 완고함 때문에 그 '굽은 것'을 만났습니다.

"내 아들들아 그리하지 말라 내게 들리는 소문이 좋지 아니하니라. 너희가 여호와의 백성으로 범죄하게 하는도다. 사람이 사람에게 범죄하면 하나님이 심판하시려니와 만일 사람이 여호와께 범죄하면 누가 그를 위하여 간구하겠느냐 하되, 그들이 자기 아버지의 말을 듣지 아니하였으니 이는 여호와께서 그들을 죽이기로 뜻하셨음이더라."(삼상 2:25)

요나단은 자기 아버지 사울의 불같은 성격 때문에 그런 것을 겪었습니다(삼상 20:30-33).

그처럼 자기들에게 큰 위로를 주어야 마땅한 부분에서 가장 큰 십자가를 만난 경우들이 흔하다는 말입니다. 죄는 전체 피조세계의 중심을 흩어 놓았고, 모든 인간관계가 감염되어 쉽게 '굽어지는' 성향을 만든 것입니다. 그 관계 내에 완고하고 불의한 상전도 있고 불충하고 심술궂은 종들도 있습니다. 이웃관계 속에서 이기적이고 불편한 사람들도 만나게 됩니다. 교회 안에서 과격하여 덕을 세우지 못하는 목사들도 있고, 반면에 질서를 어지럽히고 다른 이들을 경멸하는 사람들도 있습니다. 그래서 그런 사람들이 목회자들의 마음에 짐이 됩니다. 국가에는 공손치 못한 행정관들도 있습니다. 선한 것을 대적하는 사람들도 있고 선동적이고 일을 복잡하게 만드는 공복들도 있습니다. 이러한 모든 것들이 인간관계의 못에 굽은 것들로 작용합니다.

3 모든 환난을 주장하시는
하나님의 주권

우리는 솔로몬이 말하는 '굽은 것'이 무엇인지 알아보았습니다. 이제 그 '굽은 것'이 하나님의 주권적인 행사 속에서 주어짐을 감안하고 그 점을 집중적으로 알아보고 싶습니다.

이 주제를 세 가지의 전제 위에서 나누어 생각해 보려 합니다.
첫째, 하나님께서 '굽은 것'을 우리 몫에 넣으신다.
둘째, 그러면 그 '굽은 것'을 어떤 방식으로 우리 몫에 넣으시는가?
셋째, 어째서 그 '굽은 것'을 넣으시는가?

1. '굽게 하시는' 하나님의 주권

그것이 무엇이든지 사람의 몫에 들어 있는 그 굽은 것은 하나님의 만드신 것임을 다음의 세 가지 방면에서 확인할 수 있습니다.

첫째로, 그것이 어떤 문제에 관한 것이든 일단 '굽은 것'으로 간주되는 것이 그 사람의 몫 속에 들어 있으면, 그것은 의심의 여지없이 하나의 징벌적(penal) 불행입니다.

일반적인 사람의 지혜로 볼 때 그 일을 불러온 직접적인 동인이 죄악적이냐 아니냐에 상관없이 '굽은 것'은 징벌적인 환난임에 분명합니다. 하나님께서는 우리의 주권자요 재판장으로서 우리에게 그러한 '굽은 것'을 거룩하고 의로운 처사로 부과하실 수 있습니다. 그 일을 주관하시고 시행하시는 권한을 하나님께서 가지고 계십니다.

"성읍에서 나팔이 울리는데 백성이 어찌 두려워하지 아니하겠으며 여호와의 행하심이 없는데 재앙이 어찌 성읍에 임하겠느냐?"(암 3:6)

하나님의 지으심이 아니고는 어떤 불행도 존재할 수 없습니다. 사람의 몫에 들어 있는 '굽은 것'이 그런 의미에서 재앙이고, 그 굽은 것은 필연적으로 하나님께서 지으신 것이라는 결론에 이를 수밖에 없습니다.

둘째로, '하나님께서 각 사람의 몫을 나누어 주시되 그 몫에 들어갈 내용도 결정하신다.'는 것이 섭리에 관한 성경 교리의 명백한 요점입니다.

하나님께서 좌정하사 인간 사회의 키를 주장하십니다. 하나님께서 무엇을 하시기로 뜻을 정하시면 그대로 행하십니다.

"여호와께서 무릇 기뻐하시는 일을 천지와 바다와 모든 깊은 곳에서 행하셨도다."(시 135:6)

우리에게 떨어지는 일이 어떤 일이라 할지라도 모든 것을 다스리시는 하나님의 손이 없이 되는 일이 하나도 없습니다. 우리를 모태에서 나오게 하신 바로 그 섭리의 하나님께서 우리의 몫으로 정해주신 그 조건과 장소로 우리를 인도하시고 거기에 맞도록 주장하십니다.

"인류의 모든 족속을 한 혈통으로 만드사 온 땅에 거하게 하시고 저희의 연대를 정하시며 거주의 경계를 한하셨으니."(행 17:26)

하나님의 섭리는 우리의 아무리 작은 문제나 가장 원인적인 것들 모두를 주장하십니다.

"너희에게는 머리털까지 다 세신 바 되었나니."(마 10:30)

"제비는 사람이 뽑으나 모든 일을 작정하기는 여호와께 있느니라."(잠 16:33)

물론 우리의 의지의 자유로운 활동을 통해서 우리 스스로 선택은 합니다. 그럼에도 불구하고 "왕의 마음이 여호와의 손에 있음이 마치 보의 물과 같아서 임의로 인도하시느니라."(잠 21:1) 우리가 걸어갑니다. 그런데 우리가 걸을 길을 다른 것들이 닦습니다.

"여호와여 내가 알거니와 사람의 길이 자신에게 있지 아니하니 걸음을 지도함이 걷는 자에게 있지 아니하니이다."(렘 10:23)

'굽은 것'의 발생 경로가 어떤 때는 고의적이고 죄악적인 처사로 말미암아 생길 수도 있습니다. 요셉의 형들이 그를 판 것이 그런 경우입니다. 그런데 어떤 때에는 그 걸음을 누가 계획적으로 의도한 것이 아닐 수도 있습니다. 의도적인 것은 아니었는데 나무를 패다가 도끼날이 자루에서 빠져 나가 남을 맞춰 죽이는 오살(誤殺)의 경우를 생각해 보십시오(신 19:5). 그러나 사람들의 죄악적이고 부주의한 행동들을 다스리는 거룩하고 지혜로운 하나님의 섭리가 있습니다. 마치 말 탄 자가 그 말을 주장하듯이 말입니다.

요셉은 자신을 바로에게 보내신 분이 하나님이시라고 말합니다.

"하나님이 큰 구원으로 당신들의 생명을 보존하고 당신들의 후손을 세상에 두시려고 나를 당신들 앞서 보내셨나니, 그런즉 나를 이리로 보낸 자는 당신들이 아니요 하나님이시라. 하나님이 나로 바로의 아비를 삼으시며, 그 온 집의 주를 삼으시며 애굽 온 땅의 치리자를 삼으셨나이다."(창 45:7,8)

도끼로 이웃을 오살한 경우에는, 그 오살당한 자를 자기 이웃의 손 안으로 들어가 죽게 하신 분이 하나님이라는 것입니다. 그래서 그를 위하여 도피성을 마련하여 피하게 하셨습니다.

"만일 사람이 계획함이 아니라 나 하나님이 사람을 그 손에 붙임이면 내가 위하여 한 곳을 정하리니 그 사람이 그리로 도망할 것이며."(출 21:13)

셋째, 하나님께서는 한 영원한 경륜으로 각 사람이 차지할 몫을 다 정하여 놓으시되, 놋산이 움직이지 않는 것 같이 고정되게 하셨습니다.

"내가 또 눈을 들어 본즉 네 병거가 두 산 사이에서 나왔는데 그 산은 놋산이더라."(슥 6:1)

하나님께서 각 사람의 몫 여러 부분에 '굽은 것'이 존재하게 하시고, 그리하여 그 몫의 여러 부분이 답답하게 하셨습니다. 바로 그 영원한 경륜으로 말미암아 지상의 높고 낮은 부분들, 산과 골짜기가 정해진 것입니다. 사람들이 이 땅에서 받은 여러 몫들, 곧 깊은 것들이 번영이나 역경 등 모든 것을 그 영원한 경륜으로 정하셨습니다. 그래서 때가 되면 그 모든 것들이 그 영원한 경륜과 완전한 조화를 이루게 하셨습니다.

　이와 같이 세상을 다스려 나가시는 하나님의 '섭리의 신비'는 하나님께서 마치 건물을 세우시는 것과 같습니다. 하나님의 경륜 속에 들어 있는 계획에 정확히 일치하게 세워나가십니다.
　"모든 일을 그 마음의 원대로 역사하시는 자의 뜻에 따라…"(엡 1:11)
　그러므로 각 사람의 몫에 들어 있는 그 굽은 것은 하나도 빠짐없이 하나님의 뜻을 이루기 위해서 주어졌다고 할 수 있습니다. 욥은 자신의 경우에서 이런 경우에 우리가 취할 바른 본을 경건하게 세워주고 있습니다.
　"그는 뜻이 일정하시니 누가 능히 돌이키랴. 그의 마음에 하고자 하시는 것이면 그것을 행하시나니, 그런즉 내게 작정하신 것을 이루실 것이라. 이런 일이 그에게 많이 있느니라."(욥 23:13, 14)

2. '굽은 것'을 넣으시는 하나님의 방식

　우리가 사람의 몫에 '굽은 것'을 지어 넣으시는 하나님의 방식을 알기 위하여 그 굽은 것들이 특정한 죄와는 상관없이 주어진 것인지, 아니면 순전히 죄악 때문인지 구분해야 합니다.

　첫째, '굽은 것'이 죄와는 상관없이 순전하게 주어진 경우들이 있습니다.

그런 경우, 그 사람의 몸 속에 고통이 있고 십자가의 찌르고 무겁게 하는 것이 있음에도 거기에 '더러움의 요소'는 존재하지 않습니다. 나사로의 궁핍이 바로 그러한 경우입니다(눅 16:20,21). 라헬이 자식이 없었던 일이나 레아의 안력이 모자랐던 일이나, 태어날 때부터 앞을 보지 못했던 사람(요 9:1)의 경우가 다 그렇습니다. 그러니 이 경우는 하나님의 능력의 효능으로 그 '굽은 것'이 일어나 존재하게 되었으니 하나님께서 직접 지으신 것입니다. 가난한 자를 지으신 분도 하나님이십니다.

"가난한 자를 조롱하는 자는 이를 지으신 주를 멸시하는 자요."(잠 17:5)

가난한 자를 조롱하는 자는 이를 지으신 하나님을 멸시하고 능욕하는 자입니다. 그에 따라서 사무엘상 2장 7절에 "여호와께서는 가난하게도 하신다."고 하였습니다. 태(胎)의 열쇠를 쥐고 계신 분이 하나님이십니다. 그래서 하나님께서 마땅하다 여기시는 대로 태의 문을 여시기도(삼상 1:5) 닫기도 하시는 분이십니다(창 29:31). 눈을 지으신 분이 어떤 사람은 소경으로 태어나게 하시되, "그에게서 하나님의 하시는 일을 나타내고자" 하셨습니다(요 9:3).

그러므로 하나님께서 모세에게 이르셨습니다.

"누가 사람의 입을 지었느뇨? 누가 벙어리나 귀머거리나 밝은 자나 소경이 되게 하였느뇨? 나 여호와가 아니뇨?"(출 4:11)

그러므로 사람의 몸에 들어 있는 '굽은 것'은 하나님이 지으신 것입니다. 광범한 의미와 가장 충만한 이해의 견지에서 볼 때 하늘과 땅 뿐만 아니라 사람들의 몸에 들어있는 '굽은 것들'도 다 하나님의 직접적인 간섭으로 생겨난 것들입니다.

둘째로, 어떤 특정 죄악의 결과로 주어진 '굽은 것들'도 있습니다. 그것들은 그 본질 자체가 환난이기도 하며 죄악의 결과이기도 합니다.

그런 경우 그 '굽은 것들'은 무거운 것일 뿐 아니라 더러운 것입니다. 다윗의 몫에 그런 의미의 '굽은 것'이 주어졌습니다. 그 가족의 문란함이 바로 그것입니다. 다말이 더럽힘을 당하고, 암논이 살해되고, 압살롬이 모반을 일으켰습니다. 그 모든 자들이 다 부도덕한 자식들이었습니다.

스바 사람들과 갈대아 사람들이 욥의 재산을 탈취해가고, 그 종들을 죽이는 일들이 욥에게 '굽은 것들'이었습니다. 다윗의 경우와 욥의 경우 모두 다 고통과 환난이었습니다. 그 고통의 일들을 저지른 자들은 다 죄악적인 행사를 하였습니다. 악한 도구들을 통해서 그 일들이 일어났습니다. 다윗과 욥이 당한 일들은 겉으로 보기에는 같아 보였습니다. 그러나 다윗의 경우는 죄에 대한 징책으로 주어진 것입니다. 그러나 욥의 환난은 죄와는 관계없이 순전하게 주어진 것입니다. 욥의 경우는 죄로 인하여 하나님께서 부과하신 것이라고 해서는 안됩니다. 왜냐하면 하나님께서는 어떤 사람의 마음에 악을 집어넣어 악을 행하도록 충동하시는 일을 결코 하지 않으시기 때문입니다.

"하나님은 악에게 시험을 받지도 아니 하시고 친히 아무도 시험하지 아니 하시느니라."(약 1:13)

물론 그 '굽은 것들'이 일어나게 허용하신 분이 하나님이시라는 점에서 보면 다 하나님이 지으신 것들입니다. 그런 일들이 진행되도록 강력하게 주장하시고, 어떤 선한 목적을 위하여 그런 일들이 일어나도록 허용하시어 지혜롭게 통치하셨다는 면에서 그러합니다.

3. '굽은 것'을 통하여 거룩한 목적을 이루시려는 하나님의 경륜

첫째, 거듭 강조하지만 하나님께서는 거룩한 목적을 가지시고 사람들로 '자기의 길을 다니게 묵인하기도' 하십니다(행 14:16).

그러나 하나님께서 강제로 권능을 행하시어 그러한 '죄악적인 굽은 것들'이 일어나게 조장하시거나 그런 원인을 제공하시지 않습니다. 그럼에도 불구하고 하나님께서 그런 일들이 일어나지 못하게 허용하실 의향이 전혀 없었다면 그런 일들은 전혀 존재하지 않았을 것입니다.

"다윗의 열쇠를 가지신 이 곧 열면 닫을 사람이 없고 닫으면 열 사람이 없는 그가 이르시되…"(계 3:7)

하나님께서는 죄인이 바라지 않는 긍휼을 거두기도 하시고, 또 죄인이 불편해 하는 제어 굴레를 거두기도 하십니다. 그렇게 되면 죄인은 제 멋대로 할 수 있게 됩니다. 자기 목에 메인 고삐를 벗어났으니 자기 정욕대로 할 수 있게 된 것이지요.

"에브라임이 우상과 연합하였으니 버려두라."(호 4:17)

"내 백성이 내 소리를 듣지 아니하며 이스라엘이 나를 원치 아니 하였도다. 그러므로 내가 그 마음의 강퍅한 대로 버려 두어 그 임의대로 행케 하였노라."(시 81:11,12)

사람이 본래 가지고 있던 성향대로 행동하게 되면 그 죄악적인 굽은 것은 자연스레 따라오게 되어 있습니다. 마치 언덕 아래 파여진 곳이 있으면 대번에 물이 그리로 흘러 내려오는 것과 같습니다. 이스라엘이 바로 그렇게 '그 마음의 강퍅한 대로' 행하였던 것입니다.

이런 종류의 '굽은 것'을 지으신 하나님께서는 정당한 재판장으로서 그것으로 그 고통당하는 사람을 벌하시는 것입니다. 다윗이 시므이의 저주의 말을 듣고 잠잠했던 것은 그 일을 그런 관점에서 보았기 때문입니다.

"여호와께서 저에게 명하신 것이니 저로 저주하게 버려두라."(삼하 16:10, 11).

둘째, 공의와 자비의 하나님께서는 그런 일들에 한계를 분명하게 정하십니다.

"진실로 사람의 노는 장차 주를 찬송하게 될 것이요 그 남은 노는 주께서 금하시리이다."(시 76:10)

어떤 사람의 몫에 들어 있는 그러한 '굽은 것들'이 정말 견디기 어려워 보인다 할 때도, 하나님께서 한계를 두지 않으셨으면 그보다 훨씬 더 독한 '굽은 것'을 겪어야 했을 것입니다. 하나님께서 죄악적인 '굽은 것'에 대하여 말씀하시되, 바다에게 말씀하심과 같습니다.

"이르기를 네가 여기까지 오고 넘어가지 못하리니 네 교만한 물결이 여기 그칠지니라 하였었노라."(욥 38:11)

하나님께서 한계를 정하여 놓으시고 더 이상은 한 발자국도 나가지 못하게 하셨습니다. 하나님께서 합당하게 여기시는 범위 이상으로 사람의 집요한 정욕이 날치지 못하게 하십니다. 그래서 그 '굽은 것'이 그 이상도 그 이하도 아니게 하십니다. 그래서 하나님의 강력한 제어력으로 그 '굽은 것'이 그 정도의 크기로만 있게 되는 것입니다.

욥의 경우를 보면 그에 대한 탁월한 실례를 발견하게 됩니다. 욥의 몫에 떨어진 '굽은 것'은 마귀의 특별한 작용으로 말미암았습니다. 그러나 하나님께서는 죄악의 원조(元祖)인 마귀에게 한계를 정하여 주셨습니다.

"여호와께서 사탄에게 이르시되 내가 그의 소유물을 다 네 손에 붙이노라. 오직 그의 몸에는 네 손을 대지 말지니라."(욥 1:12)

사탄은 하나님께서 그어 놓으신 한계 영역 전체를 두루 다니면서 그 경내에 있는 것에 모조리 손을 댑니다. 자기가 보기에 욥의 것이라 여기는 것에 다 손을 댑니다(욥 1:18,19절). 그러나 마귀는 자기의 뜻을 이루기 위해서 그 한계 이상은 한 발자국도 넘어가지 못하였습니다. 그러므로 욥의 시련을 그 한계 이상으로 크게 하거나, 그 '굽은 것'을 더 심화시킬 수는 없었습니다. 하나님께서 그 한계의 범위를 더 확대시켜 사탄에게 허용하시지 않으면 그런 일은 불가하였습니다. 자기가 활동하여 욥을 괴롭게 할 범위가 더 확대되기를 바라며 사탄은 말합니다.

"이제 주의 손을 펴서 그의 뼈와 살을 치소서. 그리하시면 정녕 대면하여 주를 욕하리이다."(욥 2:5)

그의 청 대로 이전의 한계가 제거되고 새로운 한계가 설정됩니다.

"내가 그를 네 손에 붙이노라. 오직 그의 생명은 해하지 말지니라."(욥 2:6)

욥으로 하여금 하나님을 모독하게 하려는 사탄의 음모를 위하여 새로운 한계가 설정되었고, 그 한계 내에서 욥의 몫에 '굽은 것'을 최대한 만들도록 허용이 된 것입니다.

"사탄이 이에 여호와 앞에서 물러가서 욥을 쳐서 그 발바닥에서 정수리까지 악창이 나게 한지라."(욥 2:7)

다만 '욥의 생명에는 손을 대지 말라.'는 한계가 설정되지 않았으면,

사탄은 분명 이전의 자기의 시도가 전혀 성공하지 못하였음을 아는 즉시로 욥을 해치웠을 것입니다.

셋째, 하나님께서는 지혜롭게 그 '굽은 것'을 다스리시되, 하나님의 완전하심에 부합하는 선한 목적에 합당하게 다스리십니다.

사탄은 죄악을 조장하는 자로서 자기로 야기된 '굽은 것'을 가지고 자기의 악한 뜻을 이루려고 합니다. 그러나 하나님께서는 그 '굽은 것'을 거룩하고 선한 목적을 위해 소용되게 주장하십니다. 다윗의 가정의 문란함을 들여다보세요. 암논의 의도는 짐승과 같은 정욕을 채우는 것이었으며, 압살롬의 의도는 복수심으로 자신을 만족시키고 자기 교만과 야심을 성취하려는 것이었습니다. 그러나 하나님께서는 그런 것들을 통해서 우리아에게 다윗이 범죄한 것에 대해 징치하시려는 의도를 가지고 계셨습니다. 사탄은 자기의 도구였던 스바 사람들과 갈대아 사람들을 통해서 욥의 몫에 '굽은 것'을 넣었습니다. 그는 그것을 가지고 욥이 하나님을 모독하게 하려는 목적을 갖고 있었습니다. 스바 사람들과 갈대아 사람들은 자신들의 탐심을 이루려고 그런 짓을 하였습니다. 그러나 하나님께서는 그 일을 통하여 당신이 기뻐하시는 다른 의도를 가지고 계셨습니다. 곧 욥의 신실함과 정직성을 나타내려 하셨습니다. 하나님께서 지혜롭고 강력하게 이러한 사람들의 몫에 태인 '굽은 것들'을 다스리지 않으셨으면 그러한 것들을 통해서 아무런 선(善)도 나오지 않았을 것입니다. 그러나 하나님께서는 그러한 것들을 지혜롭게 다스리시어 당신의 거룩한 목적들을 그런 식으로 이루어 가십니다(물론 죄인이 그렇게 할 의도는 없지만). 하나님의 계획들은 결단코 무산될 수 없습니다.

"내가 시초부터 종말을 알리며 아직 이루지 아니한 일을 옛적부터 보이고 이르기를 나의 뜻이 설 것이니 내가 나의 모든 기뻐하는 것을 이루리라 하였노라." (사 46:10)

그러니 죄악으로 인하여 부과된 '굽은 것'도 하나님의 다스리심 속에서 하나님의 영광을 위하는 쪽으로 변환되고, 아울러 결국 하나님의 백성들의 선을 이루는 쪽으로 나아갑니다.

"여호와께서 온갖 것을 그 쓰임에 적당하게 이르셨나니 악인도 악한 날에 적당하게 하셨느니라."(잠 16:4)

"우리가 알거니와 하나님을 사랑하는 자 곧 그의 뜻대로 부르심을 입은 자들에게는 모든 것이 합력하여 선을 이루느니라."(롬 8:28)

유대인들을 멸살하려는 하만의 음모는 그 정반대의 목적을 이루는 쪽으로 활용이 되었습니다(에 9:1). 요셉은 형들에게 팔리움으로 자기 몫에 '굽은 것'이 떨어졌습니다. 요셉의 형들은 정말 부도덕하고 죄악적인 의도를 가지고 그 일을 하였습니다. 그러나 그것은 하나님의 거룩하신 허용 속에서 하나님께서 지으신 것입니다. 하나님께서 강하게 '굽어진 것'을 지혜롭게 다스리시니 결국 하나님의 선하신 목적에 합당한 좋은 결말을 내게 되었습니다. 요셉은 하나님의 지혜와 선하심 모두를 그 형들에게 가르쳤습니다.

"당신들은 나를 해하려 하였으나 하나님은 그것을 선으로 바꾸사 오늘과 같이 만민의 생명을 구원하게 하시려 하셨나니."(창 50:20)

4 '굽은 것'을 방편 삼아 영적으로 유익하게 하시는 하나님

이제 '굽은 것'을 주장하시는 하나님의 행사에 대해 한 가지 의문이 남아 있습니다. 어째서 하나님께서는 사람의 몫에 한 '굽은 것'을 지으시는가? 그 의문은 그러시는 하나님의 경륜의 의도를 발견하면 명백하게 풀려지게 되어 있습니다. 그 문제는 모든 사람이 주의 깊게 관찰하여 알아야 하는 문제입니다. 곧 각 사람의 몫 속에 들어 있는 그 '굽은 것'이 그리스도인의 유익을 위해서 어떻게 활용될 수 있는가를 알아보는 것입니다.

하나님께서 그 '굽은 것'을 각 사람의 몫에 넣어두시는 의도를 일곱 가지로 나누어 볼 수 있을 것 같습니다.

1. '굽은 것'을 시금석 삼아 사람의 마음의 상태를 시험하시는 하나님

그 사람의 상태가 은혜의 상태인지 아닌지를 알아보는 시험대로서 그

'굽은 것'을 사용하시는 하나님의 의도를 알아봅시다.

그 사람이 진지한 그리스도인인지 아니면 가식적인 그리스도인인지 알아보는 시금석으로 '굽은 것'을 사용하신다는 말입니다. 모든 환난이 사람들의 상태를 시험하기는 하나, 제가 여기서 생각하는 바는 주요한 섭리적인 시험을 말하는 것입니다. 사람의 상태를 위하여 섭리로 하나님께서 당하게 하신 시련이 있다는 말입니다. 그 사람 몫에 들어 있는 그 '굽은 것'이 한동안 계속 존재하기 때문에 그 과정 속에서 그 사람은 거듭하여 자신의 참 모습을 열어 보일 기회를 갖게 됩니다. 그래서 결국 그것이 획기적인 시점에서 그 사람의 마음의 실상을 결정적으로 드러내 주는 계기가 되는 것입니다.

욥에게 일어난 일이 바로 그러한 기조 위에서 주어진 시험이었습니다. 하나님께서 욥의 정직함과 신실함을 친히 증거하셨습니다. 사탄은 그에 반하여 비아냥거리며 욥을 악하게 쳐서 말하되, 물질만 목적으로 삼는 위선자에 불과하다고 하였습니다. 욥이 하나님이 말씀하신 대로의 사람인지, 아니면 사탄이 참소하며 말한 대로의 사람인지 그 진상을 알아보기 위한 시금석으로 '굽은 것'이 욥에게 주어진 것입니다(욥 1:18 ; 2:3). 따라서 마지막으로 말한 엘리후를 제외한 그의 모든 친구들이 검증받고 있는 욥과 변론한 목적은 욥이 위선적인 사람임을 입증하는 것이었습니다. 사탄은 자기의 뜻을 성취하기 위해서 이 선한 사람들을 그런 식으로 사용하였습니다.

또 다른 예로 하나님께서는 가나안 땅을 위하여 이스라엘을 괴롭게 하는 일련의 경륜적인 처사를 시행하셨습니다. 광야에서의 연단이 바로 그런 것이었습니다. 갈렙과 여호수아는 그 괴롭게 하시는 하나님의 경륜들을 의연하게 감내해 내었습니다. 이스라엘을 괴롭게 하는 경륜으로 주어진 그 일들은 '그 두 사람이야말로 약속의 땅에 들어가기에 합당한 자들이라.' 선언하는 역할을 하였습니다. 여호수아와 갈렙은 주님을 충성스럽게 따랐습니다. 반면에 다른 이스라엘 사람들은 그런 경륜적인 환난에 거쳐 넘어지고 곤비해져 광야에서 죽었습니다. 하나님께서는 사람들을 하늘을 위해서 단련하십니다. 그들의 몫에 들어 있는 '굽은 것'을 통해서 그리 하시는 것입니다. 만약 어떤 사람이 그 시금석을 견뎌낼 수 있다면, 그것으로 그는 욥과 같이 하나님의 참된 성도와 신실한 종이라는 사실을 드러내고 있는 셈입니다. 욥은 그런 사람으로 드러났습니다. 그렇지 않다면 그 사람은 외식자에 불과하였을 것입니다. 자기 몫에 들어 있는 '굽은 것'이라는 시금석을 그가 잘 견뎌내지 못하였다면, 그 외식적인 믿음이 그 시금적인 그 환난 속에서 하나님의 용광로에 들어 있는 찌꺼기들과 같이 사라졌을 뿐이었습니다.

저 존귀하고 부한 청년의 경우를 통하여는 욥과 정반대의 진상을 발견합니다. 그는 대단한 종교적인 열심을 가장하여 도덕적 진지함의 원리에서 벗어나 떨치고 일어나 구주께 아뢰었습니다. '영생을 얻기 위해서 자기가 해야 할 일이 무엇인지' 알기 위해서 그리하였던 것입니다(막 10:17-22). 우리 구주께서는 그 사람이 누구인지 밝히 드러내게 하시려고 그의 몫에 한 '굽은 것'을 만들어 제시하십니다. 그 '굽은 것'은 그 전에도 오랫동안 존재하고 있었던 것입니다. 자기가 가진 모든 것을 팔아 가난한 자에게 주고 주님을 좇는 일이었습니다.

"가서 네 있는 것을 다 팔아 가난한 자들을 주라. 그리하면 하늘에서 보화가 있으리라. 그리고 와서 나를 좇으라."(마 19:21)

그 말씀을 들은 그는 자기의 많은 소유를 다 벗고 양심의 법정에 서게 되었습니다. 그 사람은 순간적으로 자기의 몫 속에 들어 있는 이 '굽은 것'의 찌르는 아픔을 느꼈습니다.

"그 사람은 재물이 많은 고로 이 말씀을 인하여 슬픈 기색을 띠고 근심하며 가니라."(마 19:22)

다시 말하면 그 말씀을 들은 즉시 그는 심한 고통의 아픔을 느끼게 되었고, 마음이 산란해지고 그의 안색이 변하여 슬픈 기색을 띠게 되었습니다. 그는 그 굽은 것의 시금석을 참아낼 수가 없었습니다. 그는 결단코 자기의 몫을 예수님의 말씀에 따라 하나님께 바칠 수가 없었습니다. 오히려 자신의 생각대로 어찌하든지 그 소유를 위해 안간힘을 썼습니다. 그래서 그는 슬퍼하며 떠나갔습니다. 그는 그리스도로부터 도망쳐 나와 자기의 '풍성한 재산'으로 돌아갔습니다. 비록 아프고 슬픈 마음을 가지기는 하였지만 하나님의 질서를 어기고 주님 앞에서 불의한 소유자의 자리로 다시 주저앉고 말았던 것입니다.

2. '굽은 것'으로 영원한 세계의 복락에 눈을 돌리게 하시는 하나님

그리스도인은 '세상에서 마음을 떼고 저 다른 세상의 복락을 추구하는 의무에 충실하라.'는 격려의 말씀을 듣고 있는 사람입니다.

많은 그리스도인이 자기 몫에 들어 있는 '굽은 것'을 돌아볼 때마다

제 정신을 차리고 마음을 안정시키고 진지한 자세로 돌아섰습니다. 그러나 한동안 돌아서는 일을 조롱하면서 들나귀처럼 이리저리 뛰어 돌아다니다가 실족하여 넘어졌습니다(렘 2:24). 그래서 그들의 몫에 '굽은 것'이 만들어지고 그들의 발이 족쇄(足鎖)에 채이게 되었습니다. 그렇게 되자 탕자가 제 정신을 차리고 자기 아버지 집에 돌아갈 생각을 하지 않을 수 없었던 것과 같은 입장에 서게 됩니다.

"이에 스스로 돌이켜 이르되 내 아버지에게는 양식이 풍족한 품꾼이 얼마나 많은가 나는 여기서 주려 죽는구나."(눅 15:17)

그들의 몫에 들어 있는 그 '굽은 것'으로 말미암아 세상에는 안식이 없음을 인식하게 됩니다. 그리고 피조물 속에서 안식을 찾으려 할수록 불안의 찌르는 가시가 있음을 발견합니다. 그래서 세상에는 어떤 안식의 소망도 없다는 결론에 이르게 되고, 다른 안식처를 찾기 위해 눈을 돌리기 시작합니다.

물론 자기들의 몫에 마음이 온통 가 있는 동안에는 '그런 위안'이 필요하다는 말을 하지 않습니다. 그러나 결국 그들은 방황 속에서 생긴 그 '굽은 것'으로 인하여 하나님께 나아가는 계기를 만나게 되는 것입니다. 그러므로 우리 몫에 들어 있는 그 '굽은 것'을 어떻게 활용하든지간에 그 '굽은 것'은 우리에게 이러한 소리를 냅니다. '너희는 일어나 떠나라. 이곳이 너희의 안식처가 아니다.'

참된 그리스도인으로 하여금 이 세상에 대해 가장 크게 죽게 만드는 여러 제어하며 괴롭게 하는 방편들이 있지만, 그 중에서 우리 몫에 들어 있는 '굽은 것'이 가장 효과있는 방편임에 분명합니다.

3. '굽은 것'을 통해 죄를 생각나게 하시는 하나님

하나님께서는 사람에 몫에 한 '굽은 것'을 넣으심으로써 자신의 과거 행로 속에서 떼어 놓았던 어떤 걸음이 거짓되었음을 깨닫게 하십니다.

그가 죄에 대해 조심하지 않고 분방하게 행하다가 갑작스럽게 다리를 저는 병에 걸리게 됩니다. 그리하여 걸음을 옮길 때마다 신경을 곤두세우며 고통을 느낍니다. 그제야 그는 가던 걸음을 멈추고 자기가 이제 까지 걸었던 행로가 잘못이었음을 깨닫게 됩니다. 그 '굽은 것'이 아니었다면 죄인이 쉽게 간과해 버리거나 가볍게 생각했을 것을 상기하게 만드신 것입니다. 그 '굽은 것'이 그 사람 앞에 항상 쓰고 괴로운 것으로서 있게 만드신 분이 하나님이십니다. 그리고 어느 때든지 잘못된 길을 걸으면 괴로움을 당한다는 사실을 마음으로 항상 새롭게 상기하게 하십니다. 그리하여 그 '굽은 것'을 통해 사람들의 죄를 드러나게 하시고, 그들로 죄의 각성을 받게 하십니다.

"너희 죄가 정녕 너희를 찾아낼 줄 알라."(민 32:23 ; 렘 2:26)

요셉의 형들이 애굽에서 만난 '굽은 것' 아래서 위의 경우에 들어가 있는 자신들의 심정을 절절하게 표현하였습니다.

"우리가 아우의 일로 인하여 범죄하였도다."(창 42:21)

"유다가 말하되…하나님이 종들의 죄악을 찾아내셨으니 우리와 이 잔이 발견된 자가 다 내 주의 노예가 되겠나이다."(창 44:16)

하나님께서는 우리로 하여금 옛날 지나간 날의 잘못된 행로 속에서 저지른 죄악을 새롭게 기억나게 하십니다. 말이나 행실 속에서 어리석게 행한 일을 보여주는 표지를 항상 그 앞에 두시고 그 일들을 생각나게 하십니다. 레아가 라헬로 가장하여 자신을 속인 온당치 못한 처사를 안 야곱은 칠 년 전의 일을 뼈아프게 상기하였을 것입니다. 야곱은 앞을 보지 못하는 아버지 앞에 나아가 '내가 에서입니다.' 라고 감쪽같이 속였습니다. 후에도 결혼생활을 하는 과정 동안에도 기회를 따라 그 일이 생각나 야곱이 얼마나 괴로웠을까요! 아버지 이삭 앞에서 야곱은 자기가 형 에서인양 속였는데, 이제는 야곱 앞에서 언니인 레아가 자기를 라헬이라 속였습니다. 이삭은 눈이 흐려 야곱의 속임수에 넘어갔고, 야곱은 그날 밤 어둠 속에서 그와 똑같은 속임수에 넘어갔습니다.

사사기 1장 7절에서 아도니 베섹이 말한 것이 합당합니다.

"하나님이 나의 행한 대로 내게 갚으시는도다."

라헬도 아이를 낳다 죽어가면서 자기의 과격하고 투기어린 표현들을 우울하게 반성하지 않을 수 없었을 것입니다.

"라헬이 자기가 야곱에게 아들을 낳지 못함을 보고 그 형을 투기하여 야곱에게 이르되, 나로 자식을 낳게 하라, 그렇지 아니하면 내가 죽겠노라."(창 30:1)

거룩한 욥마저 자신에게 있는 '굽은 것' 속에서 오래전 젊은 날에 자기가 걸었던 거짓된 행로를 읽고 있었습니다.

"주께서 나를 대적하사 괴로운 일들을 기록하시며 나로 나의 어렸을 때 지은 죄를 받게 하시오며."(욥 13:26)

4. '굽은 것'으로 우리를 징계하여 바르게 고쳐주시는 하나님

하나님께서는 '굽은 것'을 징계의 도구로 사용하시어 우리를 죄에서 건져내어 바르게 고치십니다.

"**네 악이 너를 징계하겠고 네 반역이 너를 책망할 것이라.**"(렘 2:19)

사람이 자기에게 있는 '굽은 것' 속에서 보다 그 말씀의 확실성을 더 잘 인식할 데가 없습니다. 하나님께서 잠시 동안 어떤 사람의 죄를 보시나 참아 눈감아 주시는 것 같이 보일 수 있습니다. 그러나 후에 하나님께서는 그 죄인의 몫 속에 '굽은 것'을 넣어 주심으로써 그 죄에 대해 '분노하신 하나님의 표'를 보여주실 것입니다. 앞서 언급한 야곱이나 라헬의 경우와 같습니다. 비록 지나간 행동 속에서 저지른 죄를 더 이상 오래 진행한 것은 아니었지만, 여전히 하나님께서는 그 죄를 불쾌하게 여기셨다는 표증을 그 사람의 몫에 '굽은 것'을 넣으심으로 분명하게 나타내십니다. 그래서 그 표증이 오랫동안 그를 괴롭게 하고 쓰게 만듭니다. 반복되는 경험을 통해서 그는 자신이 과거에 지었던 어떤 죄가 얼마나 악하고 괴로운 일이었는지를 알게 됩니다.

다윗이 암몬 사람들의 칼을 통해 우리아를 죽이는 일은 오래 걸리지 않았습니다. 그 때문에 다윗에게 하신 하나님의 문책의 말씀의 효력은 어떠하였습니까?

"**칼이 네 집에 영영히 떠나지 아니하리라.**"(삼하 12:10)

게하시는 거짓된 속임수로 나아만으로부터 두 자루의 돈을 쉽게 얻었습니다. 그러나 하나님을 모독하는 그 계략에 대하여 하나님께서 얼마나 분노하셨는지를 보여주는 표증이 지속적으로 그를 떠나지 않았습니다. 그가 나병에 걸려 평생토록 고통을 당하였고, 그의 후손에까지 그런 어려움을 계속 겪게 되었습니다(왕하 5:27).

어떤 사람이 자기 죄를 진지하게 고백하고 회개할 수 있습니다. 그럼에도 불구하고 그 죄가 무덤에까지 그를 고통스럽게 만들 것입니다. 물론 그 죄가 그를 지옥으로 끌고 갈 수는 없습니다. 어떤 사람이 하나님의 아들 그리스도 안에서 하나님께 자녀로 받아들여졌음에도, 하나님을 불쾌하게 한 어떤 일의 표증을 평생 달고 다닐 수 있습니다. 그 사람의 몫에 있는 '굽은 것' 안에서 자기 죄가 매달려 있는 것처럼 말입니다.

"저희 행한 대로 갚기는 하셨으나 저희를 사하신 하나님이시니라."(시 99:8)

5. '굽은 것'으로 죄를 미연에 방지하시는 하나님

마음에 어떤 악한 성향을 막으려고 그 사람의 굽은 것이 이미 설치되어 있는 경우가 있습니다.

"그러므로 내가 가시로 그 길을 막으며 담을 쌓아 저로 그 길을 찾지 못하게 하리니."(호 2:6)

어떤 이에게 마음이 어느 한쪽으로 치우쳐 넘어가는 특이한 악한 성향이 있을 때, 그 기울어지기 쉬운 쪽에 울타리나 벽 같은 역할을 하게 '굽은 것'을 그의 몫에 넣어 주시기도 한다는 말입니다. 세상 속에서 사람을 특별하게 오염시키는 대상들이 여러 모습으로 드러나기도 합니다. 어떤 사람의 특정 기질과 성향이 그런 것들에 쉽게 동화되기도 합니다. 그래서 그 사람 몫 속에 있는 '굽은 것'을 넣어 주시어 그 대상들을 아름답게 보이게 만들던 그 채색이나 윤택이 지워져 보이게 하시는 하나님의 섭리가 있습니다. 아니면 그 '굽은 것'으로 인하여 그 대상들이 세력을 크게 가진 것 같이 보이던 것이 그렇지 않아 보이게 됩니다. 그래서 부패한 정서의 뾰족한 끝이 무디어져 유혹의 힘이 약화되어 많은 죄를 지을 가능성을 미연에 방지합니다.

"네가 어찌하여 네 길을 바꾸어 부지런히 돌아다니느냐? 네가 앗수르로 말미암아 수치를 당함 같이 또한 애굽으로 말미암아 수치를 당할 것이라. 네가 두 손으로 네 머리를 싸고 거기서도 나가리니, 이는 네가 의지하는 자들을 나 여호와가 버렸으므로 네가 그들로 말미암아 형통하지 못할 것임이라."(렘 2:36, 37)

그래서 주 하나님께서 그 사람의 몫을 '굽게 만들어' "사람으로 그 꾀를 버리게 하려 하심이며 사람에게 교만을 막으려 하심이라."(욥 33:17)

"그는 사람의 혼으로 구덩이에 빠지지 않게 하시며 그 생명으로 칼에 멸망치 않게 하시느니라."(욥 33:18)

누구나 자기에게 가장 유쾌한 것이 무엇임을 알고 있습니다. 그러나 하나님께서는 그 사람 각자에게 가장 유익한 것이 무엇인지 아십니다. 모든 사람들은 다 거짓말쟁이기 때문에 모든 사람들 또한 어리석기도 합니다. 오직 지혜로우신 분은 하나님 한 분 뿐이십니다(삿 5:25).

누구나 과도함에 빠지지 않기 위하여 그 몫에 '굽은 것'을 가지지 않으면 안됩니다. 사람들 마음의 부패한 성향들은 바로 그 과도함에 빠지도록 온 힘을 써 사람들을 몰아가려 합니다. 그래서 만약 자기 몫에 '굽은 것'이 없으면 어떤 결과를 맞게 되었을까 곰곰히 생각하면, 그 '굽은 것'을 우리 몫에 넣어주신 하나님을 진심으로 찬미하지 않을 수 없을 것입니다. 그리스도인은 자기 몫에 있는 그 '굽은 것'을 참지 못하여 괴로워할 바로 그 때 그 '굽은 것'이 제거된다면 자기가 어떤 조건에 처하게 될지 숙고하는 것이 좋을 것입니다.

6. '굽은 것'으로 말미암아 자신의 부패를 발견하게 하시는 하나님

'굽은 것'은 또한 성도들이든 죄인들이든 사람들 속에 여전히 내재해 있는 '부패'를 발견하게 하시는 하나님의 도구로 활용이 됩니다.

모든 사람의 마음에는 얇은 막으로 덮여져 있어서 활동하기만 하면 금방 불쑥 튀어 오를 것 같은 '부패의 성향'이 존재합니다. 그러나 어떤 성향들은 매우 깊이 내재해 있어서 관찰해 내기가 여간 어렵지 않습니다. 그러나 솥에 물을 붓고 밑에서 불을 때면 물이 끓어 계속 위로 솟구쳐 오릅니다. 그렇듯이 그 사람 몫에 들어 있는 그 '굽은 것'이 그런 '부패의 요소들'을 밑바닥에서부터 솟구쳐 올라오게 하여 밖으로 드러나게 합니다.

모세가 므리바 물가에서 백성들과 다투던 일이 그 한 실례입니다.

"이스라엘 자손이 여호와와 다투었으므로 이를 므리바 물이라 하니라 여호와께서 그들 중에서 그 거룩함을 나타내셨더라."(민 20:13)

"그들이 또 므리바 물에서 여호와를 노하시게 하였으므로 그들 때문에 재난이 모세에게 이르렀나니, 이는 그들이 그의 뜻을 거역함으로 말미암아 모세가

그의 입술로 망령되이 말하였음이로다."(시 106:32,33)

누가 그 온유한 모세 속에 그러한 정욕의 세력이 있으리라고 상상이나 했겠습니까? 그 때문에 그는 가나안에 들어가지 못했습니다.

잘 참아내던 욥이 하나님께 '어찌 내게 이렇게 잔인하게 하실 수 있느냐?'고 따지며 여쭐 정도로 독한 마음이 있으리라고 누가 생각이나 했겠습니까?

"주께서 돌이켜 내게 잔혹하게 하시고 힘있는 손으로 나를 대적하시나이다. 나를 바람 위에 들어 불려가게 하시며 무서운 힘으로 나를 던져 버리시나이다."(욥 30:21,22)

저 선한 예레미야 속에 자기가 태어난 날 뿐 아니라 자기를 낳았다고 자기 아버지에게 소식을 전한 사람에게마저 저주할 정도로 나쁜 성품이 있을 줄 누가 상상이나 했겠습니까?

"내 생일이 저주를 받았다면, 나의 어머니가 나를 낳던 날이 복이 없었더면, 나의 아버지에게 소식을 전하여 이르기를 당신이 득남하였다 하여 아버지를 즐겁게 하던 자가 저주를 받았더면…"(렘 20:14,15)

믿음의 순전함을 지키는 일을 헛된 일로 여길 정도로 무신론(無神論)의 기미가 아삽 속에도 들어 있는 줄 누가 알았겠습니까?

"내가 내 마음을 깨끗하게 하며 내 손을 씻어 무죄하다 한 것이 실로 헛되도다."(시 73:13)

그들 속에 숨어 있던 부패에 기인한 연약들을 밖으로 드러내는 도구로 '굽은 것'을 사용하시는 분이 하나님이십니다. 거만한 조소자들이 이런 문제를 다루면서 얼마나 촐싹거리든지 간에 이런 계획이 결단코 하나님의 완전하심에 어긋나는 것이 아닙니다. 그런 부패의 요소들이 드러나는 일련의 사건들은 죄인들을 겸손케 하기 위해서 필요합니다. 또 모든 영광을 자신에게 돌리거나 자신을 자랑하지 못하게 하는 데도 필요합니다. 사람마다 자신의 실상을 알면 어떤 영광 앞에서도 겸손할 수 있습니다. 하나님께서 이스라엘로 광야에 오래 머물며 맛보게 하신 것도 바로 그 두 가지 목적 때문이었습니다. 곧 그들로 자기들을 검증하여 겸비케 되고, 자신들 마음속에 무엇이 있는지를 알게 하려 하심입니다.

7. '굽은 것'으로 말미암아 은혜가 역사하게 하시는 하나님

또 하나님께서는 당신의 자녀들 안에서 은혜가 역사(役事)하도록 하기 위해서 '굽은 것'을 사람의 몫에 넣어 주시기도 합니다.

신자들도 자기 마음속에 여전히 남아 있는 부패의 근성으로 인해 영적 나태함과 게으름에 빠져 은혜의 역사를 방해하여 정지 상태로 들어갈 수 있습니다. 그 밖에 어떤 은혜들은 그들 자신의 본성 때문에 그 은혜의 행사가 줄기차지 못하고 간헐적일 수도 있습니다. 어떤 일들이 있어야 은혜의 행사를 의지하는 식이 될 수 있다는 말입니다. 그래서 은혜가 계속 줄기차게 행사될 수 있게 하는 자극하는 일들이 있어야 합니다. 고통을 인내하며 오래 견디는 것과 같은 일이 은혜의 역사와 상관관계가 있습니다. 그리스도인의 몫에 들어 있는 그 '굽은 것'이 은혜의 행사를 위해 내적 부패함을 누르는 역할을 하고, 더 나아가 간헐적으로만 역사하던 은혜가 활발하게 작용하도록 부추깁니다. 그리하여 그 '굽은 것'이 은혜가 작용하는 적당한 기회들을 제공하는 역할을 합니다. 그 사람 몫에 있는 그 '굽은 것'이 섭리의 큰 엔진 역할을 하여 그로 하여금 자신의 진상을 드러내게 만듭니다. 그래서 그 사람 속의 선과 악을 모두 드러나게 합니다.

하나님의 은혜가 그들 속에 있다면 그 '굽은 것'은 은혜를 밖으로 나타나게 할 것입니다. 그래서 그 '굽은 것'으로 인하여 그리스도인이 성숙하게 됩니다. 잠시 동안은 그것이 그를 괴롭게 하여 어려움을 끼치나 결국 그 사람 속에 하나님의 은혜가 실재하며 능력을 행사함을 입증하는 계기가 됩니다.

"그러므로 너희가 이제 여러 가지 시험으로 말미암아 잠깐 근심하게 되지 않을 수 없으나 오히려 크게 기뻐하는도다. 너희 믿음의 확실함은 불로 연단하여도 없어질 금보다 더 귀하여 예수 그리스도께서 나타나실 때에 칭찬과 영광과 존귀를 얻게 할 것이니라."(벧전 1:6,7)

사람의 몫에 들어 있는 그 '굽은 것'이 믿음, 소망, 사랑, 자기 부인, 그리고 인내, 그리고 은혜에 속한 다른 모든 행사들을 유발시키는 도구가 됩니다. 그것이 아니었으면 생성되지 못했을 '하늘에 속한 것을 마음으로 사모함'은 놀라운 감탄을 자아내게 할 것입니다. 육적인 사람들의 눈에는 아주 하찮은 것으로 보이겠으나, 그것들이야말로 하나님 앞에서 값진 것들입니다. 그것들이 내면에서 드리는 하나님을 향한 즉각적인 예배의 행사들입니다. 그것들은 신자들에게는 놀라운 주목의 대상이 될 것입니다. 비록 자신들 자체는 주목받을 가치가 없음을 절절히 알더라도 말입니다.

　원수가 접근하는 경로에 기병과 보병들을 배치하고 물러서지 않고 용감하게 대처해 나가는 단호한 행동이야말로 높이 칭찬받을 만한 것입니다. 그러나 더욱 값진 것은 하나님께서는 당신 앞에서 거룩한 두려움과 겸손한 소망의 행위를 견지하는 것을 훨씬 더 가치 있는 것들로 보십니다. 하나님의 판단은 진리에 따라 이루어짐을 우리는 확신합니다. 시편 기자는 그것을 가르칩니다.

　"여호와는 말의 힘이 세다 하여 기뻐하지 아니하시며 사람의 다리가 억세다 하여 기뻐하지 아니하시고, 여호와는 자기를 경외하는 자들과 그의 인자하심을 바라는 자들을 기뻐하시는도다."(시 147:10, 11)

　실로 하나님의 백성들 속에서 역사하시는 하나님의 성령의 은혜야말로 하나님이 보시기에 보배롭습니다. 그래서 그러한 은혜들 가운데 무슨 은혜가 더 탁월하게 보이든지 간에 그 은혜들이 사람들의 몫에 있는 그 '굽은 것'을 통해서 그 충만한 능력을 입증하도록 하시는 분이 하나님이십니다. 물론 그들의 몫에 있는 '굽은 것'이 처음에는 그 탁월한 은혜를 시험하겠지만 말입니다.

　아브라함은 믿음의 은혜에 있어서 탁월하였습니다. 그의 의식 속에 여러 '소리'가 들려 왔음에도 불구하고 하나님의 순전한 약속의 말씀을 신뢰하였습니다. 하나님께서는 그로 큰 민족이 되게 하시겠다는 약속을 주셨습니다. 그 약속과 함께 그의 몫에 한 '굽은 것'을 넣어주셨습니다. 그는 자기 몫에 있는 '굽은 것'으로 말미암아 힘을 다하여 믿음을 지키며 수고해야만 했습니다. 그는 자기 본토 친척을 떠나 가나안 사람들이 사는 땅을 순행해야 했습니다. 그의 아내는 계속 아이를 갖지 못하였습니다. 그러다가 아이를 가질 나이를 지나버렸습니다. 그러나 하나님의 약속대로 결국 아내가 이삭을 낳았고 그 이삭은 잘 자랐습니다. 약속이 이루어져 감사함으로 평안을 누릴 그 시점에 아브라함은 그 이삭을 번제로 드리라는 부르심을 받았습니다. 그거야말로 그의 믿음을 끝까지 흔드는 시험이었습니다. 당시 이스마엘은 추방되었고 이삭만 그 씨로 일컬음 받아야 한다는 말씀을 들은 뒤라 더욱 그러하였습니다(창 21:12).

하나님께서는 정말 뒤틀리고 부패하고 어찌할 도리가 없어 보이는 백성들을 지도하라는 사명을 모세에게 맡기셨습니다.

"이 사람 모세는 온유함이 지면의 모든 사람보다 승하더라."(민 12:3)

그 명령이야말로 그 온유함의 행사를 위해서 하나님께서 그의 몫에 넣어 주신 '십자가'였습니다.

욥은 인내로 탁월한 사람이었습니다. 욥은 자기 몫에 걸린 십자가로 말미암아 그만큼 인내로 많은 것을 해야만 했습니다. 왜냐하면 하나님께서는 그 백성들 중 어느 누구에게도 괜히 탁월한 은사를 주시지 않기 때문입니다. 오히려 이런 저런 때에 하나님께서는 그의 백성 각자에게 주신 그 탁월한 은사 전체를 마음껏 사용할 기회를 제공하실 것입니다.

5 '굽은 것'과 관련된 교리의 작용

이제 우리는 앞에서 각자의 몫에 들어 있는 '굽은 것'과 관련하여 살펴 본 교리, 곧 하나님의 말씀의 교훈이 어떤 작용을 하는지 살펴 보기로 합니다.

이 교리의 작용은 세 가지로 나눌 수 있습니다.

첫째, 책망하고 각성하게 하는 방식
둘째, 위로하는 방식
셋째, 권면하는 방식

1. 책망하고 각성하게 하는 방식의 작용

사람의 몫에 있는 '굽은 것'과 관련된 교리가 세 종류의 사람들에게는 책망하고 각성하게 하는 방식으로 작용합니다.

첫째, 육적이고 세상적인 사람들에게는 이 교리가 책망과 각성의 방식으로 작용합니다.

그들은 자기들 몫에 들어 있는 '굽은 것'이 하나님께서 지으신 것이라는 경외심을 갖지 않는 이들입니다. 사람의 몫에 주어진 '굽은 것'에는 '하나님의 선(善)하심'을 보여주는 표증이 찍혀 있기 마련입니다. 그래서 영적으로 바른 지각을 가진 관찰자들은 알아보게 되어 있습니다. 그래서 그 표증이 경외어린 두려움을 촉발시키는 것입니다. 그런데 그 두려움을 촉발시키는 것을 무시하는 것은 파멸(破滅)의 전조입니다.

"저희는 여호와의 행하신 일과 손으로 지으신 것을 생각지 아니하므로 여호와께서 저희를 파괴하고 건설치 아니하시리로다."(시 28:5)

그런 이들이 있다면 정말 큰 잘못을 범하고 있는 셈입니다.

그런 이들은 자기들의 육신적인 생각으로 제1원인 보다는 제2차적인 원인만을 골똘하게 생각하나, 자기들 몫에 있는 그 '굽은 것'을 불행한 도구 이상으로는 바라보지 않습니다. 그럼으로써 제1원인, 곧 하나님께서 그 사람의 몫에 그 '굽은 것'을 들여보내신 의도를 간과하여 버립니다. 마치 개가 자기 발에 걸린 돌을 보고 으르렁거리는 식입니다. 정작 그 돌을 던져 거기에 있게 한 손은 바라보지 않는 셈입니다. 실제로 이러한 태도는 피조물을 하나님 수준으로 생각하게 만들고 있습니다. 마치 그런 일들이 저절로 발생할 수 있는 것처럼 여기는 것입니다.

"앗수르 사람은 화 있을진저, 그는 내 진노의 막대기요 그 손의 몽둥이는 내 분노라."(사 10:5)

실로 그것은 하나님의 손에 들린 도구(하나님의 드신 채찍)에 불과합니다. 그것은 하나님께서 판단하기 위해 세우신 도구요, 그 사람을 바르게 하기 위해 설정하신 방편입니다.

"여호와여 주께서 심판하기 위하여 그들을 두셨나이다. 반석이시여 주께서 경계하기 위하여 그들을 세우셨나이다."(합 1:12)

그런데 사람들은 어째서 자기들을 징치하는 도구, 곧 자기들 몫의 '굽은 것'들이나 '채찍'만을 크게 보는 것입니까? 또 다른 이들을 징치하시는 하나님의 도구로 쓰임 받는 역할을 할 때, 대부분의 사람들은 불쌍하게도 바람직하지 못한 처신을 합니다. 자신들의 부패한 소욕을 만족시키기 위해서 다른 사람들의 몫에 '굽은 것'을 만들어 주는 이들은 결국 하나님의 보응으로 말미암아 그것들이 자기 머리 위에 떨어지는 비참에 처해집니다.

"조금 후에 내가 이스르엘의 피를 예후의 집에 갚으며…"(호 1:4)

하나님께 속한 사람들이 그런 도구로 고용되는 것은 특별하게 바람직하지 못합니다. 하나님의 백성들이 하나님께서 도구로 쓰시는 편을 대항하여 싸우는 것은 하나님을 대항하여 싸움을 벌이는 것과 같은데, 그런 일이 정당할 경우는 아주 희박합니다. 도리어 그와는 정반대입니다. 시므이가 다윗을 향하여 저주하였습니다.

"시므이가 저주하는 가운데 이와 같이 말하니라. 피를 흘린 자여 비루한 자여 가거라 가거라. 사울의 족속의 모든 피를 여호와께서 네게로 돌리셨도다. 그 대신에 네가 왕이 되었으나, 여호와께서 나라를 네 아들 압살롬의 손에 붙이셨도다. 보라 너는 피를 흘린 자인 고로 화를 자취하였느니라."(삼하 16:7, 8)

'사울의 집의 피'를 흘린 것을 들어 다윗에 대해 '너는 피에 주린 자라.'고 저주하였습니다. 사울의 집의 피를 흘린 것은 다윗이 아니었습니다. 그러나 하나님께서는 다윗이 우리아의 피를 흘린 일로 시므이가 그 말을 하게 허용하셨던 것입니다. 다윗은 그 사실을 부인할 수 없었습니다.

"왕이 가로되 스루야의 아들들아 내가 너희와 무슨 상관이 있느냐? 저가 저주하는 것은 여호와께서 저에게 다윗을 저주하라 하심이니 네가 어찌 그리하였느냐 할 자가 누구겠느냐?"(삼후 16:10)

더 나아가 그 다툼은 하나님과 그 백성들 사이의 다툼으로 취급될 것입니다. 백성들을 괴롭히는 사람들은 나중에 자기들이 그다지 달갑지 않은 역할을 감당했음을 알게 될 것입니다. 하나님께서는 당신 백성들의 몫을 '굽게 하는' 이방인들에 대해서 분개하시면서 이렇게 말씀하셨습니다.

"안일한 여러 나라들 때문에 심히 진노하나니 나는 조금 노하였거늘 그들은 힘을 내어 고난을 더하였음이라."(슥 1:15)

하나님께서 이교도들로 하여금 당신 백성들의 몫을 '굽게' 하셨지만, 그들 이교도들이 행한 일은 하나님의 의도하신 것보다 더 심하게 하나님 백성들을 괴롭게 하였다는 것입니다.

자기들에게 주어진 그 '굽은 것'을 운수소관이나 재수가 나빠서 된 것쯤으로 여기는 사람들도 같은 방식의 죄를 범하는 자들입니다. 그러한 처신은 영적 소경이 되어 하나님의 손을 알아보지 못하여 사실을 제대로 파악하지 못하여 생긴 일입니다. 블레셋 사람들이 바로 그런 시각을 가지고 문제를 보았습니다.

"우리를 친 것이 그 손이 아니요 우연히 만난 것인 줄 알리라?"(삼상 6:9)

'육신적인 쾌락이나 감각의 즐거움'에 자신을 방임하면서 '자신의 몫에 들어 있는 굽은 것'을 무시하며, 그것이 아무것도 아닌 것처럼 여기려는 사람 역시 같은 방식의 잘못을 저지르고 있습니다.

가령 사람이 어려운 일이 있을 때 자기 사정을 주님께 맡기고 우선적으로 그 문제의 치료를 주님께서 해주시기를 바라고 기대한다 합시다. 그런 경우에도 도움을 받기 위해 제 2원인 속에서 위안의 요소들을 찾아 절제하면서 합법적으로 사용할 수 있음은 의문의 여지가 없습니다. 그러나 이러한 경우 그 몫에 들어 있는 '굽은 것'이 하나님께서 주신 것이 분명함에도 불구하고 육적인 사람들이 쓰는 흔하고 통상적인 방법은 제 2원인 속에서만 해결책을 강구하는 방식입니다. 그 모습이야말로 선한 사람들이 볼 때 가장 추잡하고 합당치 못한 것임에 틀림없습니다.

"내 아들아 여호와의 징계를 경히 여기지 말라 그 꾸지람을 싫어하지 말라."(잠 3:11)

이 말씀에 의거해 보아도 그들이 통상적으로 쓰는 방법은 매우 절망적인 치료법임에 분명합니다. 그것은 그 질병 자체를 잠시 완화시킬 수 있다 할지라도 그보다 훨씬 더 악한 어떤 것을 산출할 것임에 틀림없습니다.

"그 날에 주 만군의 여호와께서 명령하사 통곡하며 애곡하며 머리털을 뜯으며 굵은 베를 띠라 하셨거늘, 너희가 기뻐하며 즐거워하여 소를 잡고 양을 잡아 고기를 먹고 포도주를 마시면서 내일 죽으리니 먹고 마시자 하는도다. 만군의 여호와께서 친히 내 귀에 들려 이르시되 진실로 이 죄악은 너희가 죽기까지 용서하지 못하리라 하셨느니라."(사 22:12-14)

둘째, 하나님께 복종하지 않고 그 마음이 흉흉한 바다 물결같이 이랬다 저랬다 하며 안정하지 못하고 불평하는 이들에게 '굽은 것'에 관한 성경의 교리가 책망과 각성의 방식으로 작용할 것입니다.

이러한 태도는 정말 죄악적이고 위험천만한 처사입니다. 사도 유다는 어떤 사람들의 특성을 지적하면서 그들에 대하여 이렇게 말합니다.

"저희는 영원히 예비된 캄캄한 흑암에 돌아갈 유리하는 별들이라."(유 13절)
"이 사람들은 원망하는 자며 불만을 토하는 자며."(16절)

다시 말하면 여전히 그들은 자신의 몫에 대하여 불만을 가지는 자들입니다. 바로 성령께서 사도 유다를 통해서 하시는 말씀의 요점입니다. 어떠한 방도를 통해서도 자기들의 몫에 들어 있는 '굽은 것'을 통해서 겸손해지며, 그 '굽은 조건'에 대하여 순응하고 싶은 생각이 없다 할지라도 그것은 하나님께서 지으신 것입니다. 그러니 그들은 결국 하나님을 대적하여 싸우는 것임에 틀림이 없습니다. 그러한 것들을 불평하고 원망하는 것이야말로 하나님을 대적하는 일입니다. 그들이 어떤 얼굴 모습을 한다 할지라도 그러한 상태에 있습니다. 이스라엘 사람들이 모세를 대항하여 원망하였을 때, 하나님께서는 그들이 당신 자신을 대적히는 것으로 여기시고 책망하셨습니다.

"이스라엘 자손이 다 모세와 아론을 원망하며 온 회중이 그들에게 이르되, 우리가 애굽 땅에서 죽었거나 이 광야에서 죽었으면 좋았을 것을 어찌하여 여호와가 우리를 그 땅으로 인도하여 칼에 쓰러지게 하려 하는가? 우리 처자가 사로잡히리니 애굽으로 돌아가는 것이 낫지 아니하랴."(민 14:2,3)

하나님께서는 그들이 당신 자신을 대적하는 것으로 여기시고 그들을 질책하셨습니다.

"나를 원망하는 이 악한 회중을 내가 어느 때까지 참으랴? 이스라엘 자손이 나를 향하여 원망하는 바 그 원망하는 말을 내가 들었노라."(민 14:27)

그들의 원망은 마치 이러하였습니다. '하나님께서 우리와 상의하지 않으시고 우리를 지으시고 만드셨도다. 하나님께서 우리에게 물어보지 않으시고 우리 몫이 그러하도록 허용하셨다. 그러니 마땅히 우리는 우리 몫에 있는 그 굽은 것 때문에 하나님을 대적해야 하지 않겠는가?' 대체 이 사람들이 무슨 말을 하는 것입니까? 거만한 피조물이 하나님의 일을 참아낼 수 없다거나, 하나님의 행하신 일을 감내할 수 없다고 말하다니 있을 수 없는 일입니다. 그러한 정신을 품는 마음이야말로 얼마나 위험천만합니까! 그러한 거만을 취하는 사람이 가루처럼 부서지는 일을 어찌 면할 수 있겠습니까?

"그는 마음이 지혜로우시고 힘이 강하시니 그를 거슬러 스스로 완악하게 행하고도 형통할 자가 누구이랴?"(욥 9:4)

셋째, '굽은 것'에 대한 하나님의 말씀의 교훈이 부주의하고 열매 없는 사람들을 질책하고 각성하는 데로 작용합니다.

부주의하고 열매 없는 이들은 자기 몫에 있는 그 십자가 같은 '굽은 것'을 주신 하나님의 의도에 마땅히 순응하려 들지 않았습니다. 하나님과 그 통치를 받는 자연(自然)이 아무런 의미도 없는 허망한 일을 할 리가 없습니다. 우리는 '굽은 것'을 우리에게 주신 하나님의 의도에 맞추어 순응하는 것이 마땅합니다.

"너희는 매를 순히 받고."(미 6:9)

실로 사람이 자기로 고통하게 하는 문제에 대해 눈을 감지 않고 제대로 알려는 기꺼운 마음을 가진다면, 자기 몫에 있는 십자가의 보편적인 의도를 쉽게 지각할 것입니다. 그래서 '굽은 것'으로 말미암아 세상의 애착을 버리고 하나님 안에서 마음의 안식을 누리는 혜택을 입게 될 것입니다. 자기 몫에 있는 그 '십자가' 자체의 성질과 환경들을 신중하게 숙고한다면 그것을 허락하신 하나님의 의도를 보다 특별하게 발견하는 일은 그리 어렵지 않을 것입니다.

그러나 안타깝습니다. 부주의한 죄인은 영적인 나태함과 어리석음에 깊이 빠져 그 '굽은 것' 속에 있는 하나님의 섭리의 의도를 발견하려는 일에 아무 관심도 없습니다. 그래서 그 '굽은 것'의 의도에 깊이 순복할 수도 없고 도리어 열매 없는 상태로 남아 있게 되는 것입니다. 결국 '위대한 농부'이신 하나님께서 섭리의 경륜으로 그 사람에게 들인 모든 수고가 헛되게 되는 것입니다.

"사람은 학대가 많으므로 부르짖으며 군주들의 힘에 눌려 소리치나…"(욥 35:9)

그와 같이 '굽은 것' 자체의 압력 아래서 사람은 탄식하며 누르는 무게를 이기지 못하여 고통당합니다.

"나를 지으신 하나님은 어디 계시냐고 하며 밤에 노래를 주시는 자가 어디 계시냐고 말하는 자가 없구나."(욥 35:10)

그러한 고통 속에서도 그런 이들은 하나님께 시선을 돌려 하나님을 우러러 보지 않습니다.

2. 위로하는 방식의 작용

'굽은 것'에 관한 말씀의 교리는 환난 중에 있는 하나님의 자녀들을 위로하는 방식으로 적용될 수 있습니다.

우리의 몫에 '어떤 종류의 십자가가' 있다 할지라도 그것은 하나님께서 지으신 것입니다. 또 그 분이 우리의 아버지이시므로 은혜의 계획 속에서 우리를 향하여 그것을 허락하신 의도가 있음을 확실하게 믿는다면, 그 '굽은 것'을 바라보는 시각이 달라질 것입니다. 사리가 밝은 자녀는 자기 아버지가 매를 통해서 자기를 유익하게 하신다는 것을 알고 그 아버지의 회초리를 달가워합니다. 하나님의 자녀들은 아버지 하나님께서 자녀들의 최선을 위해 일하시기 위하여 방편을 잘못 사용하실 리가 없음을 믿고 있습니다. 그러니 그 아버지께서 의도하신 대로 자기들의 몫에 '굽은 것'이 주어졌다면 그 자녀들이 그것을 달가워하지 않을 리가 있겠습니까? 믿는 자의 몫에 주어진 굽은 것이 아무리 큰 고통거리로 등장한다 할지라도, 사실은 약속된 징계의 부분으로 주어지는 것입니다. 아버지의 약속으로 말미암아 그리스도의 자녀들이 보장받은 양육을 위해서 주어지는 것입니다.

"만일 그의 자손이 내 법을 버리며 내 규례대로 행하지 아니하며, 내 율례를 깨뜨리며 내 계명을 지키지 아니하면, 내가 회초리로 그들의 죄를 다스리며, 채

쩍으로 그들의 죄악을 벌하리로다."(시 89:30-32)

　더 나아가, 자기들 몫에 주어진 그 '굽은 것' 아래서 하나님께 피할 마음을 가진 모든 사람들은 위로를 받을 수 있습니다. 자기들의 몫에 주어진 어떤 '굽은 것'도 곧게 펴질 수 있음을 알 수 있을 것이니 말입니다. 왜냐하면 굽게 하신 분이 하나님이시니 그것을 고쳐 펴실 수 있는 분도 하나님이십니다. 하나님 외에는 하나님께서 '굽게 하신 것'을 곧게 펼 수 없습니다. 하나님께 능치 못할 일이 하나도 없습니다.
　"가난한 자를 진토에서 일으키시며 궁핍한 자를 거름 무더기에서 드셔서 방백들 곧 그 백성의 방백들과 함께 세우시며, 또 잉태하지 못하던 여자로 집에 거하게 하사 자녀의 즐거운 어미가 되게 하시는도다. 할렐루야."(시 113:7-9)
　'내게 주어진 굽은 것이 너무 오랫동안 고질적으로 있어 왔기 때문에 결단코 고쳐질 수 없다.'는 말을 하지 마십시오. 그것을 우리의 몫에 있게 하신 그 하나님의 손에 맡기십시오. 하나님은 그것을 펴실 수 있습니다. 하나님을 기다리십시오. '굽게 하신 것을 곧게 하는 것이 우리에게 유익하다.'고 하나님께서 여기시면 곧게 펴실 것입니다.
　"여호와께서 은혜와 영화를 주시며 정직히 행하는 자에게 좋은 것을 아끼지 아니하실 것임이니이다."(시 84:11)

3. 권면하는 방식의 작용

　사람들의 몫에 주어진 그 '굽은 것'이 하나님께서 지으신 것이니, 그 속에 하나님의 선하신 의도가 있음을 주목하면 화평한 마음을 가지게 됩니다.

그것이 무엇이든지간에 하나님의 선하심 속에서 우리가 있음을 생각하고 달게 참아내야 합니다. 그 속에 하나님의 손이 있음을 의식하지 못한다면, 자신의 몫에 주어진 '굽은 것'을 참는 것이 그리스도인다운 복종일 수 없으며 하나님께서도 기뻐하지 않으십니다. 그런 사람은 그 일에 대한 하나님의 은혜를 증거하지 않을 것이기 때문입니다.

4. 반론(反論)과 정론(正論)

이상의 역설에 대하여 몇 가지 반론(反論)들을 예기할 수 있습니다. 그에 대하여 정론적인 답변을 드리려 합니다.

첫 번째 반론은, '내 몫에 들어 있는 굽은 것은 피조물의 손에서 온 것이다. 그러한 대접을 받을 만한 일을 내가 한 적이 없다.'

이미 말씀드린 것에서 분명하게 드러났듯이, 사람의 몫에 있는 '굽은 것'이 피조물의 손을 통하여 온다 하여도 여전히 하나님의 '섭리의 손길'의 작용입니다. 자기 생각에 그러한 '굽은 것'을 받을 만하거나, 그런 종류의 벌을 받을 만한 악행을 저지른 적도 없었다 할지라도, 그 '굽은 것'은 주님께서 넣어주신 것임에 틀림없습니다. 그러므로 우연한 일은 결코 없으며 다 하나님이 친히 주장하시는 중에 일어납니다. 그것을 주장하시는 하나님이 누구를 붙잡아 쓰셨다 하여도 그 사실은 변하지 않습니다. 하나님께서 우리를 고치기 위하여 하나님께서 어떤 것을 도구로 사용하십니다. 그러니 내 생각에 그러한 것을 받을 만한 악한 일을 하지 않았음에도 불구하고, 하나님께서 보실 때 그 '굽은 것'을 넣는 것이 옳게 보였음에 분명합니다. 그리고 하나님께서 합당하다 여기시는 도구를 사용하시기도 합니다.

둘째 반론은, '그러나 내 몫에 굽은 것이 들어오게 하는데 쓰인 도구나 방편을 밀어낸다면 그것을 손쉽게 펼 수 있다. 다만 그 방편들로 말미암아 그 굽은 것을 만든 내 허물이 무엇인지 찾아내지 못하고 있을 따름이다.'

아직 그 허물을 발견하지 못하였으면, 아직은 '굽은 것'을 곧게 펴시는 하나님의 때가 되지 않았음에 분명합니다. 왜냐하면 그때가 되면 그 방편들이 난공불락의 요새처럼 견고하게 버티고 있다 할지라도 발로 무너뜨릴 수 있는 모래방축처럼 될 것이기 때문입니다. 또 그 때가 되면 방편으로 쓰임 받았던 것들이 얼굴을 땅에 대고 우리에게 절하며 우리 발의 티끌을 핥을 것입니다.

"왕들은 네 양부가 되며 왕비들은 네 유모가 될 것이며 그들이 얼굴을 땅에 대고 네게 절하고 네 발의 티끌을 핥을 것이니, 네가 나를 여호와인 줄을 알리라. 나를 바라는 자는 수치를 당하지 아니하리라."(사 49:23)

한편, 자신의 허물이 무엇인지 찾아 내지 못하는 상태에 있으면 자신의 몫에 있는 '굽은 것'을 지으신 하나님의 선하신 의도를 바라보지 않아도 되는 것이 아닙니다. 도리어 하나님의 선하심을 매우 분명하게 드러내주는 부분으로 하여금 자기의 실상을 보여주는 시험지(試驗紙)가 되게 할 것입니다. 다시 말하면 자신의 허물을 발견하지 못한 상태에서는, 다른 이들에게 해로움을 끼치고 부담을 주면서도, 결단코 자신이 잘못했다는 생각이 전혀 들지 않게 행동하게 될 것이란 말입니다. 바로 교회가 원수들로부터 그런 류의 시련을 당하였습니다.

"그들을 만나는 자들은 그들을 삼키며 그 대적은 말하기를, 그들은 여호와 곧 의로운 처소시며 그 열조의 소망이신 여호와께 범죄하였음인즉 우리는 무죄하다 하였느니라."(렘 50:7)

실로 그 대적들은 매우 과격하였습니다. 교회에 대하여 아주 야비하게 행동하였습니다. 그럼에도 불구하고 자기들의 잘못은 하나도 없다고 생각하였습니다. 어떻게 그들이 자기들의 잘못을 그렇게 조금도 생각하지 못하게 되었을까요? 유리하고 있는 하나님의 양들을 삼킨 그들의 행동이 그렇게 무죄하였을까요? 결코 그럴 리가 없습니다. 그들은 분명 죄 없지 않았습니다. 그들은 자신들을 하나님의 교회가 잘못한 일에 대한 하나님의 공의를 위해 섬기는 종들로 보았습니까? 결코 아닙니다.

어떤 이는 이런 질문을 던지고 싶을 것입니다. '어떻게 하나님의 교회를 대적하는 원수들이 감히 자신들을 가리켜 교회가 섬기는 하나님의 공의의 처소로 높여 말할 수 있었을까?' 본문이 의도하는 바를 잘 살펴 본래적인 의미를 염두에 둔다면, 그렇게 되면 문제의 요점이 명백하게 밝혀집니다. 그런 질문을 던질 만한 아무런 근거가 없음을 알 수 있습니다.

"그들을 만나는 자들은 그들을 삼키며 그 대적은 말하기를, 그들은 여호와 곧 의로우신 처소시며 그 열조의 소망이신 여호와께 범죄하였음인즉 우리는 무죄하다 하였느니라."

바로 이 말은 그 대적들의 말이 아니라 선지자의 말이었습니다. 선지자는 어떻게 해서 대적들이 주님의 양들을 삼키게 되었는지를 보여주고 있습니다. 대적들은 하나님의 양들을 만나 악을 행하고 나서 자기들에게 어떤 잘못이 있다고 여기지 않고 도리어 그 일을 정당한 일이라 둘러 대었습니다. 문제의 요점은 이런 것입니다. 곧 그 양들이 공의의 처소이신 주 하나님을 대적하여 죄를 범하였다는 것입니다. 양들을 정당하게 벌하신 것이 하나님의 손에서 난 것이니, 그 대적들의 손 자체에서는 어떤 공의도 발견할 수 없었습니다.

그러므로 여러 핑계를 옆으로 밀어놓아야 합니다. 오로지 하나님의 손이 자신의 몫 가운데 어떤 부분을 '굽게' 하시어 그 상태가 지속되고 있음을 인정해야 합니다. 그러니 '굽은 것'에 대한 불만을 내려놓고 그 조건에 순응하는 것이 합당합니다. 그 '굽은 것'이 무엇이라 할지라도 마음으로 이렇게 말하십시오.

"슬프다 내 상처여 내가 중상을 당하였도다. 그러나 내가 말하노라. 이는 참으로 고난이라, 내가 참아야 하리로다."(렘 10:19)

5. 마음의 평안을 가져오는 자세

첫째, 하나님을 주권적인 주님이시오 내게 은택을 베푸시는 분으로 인정하는 것이 마땅한 일입니다.

하나님의 주권은 우리의 복종을 촉구합니다. 하나님의 손이 우리의 몫에 넣어 놓으신 바로 그 '굽은 것'에 순응해야 합니다. 하나님께서 우리에게 메우신 그 멍에 아래 유순히 순응하는 것이 어떤 경우에도 옳은 정신입니다. 오히려 멍에를 벗어나려고 과격하게 고집을 피우거나, 자기를 지으신 하나님과 다투는 것이야말로 질그릇 조각 같은 우리에게는 실로 어리석은 일입니다. 악한 대접을 받아야 마땅한 피조물인 우리에게 창조주되신 하나님께서 은혜를 베푸신 일이야말로 우리의 몫에 '굽은 것'을 넣어주셨다고 불평하는 입을 막을 정당한 이유입니다. 우리 '몫 전체를 굽게' 하셨다 해도, 창조주이신 하나님께 잘못이 있다고 대드는 것이 결코 옳을 수는 없기 때문입니다.

"우리가 하나님께 복을 받았은즉 재앙도 받지 아니하겠느뇨."(욥 2:10)

둘째, 세상사는 날 동안 자기 몫에 한 가지 '굽은 것' 도 갖지 않은 사람은 아무도 없다는 것이 변할 수 없는 조건입니다. 왜냐하면 "인생은 고난을 위하여 났나니 불티가 위로 날음 같으라" 때문입니다(욥 5:7).

그래서 하늘의 본향을 목적하고 사는 사람은 특별한 방식으로 자기들의 몫에 한 '굽은 것'이 있기 마련임을 확신합니다.

"이것을 너희에게 이르는 것은 너희로 내 안에서 평안을 누리게 하려 함이라. 세상에서는 너희가 환난을 당하나 담대하라. 내가 세상을 이기었노라."(요 16:33)

주님의 사람들은 바로 그러한 것들을 방편으로 해서 자기들로 하늘에 합당한 사람들이 되게 하시는 하나님의 선하심을 믿습니다. 인류가 모두 자기 몫에 '굽은 것'을 가지고 있는데, 자신만은 그런 자리에서 면제 받을 것을 어떻게 상상할 수 있겠습니까? '바위가 너를 위해 그 자리에서 옮겨질 것인가?' 하나님께서 사람들마다 경우에 따라 그 몫에 필요한 '굽은 것'을 지으십니다. 그러니 자기에게 주어진 몫에 있는 '굽은 것'도 자신을 위해서 필요하여 하나님께서 지으신 것이라 확신해야 합니다.

셋째, 자기 몫에 있는 한 '굽은 것'을 어떤 수를 써서라고 순응하지 않으려 하면, 그 '굽은 것'이 그 사람의 모든 것들의 조건을 지옥의 조건과 아주 방불하게 만듭니다.

지옥에 있는 이들은 멍에 아래 곤고하고 참아내기 힘든 고통을 당하나 벗을 가망이 없습니다. 그 멍에가 그들의 목에 감겨 있습니다. 능한 팔이 지옥에 있는 이들의 목에 그 고통의 멍에를 지우고 눌러댑니다. 그것을 벗어 버리려 발버둥치기는 하겠지요. 그러는 중에 지옥에서는 항상 고통을 당하면서 계속 하나님을 대적하는 생각으로 죄를 짓고 있는 것입니다. 풀무불 속에 있으면서도 그들의 더러운 찌끼는 소멸되거나 정화되지도 않습니다. 현세에서 자기들의 몫에 들어 있는 '굽은 것'에 순응하여 복종하지 않는 자들도 그런 식의 삶을 살아가고 있습니다.

넷째, 자신에게 있는 '굽은 것'의 조건에 복종하지 않으면 큰 손해를 당하나, 그 '굽은 것'을 바르게 잘 활용하면 최선의 유익을 얻습니다.

어떤 사람은 이제까지 평생 겪었던 시절 중에서 '그 굽은 것'을 통해서 최선의 때를 맞기도 하였습니다. 시편 기자가 자신의 체험을 통해서 얻은 것을 증거 하였습니다.

"고난당하기 전에는 내가 그릇 행하였더니 이제는 주의 말씀을 지키나이다."
(시 119:67)

지금 하늘에 있는 많은 사람들은 지상에 있을 때 자기들에게 주어진 그 '굽은 것'을 인하여 하나님을 찬미하고 있습니다. 임마누엘의 땅으로 들어가기 위해 교두보를 확보할 기회를 상실한다는 것은 얼마나 서글픈 일입니까! 그러나 만일 우리의 몫에 들어 있는 '굽은 것'을 통하여 유익을 얻지 못하면 그 '굽은 것'은 도리어 큰 해를 끼치게 될 것입니다. 그렇게 하여 우리의 죄책을 크게 증가시켜 우리의 정죄를 더욱 굳게 할 것입니다. 하나님께서는 우리 몫에 '굽은 것'을 넣어 우리로 찌르는 고통을 느끼게 하여 세상에서 마음을 떼고 하나님 당신을 향하게 하시려 하십니다. 그런데도 우리가 그것을 통하여 아무 유익을 얻지 못하는 방식으로 나간다면, 그것이야말로 우리 마음을 찌르는 아픔입니다. 그러니 우리 몫에 들어 있는 '굽은 것'을 어떻게 다루어야 할지 조심해야 합니다.

"두렵건대 마지막에 이르러 네 몸 네 육체가 쇠패할 때에 네가 한탄하여 말하기를 내가 어찌하여 훈계를 싫어하며 내 마음이 꾸지람을 가벼이 여겼던고"(잠 5:11-12)라고 말하지 않도록 주의하십시오.

6 하나님께서 '굽게 하신 것'을
곧게 펴려는 시도의 한계

하나님께서 '굽은 것'을 넣으시어 우리 몫에 흠집을 내는 것이 옳다 여기시는 동안에는 우리 스스로는 그것을 결코 펴지 못할 것입니다.

이 문제에 대하여 다음의 네 가지 사항을 중심으로 생각해 보려 합니다.

1. 하나님께서 보시기에 합당하다 여기셔서 사람의 몫에 흠집을 내게 하시는 일을 생각해 봅시다.
2. 자기들 몫에 들어 있는 '굽은 것'을 펴거나 곧게 하려고 시도하는 사람들의 노력을 생각해 볼 것입니다.
3. 어떤 의미에서 사람의 몫 속의 '굽은 것'을 '펴거나 곧게 할 수 없다.' 하는지를 이해해야 합니다.
4. 그런 다음에 핵심적인 요점의 이치를 제시할 것입니다.

1. 어떤 사람의 몫에 흠집을 내시는 하나님의 권한

첫째, 하나님께서는 각 사람에게 어떤 '굽은 것'이 있어야 할 것인지를 결정하실 권한이 있습니다.

그 점에 있어서 하나님께서는 주권을 행사하십니다.

"내 것을 가지고 내 뜻대로 할 것이 아니냐? 내가 선하므로 네가 악하게 보느냐?"(마 20:15)

어떤 '굽은 것'을 그 사람의 몫에 넣으실지, 아니면 특별하게 어떤 짐을 지게 될는지를 그 당사자더러 고르라 하지 않으십니다. 오히려 토기장이가 같은 진흙덩이로 원하는 용도에 맞는 그릇을 만들 권한이 있듯이, 그 문제는 하나님의 기뻐하시는 뜻을 따라서 결정하십니다.

"여호와께서 무릇 기뻐하시는 일을 천지와 바다와 모든 깊은 데서 행하셨도다."(시 135:6)

둘째, 하나님께서는 각 사람의 의지와 성향을 감찰하십니다. 하나님께서는 그 사람에게 가장 합당한 방식으로 '굽은 것'을 넣으십니다.

그 사람이 어떤 부분에서 하나님과 사이가 벌어져 있는지를 아십니다. 그래서 그 사람의 몫의 어떤 부분을 '굽게' 하실 지를 정확하게 아십니다. 그러니 하나님께서는 각 사람의 경우에 맞게 그 일을 하십니다.

"네게 오히려 한 가지 부족한 것이 있으니, 가서 네 있는 것을 다 팔아 가난한 자들을 주라."(막 10:21)

주님께서는 그의 마음의 성향이 자기의 큰 소유에 기울어져 있음을 보셨습니다. 각 사람의 경우마다 하나님과 겸하여 섬김으로 우상이 되기 십상인 것이 무엇인지를 주목하십니다. 그래서 바로 그 부분에 '굽은 것'을 만들어 놓으십니다.

셋째, 하나님의 섭리나 그 손의 행사로 바로 그 부분이 '굽게' 되는 것입니다.

그럼으로써 그 부분이 그 사람의 원하는 방향이나 의지의 성향과 정반대 방향으로 뻐쳐 나가도록 하십니다(겔 24:25). 그래서 그 이후에는 당사자의 성향과는 정반대 방향으로 그 몫이 모양을 취합니다. 여기서 당사자가 시련을 맞게 되고, 그의 의지는 오직 원치 않는 방향으로 기울어지게 됩니다. 그처럼 '굽은 것'이 생긴 그 부분이 당사자의 성향을 위하지 않고 도리어 방해하는 것이 됩니다.

넷째, 하나님께서 그 사람 몫에 그 '굽은 것'이 거룩하신 당신의 목적에 부합하다고 여기시는 동안은 여전히 그 사람에게 있게 하실 것입니다.

"이제 네가 나를 업신여기고 헷 사람 우리아의 아내를 빼앗아 네 아내로 삼았은즉 칼이 네 집에서 영원토록 떠나지 아니하리라 하셨고"(삼하 12:10)

"그들이 그 죄를 뉘우치고 내 얼굴을 구하기까지 내가 내 곳으로 돌아가리라. 그들이 고난 받을 때에 나를 간절히 구하리라."(호 5:15)

2. '굽은 것'을 고치거나 펴려는 사람의 시도

여기서 '사람의 시도'란 하나님께서 자기 몫에 넣어주신 '굽은 것'을 자신의 뜻대로 어찌 해보려는 노력을 말합니다. 그래서 그 '굽은 것'을 자기의 뜻과 같은 방향으로 개선하려고 하는 노력입니다.

여기에는 세 가지의 사항을 생각할 수 있습니다.

첫째로, 자기 몫에 있는 '굽은 것' 아래서 느끼는 불안감의 문제입니다.

그 사람 편에서는 그것이 감당하기 힘든 멍에입니다. 그 마음이 유순해져 거기에 순응하기까지는 그런 상태입니다.

"에브라임이 스스로 탄식함을 내가 분명히 들었노니, 주께서 나를 징벌하시매 멍에에 익숙하지 못한 송아지 같은 내가 징벌을 받았나이다. 주는 나의 하나님 여호와이시니 나를 이끌어 돌이키소서. 그리하시면 내가 돌아오겠나이다."
(렘 31:18)

하나님께서 그 사람의 몫에 그런 '굽은 것'이 있게 하시어 그 멍에 아래 있게 하신 것은 그 사람의 심령을 무겁게 하는 것을 부수기 위함입니다. 바로 그런 의미에서 그 몫의 십자가를 참는 것이 좋은 일이라고 말씀하시는 것입니다.

"사람은 젊었을 때에 멍에를 메는 것이 좋으니, 혼자 앉아서 잠잠할 것은 주께서 그것을 그에게 메우셨음이라." (애 3:27)

그 경로로 말미암아 그 사람이 결국 젖 뗀 아이같이 됩니다.

둘째로, 자기 몫에 있는 십자가를 제거하고 싶고, 문제되는 부분을 사람의 성향에 맞추어 조정하고 싶은 열망이 있습니다.

십자가를 지는 것 같이 자기에게 부담이 되는 것에서 자유하고 싶은 것은 매우 자연스런 소욕입니다. 그 소욕이 하나님의 뜻에 순종하는 가운데서 견지된다면 주제넘은 것도, 죄악적인 것도 아닙니다.

"내 아버지여, 만일 할 만하시거든 이 잔을 내게서 지나가게 하옵소서. 그러나 나의 원대로 마옵시고 아버지의 원대로 하옵소서."(마 26:39)

많은 이들이 주님이 드린 이 기도와 같은 자세로 기도하여 하나님의 응답을 받아 자기들 몫에 있는 십자가를 제거받기도 하였습니다.

셋째로 그 목적을 위하여 방편을 열심히 사용하는 문제에 대하여 고려해야 합니다.

자기 몫에 들어있는 '굽은 것'의 십자가를 제거하고자 하는 소원은 자연스럽게 제거할 방편을 부지런히 활용하게 만듭니다. 자기 몫에 있는 '굽은 것'의 십자가로 압박을 받고 있는 그 사람은 그것을 제거하기 위하여 힘을 다하여 할 수 있는 모든 방편을 사용할 수 있습니다. 그리고 사용되는 방편이 합법적이고, 또 그 방편 자체만 의지하지 않고 그 방편을 통하여 은혜주시는 하나님을 주목하고 있다 합시다. 그런 경우 그런 시도는 죄가 아닙니다. 그런 일이 성공할 수도 있고 그렇지 않을 수도 있기는 하나 죄는 아닙니다.

3. '굽은 것'을 고치거나 펴려는 시도의 한계

그러나 어떤 의미에서 우리 몫에 있는 그 '굽은 것'을 고치거나 바로 펴지 못한다 해야 하는가? 마치 그 경우가 절대로 희망이 없다는 것 같이 말하지는 말아야 합니다. 또한 그 몫에 있는 '굽은 것'을 치료할 방도가 전혀 없다는 식으로 이해하지도 말아야 합니다. 그처럼 절망적인 경우란 하나도 없기 때문입니다.

"여호와께 능치 못할 일이 있겠느냐?"(창 18:14)

그 몫에 있는 '굽은 것'을 제거하기 위하여 모든 방편을 다 동원하여 보았지만 허사로 돌아가고 그런 상태가 오랫동안 지속되는 경우가 있습니다. 그럴 경우 누구든지 그것을 고칠 소망을 포기하기 십상입니다. 그러나 고쳐질 소망이 전혀 없어 보이던 많은 '굽은 것'들을 하나님께서 완전하게 곧게 펴셨습니다. 욥의 경우가 그러하였습니다.

그러나 우리 스스로는 결코 그 '굽은 것'을 제대로 펴지 못할 것입니다. 우리 자신의 힘만으로 그것을 제거하려고 착수하는 것은 마치 우리 앞에 요동치 않고 서 있는 '놋산'(구리 산)을 제거하려고 착수하는 것이나 매한가지입니다. 그 '굽은 것'이 우리 보기에 아무리 쉽게 펴질 것 같이 보여도 그러합니다.

우리는 이 문제와 관련하여 다음의 세 가지 사항을 고려해야 할 것입니다.

첫째, 그런 일은 단순히 우리 자신의 힘만으로는 결코 이루지 못할 것입니다.

"힘으로는 이길 사람이 없음이로다."(삼상 2:9)

우리가 아무리 있는 힘을 다 동원하여도 하나님께서 그 '굽은 것'을 곧게 펴시려고 손을 대지 않으시면 우리 자신의 힘만으로는 그것을 펼 수 없습니다. 그러니 하나님을 우러러 바라보지 않고 기울이는 모든 노력은 아무 열매도 맺지 못하는 허사가 될 것입니다. 마치 반석 위를 쟁기질하는 것과 같은 일이 될 것입니다.

"여호와께서 집을 세우지 아니하시면 세우는 자의 수고가 헛되며, 여호와께서 성을 지키지 아니하시면 파수꾼의 깨어 있음이 헛되도다. 너희가 일찍이 일어나고 늦게 누우며 수고의 떡을 먹음이 헛되도다. 그러므로 여호와께서 그의 사랑하시는 자에게는 잠을 주시는도다."(시 127:1, 2)

둘째, 그 '굽은 것'을 곧게 펴기 위해 허용된 모든 방편들을 다 사용하여도 주님께서 그 방편들에 복을 주시지 않으면 결코 성공하지 못합니다.

하나님의 복주심이 아니면 아무리 먹어도 배부르지 않은 사람 같은 모습일 것이고, 자기 몫에 태인 '굽은 것'을 펴기 위해 필요한 모든 방편들을 동원하여도 그 일에 관한한 아무것도 해내지 못할 것입니다. 왜냐하면 우리의 어떤 일이든지 하나님께서 허용하시는 한도를 벗어나서 한 발자국도 더 나갈 수 없기 때문입니다.

"빠른 경주자라고 선착하는 것이 아니며, 유력자라고 전쟁에 승리하는 것이 아니며, 지혜자라고 식물을 얻는 것이 아니며, 명철자라고 재물을 얻는 것이 아

니며, 기능자라고 은총을 입는 것이 아니니…"(전 9:11)

셋째, 우리가 정한 때가 아니라 오직 하나님의 정하신 때에 '굽은 것'을 곧게 하는 일이 허락될 것입니다.

하나님의 때는 거의 우리의 때보다 늦습니다.

"내 때는 아직 이르지 아니하였거니와 너희 때는 늘 준비되어 있느니라."(요 7:6)

그래서 어떤 때에는 그 '굽은 것'이 눈에 보이지 않는 손이 붙들고 있는 것 같이 요동하지 않고 그대로 있습니다. 그러나 때가 되면 손만 대어도 금세 그 '굽은 것'이 치료됩니다. 왜냐하면 그것을 곧게 펴시는 하나님의 때가 당도하였기 때문입니다.

4. '굽은 것'을 곧게 하시는 하나님의 때를 기다려야 하는 이치와 권면

우리는 이제 그 요점 이해를 위한 전제와, 거기서 나온 당연한 결론과 권면, 그리고 그 실천을 위한 동기들을 생각해 봅시다.

전제

첫째로, 우리는 절대로 하나님을 의존해야 할 존재임을 알아야 합니다.

빛은 항상 태양에 의존되어 있고, 그림자는 항상 그 임자의 몸을 따라 다닙니다. 그렇듯이 우리는 하나님께 의존되어 있습니다. 하나님 없이는 크든 작든 아무 것도 할 수 없는 존재가 우리입니다. 그리고 하나님께서는 우리로 하여금 그 하나님 의존성을 발견하고 배우게 하실 것입니다.

둘째로, 하나님의 뜻은 저항할 수 있는 것이 아닙니다.

"나의 모략이 설 것이니 내가 나의 모든 기뻐하는 것을 이루리라 하였노라."
(사 46:10)

하나님께서 어떤 일을 뜻하시는데 피조물이 그 정반대의 뜻을 가지고 추진하려고 한다 합시다. 자, 그런 경우 둘 중 어느 뜻이 이루어질지 아는 것은 너무도 쉬운 일입니다. 전능자의 손이 붙잡고 있는데 피조물이 그 손을 뿌리치려 한다 할지라도 허사가 될 것은 너무나 뻔한 이치입니다.

"그는 마음이 지혜로우시고 힘이 강하시니 그를 거슬러 스스로 완악하게 행하고도 형통할 자가 누구이랴."(욥 9:4)

결론

첫째로, 우리는 우리 몫에 들어 있는 '굽은 것'에 순응하고 복종해야 합니다.

하나님께서 우리 몫에 '굽게' 하신 부분을 우리 편에서 펴려고 하는 것은 무엇과 같습니까? 그것은 마치 하나님께서 세워 놓으신 반석들과 산들을 없애 버릴 수 있다고 생각하는 것과 같은 무모한 짓입니다.

둘째로, 우리 자신의 힘만 의지하여 우리 몫에 있는 '굽은 것'을 곧게 펴려고 하는 것은 '속임수'와 같은 일입니다.

우리 힘만 의지하여 그 일을 곧게 펴려 시도하나 그 상태가 오래 가지 못합니다. 구부러진 막대기를 곧게 하려고 힘을 주면 곧게 펴진 것 같이 보이나 힘을 빼면 이내 본래의 굽고 휜 상태로 되돌아가 버립니다.

셋째로, 오직 유일한 효과적인 방식은 그 문제를 하나님께 가져가는 것입니다.

권면

우리 몫에 있는 어떤 '굽은 것'이라도 제거하려면 하나님께 가지고 나아가십시오.

그래서 정해진 순서에 따라서 그것이 제거될 수 있도록 하나님께 맡겨야 합니다. 사람들은 어떤 '굽은 것'이 제거되기를 끊임없이 바랍니다. 정말 그 어느 문제보다 더 바랄 수 있습니다. 그러나 하나님께서 그렇게 하심이 합당하다 여기시어 우리 몫에 '굽은 것'을 넣어 주셨으니, 우리 자신의 힘으로는 결코 곧게 펼 수 없습니다. 오직 그것을 '곧게 펴실' 하나님께 가지고 나가야 함은 너무나 명백한 사실입니다.

실천적 동기 부여

첫째, 하나님 없이 우리 몫의 '굽은 것'을 제거하기 위한 모든 시도는 결단코 열매를 거두지 못하여 허사가 될 것입니다.

"여호와께서 집을 세우지 아니하시면 세우는 자의 수고가 헛되며, 여호와께서 성을 지키지 아니하시면 파수꾼의 깨어 있음이 헛되도다."(시 127:1)

우리가 '굽은 것'을 곧게 하려고 채용하는 방편들이 아무리 정당한 것들이라도, 그 일에 복을 명하시는 하나님의 은혜가 아니면 그 방편들이 결단코 아무 효력을 산출하지 못할 것입니다.

"내가 다시 해 아래에서 보니 빠른 경주자들이라고 선착하는 것이 아니며 용

사들이라고 전쟁에 승리하는 것이 아니며…"(전 9:11)

둘째, 그러한 시도는 오히려 그러한 상황을 악화시킬 것입니다.

교만한 심령이 그 '굽은 것'과 다툼으로 그것이 더 '굽게' 됩니다. 인생 중에서 그런 일 같이 보편화된 것도 없어 보입니다.

"함정을 파는 자는 거기에 빠질 것이요 담을 허는 자는 뱀에게 물리리라. 돌들을 떠내는 자는 그로 말미암아 상할 것이요, 나무들을 쪼개는 자는 그로 말미암아 위험을 당하리라."(전 10:8,9)

광야에서 원망하던 이스라엘 사람들의 모습에서 그 점이 명백하게 드러났습니다. 왜냐하면 그런 식으로 나가면 나갈수록 그 당사자의 의지가 본래보다 더 굽어지기 때문입니다. 그것이 더 하나님의 진노를 격동시켜 그 사람의 목에 더 센 멍에가 지워집니다. 그래서 그 어떠한 방도로도 편안한 상태에 거하지 못하게 됩니다.

셋째, 하나님께서 완벽하게 곧게 펴지 못하실 '굽은 것'이란 있을 수 없습니다.

"여호와께서 맹인들의 눈을 여시며, 여호와께서 비굴한 자들을 일으키시며, 여호와께서 의인들을 사랑하시며, 여호와께서 나그네들을 보호하시며 고아와 과부를 붙드시고 악인들의 길은 굽게 하시는도다."(시 146:8,9)

우리 눈으로 보기엔 전혀 소망이 없어 보이던 경우에서도 하나님께서는 능히 그런 일을 해내실 수 있습니다.

"그가 믿은 바 하나님은 죽은 자를 살리시며 없는 것을 있는 것으로 부르시는

이시니라."(롬 4:17)

기이한 일을 행하시는 것이 하나님의 특권입니다. 모든 피조물이 더 이상 손을 못대고 절망에 겨워하는 곳에서 일을 시작하시어 완벽하게 마치시는 것이 또한 하나님의 특권입니다.

"여호와께 능하지 못한 일이 있겠느냐 기한이 이를 때에 내가 네게로 돌아오리니 사라에게 아들이 있으리라."(창 18:14)

넷째, 하나님께서는 그 굽은 것들을 펴시는 일에 간여하시기를 좋아하시고, 우리더러 '굽은 것'을 가지고 당신께 나오라고 촉구하시는 분이십니다.

"환난 날에 나를 부르라 내가 너를 건지리니 네가 나를 영화롭게 하리로다."(시 50:15)

하나님께서는 바로 그 목적을 위하여 그 '굽은 것'들을 지으십니다. 그것으로 우리를 인도하시고, 그 일로 인하여 우리가 하나님을 부르게 하시며, 그 '굽은 것'을 펴심으로써 그 능하심과 선하심을 나타내려 하십니다.

"그들이 그 죄를 뉘우치고 내 얼굴을 구하기까지 내가 내 곳으로 돌아가리라. 그들이 고난받을 때에 나를 간절히 구하리라."(호 5:15)

당신의 자녀들이 걷는 협착한 길들은 하나님께서 당신의 영광스러운 완전하심들을 나타내시는 큰 밭을 제공합니다. 만일 그런 일이 없다면 그 영광스러운 완전하심들을 나타내실 마당이 모자랐을 것입니다.

"여호와여 신 중에 주와 같은 자가 누구이니까? 주와 같이 거룩함으로 영광스러

우며 찬송할 만한 위엄이 있으며 기이한 일을 행하는 자가 누구이니까?"(출 15:11)

다섯째, 어떤 '굽은 것'이 그런 식으로 펴지게 되면 그 '굽은 것'이 두 배의 궁휼이 되는 셈입니다.

어떤 '굽은 것들'은 보편적인 섭리의 손길이 닿아 펴지기도 하는데, 그런 경우는 사람들이 그것들을 펴려고 힘을 기울인 적도 없고 제거하기 위해서 안달하지도 않았습니다. 이런 경우들은 생명의 활력이 되는 진액(津液)이 없는 자비라 할 수 있습니다. 그런 자비는 지속성이 없어 오래 가지 못합니다.

"그러나 그들이 그들의 욕심을 버리지 아니하여 그들의 먹을 것이 아직 그들의 입에 있을 때에, 하나님이 그들에게 노염을 나타내사 그들 중 강한 자를 죽이시며, 이스라엘의 청년을 쳐 엎드러뜨리셨도다"(시 78:30, 31)

"내가 분노하므로 네비 왕을 주고 진노하므로 폐하였노라."(호 13:11)

그래서 그러한 열매들은 섭리의 나무에서 너무 성급하게 떨어져 씹어 먹기가 곤란할 뿐더러 은혜로운 영혼들에게는 오히려 쓴 열매가 될 것입니다.

그러나 하나님께 겸손히 엎드리고 주님을 온전히 기다림으로 그 '굽은 것'이 펴져서 맛보게 되는 그 달콤함은 하나님의 은총의 형상과 흔적이 짙게 새겨져 있습니다. 바로 그 때문에 그 '굽은 것'이 거대한 가치를 만드는 계기가 됩니다. 야곱이 에서를 만났을 때에 한 말을 그런 차원에서 이해해 볼만 합니다.

"내가 형님의 눈앞에서 은혜를 입었사오면 청하건대 내 손에서 이 예물을 받으소서. 내가 형님의 얼굴을 뵈온즉 하나님의 얼굴을 본 것 같사오며 형님도 나를 기뻐하심이니이다."(창 33:11)

여섯째, 이 같이 하나님께서는 당신의 가장 사랑하시는 자녀들의 몫에 주목할 만한 '굽은 것'들을 만드시기도 하고 '고치기도' 하심으로 그들에 대한 당신의 은총을 특이하게 표시하시기를 기뻐하십니다.

"너희가 참음은 징계를 받기 위함이라 하나님이 아들과 같이 너희를 대우하시나니 어찌 아버지가 징계하지 않는 아들이 있으리요."(히 12:6)

그러나 그들의 몫에 태인 그 '굽은 것'들이 그들로 하여금 하나님께 탄원함으로써 가장 부요한 체험들을 하게 하는 길을 열어줍니다. 아브라함이나 야곱이나 요셉의 경우에서 그 점이 분명하게 나타납니다. 그들처럼 자기 몫에 '굽은 것'을 크게 가진 족장이 누구입니까? 그러나 반면에 하나님께서 그들을 향하신 은총을 그처럼 특별하게 표시 받은 이들이 또 누구입니까? 삼손이나 세례요한처럼 사람들 중에 가장 큰 사람들도 육신적으로 자녀를 전혀 낳지 못하게 되어 있던 어머니들로부터 태어난 자들이었습니다. 그처럼 가장 큰 '굽은 것'들을 방편으로 작용시켜 가장 부요한 궁휼이 그들에게 태어나게 하시는 하나님을 보십시오.

일곱째, 자기 몫에 있는 '굽은 것'을 가지고 하나님께 곧바로 나아가는 것이 가장 빠르고 가장 확실한 길입니다.

그런 기민함을 원하면 독수리처럼 하십시오. 독수리는 먼저 높은 데를 향하여 치솟아 올라가고, 그 높은 데서 먹이감을 발견하고 내리꽂듯이 급하게 내려와 그 먹이를 채갑니다.

"예수께서 그 하는 말을 곁에서 들으시고 회당장에게 이르시되 두려워하지 말고 믿기만 하라 하시고."(막 5:36)

믿음의 정도를 벗어나 '굽은 것'을 펴려는 시도들은 어리석은 성급함에 불과합니다. 그것은 절대 빠른 길이 아닙니다. 그것은 마치 아브라함이 하갈에게로 들어간 경우와 같습니다. 하나님이야말로 그 '굽은 것'이 곧게 펴지게 하는 방향으로 동작하도록 전체 바퀴를 돌리시는 분이십니다. 그 분이 시작하셔야 합니다. 그렇지 않으면 그 바퀴들은 전혀 꿈쩍도 안합니다.

"여호와께서 이르시되 그 날에 내가 응답하리라. 나는 하늘에 응답하고, 하늘은 땅에 응답하고, 땅은 곡식과 포도주와 기름에 응답하고, 또 이것들은 이스르엘에 응답하리라."(호 2:21, 22)

5. 예기될 수 있는 반론

반론 1

'우리가 보기에, 우리 몫의 그 '굽은 것'은 결코 곧게 펴지지 않을 것이니 하나님께 나아가도 소용없다.'

위의 말은 신앙 없이 성급하게 서두르는 사람의 말에 불과하니, 우리는 믿음과 인내로 그러한 말을 하는 마음을 고쳐야 합니다.

아브라함은 '굽은 것'에 대하여 절망을 토로할 이유를 많이 가지고 있었습니다. 그러나 그는 그 '굽은 것'을 고치는 문제를 믿음으로 하나님께 맡겼습니다.

"그가 백 세나 되어 자기 몸이 죽은 것 같고 사라의 태가 죽은 것 같음을 알고도 믿음이 약하여지지 아니하고, 믿음이 없어 하나님의 약속을 의심하지 않고, 믿음으로 견고하여져서 하나님께 영광을 돌리며 약속하신 그것을 또한 능히 이루실 줄을 확신하였으니."(롬 4:19-21)

반론 2

'그러나 내가 내 '굽은 것'을 가지고 거듭하여 하나님께 나아갔었다. 그러나 아직도 그것이 곧게 펴지지 않고 있다.'

더디다고 해서 하늘의 법정에서 그 소송사건이 기각되었음을 뜻하는 것은 아닙니다.

오히려 그 더딤이 간구하는 자의 믿음과 인내를 연단하기 위한 것일 수도 있습니다. 끝까지 믿음을 견지하는 사람은 누구든지 결국에는 응답받을 것입니다.

"하물며 하나님께서 그 밤낮 부르짖는 택하신 자들의 원한을 풀어 주지 아니하시겠느냐? 그들에게 오래 참으시겠느냐?"(눅 18:7)

때로는 어리석은 이들은 자기 몫에 있는 그 '굽은 것' 때문에 점점 더 마음이 토라져 심지어는 기도할 때 그 문제를 빠뜨리기도 할 정도로 의기소침해집니다. 물론 그 기도를 계속하기는 하지만 여전히 불안해합니다. 그러나 만일 하나님께서 인자하심으로 그 '굽은 것'을 펴실 뜻을 가지시면, 그들로 하여금 다시 그 '굽은 것'을 거론하게 하실 것이 분명합니다.

"주 여호와께서 이같이 말씀하셨느니라. 그래도 이스라엘 족속이 이같이 자기들에게 이루어 주기를 내게 구하여야 할지라. 내가 그들의 수효를 양 떼 같이 많아지게 하되, 제사 드릴 양 떼 곧 예루살렘이 정한 절기의 양 무리 같이 황폐한 성읍을 사람의 떼로 채우리라. 그리한즉 그들이 나를 여호와인 줄 알리라 하셨느니라."(겔 36:37,38)

만일 굽은 것이 제거되고 곧게 되는 일이 오더라도 그 문제를 기도에서 빠뜨리면, 그 '굽은 것'이 곧게 펴지는 경우에도 위로를 적게 밖에 받을 수 없습니다. 우리가 사는 날 동안 그 '굽은 것'이 결코 제거되지 않는다 할지라도, 그것이 우리가 하나님께 나아가는 길을 막지 못하게 해야 합니다. 왜냐하면 우리가 이 세상을 떠나 하나님께 가기까지 응답되지 않을 기도들도 많기 때문입니다.

"내 지체 속에서 한 다른 법이 내 마음의 법과 싸워 내 지체 속에 있는 죄의 법으로 나를 사로잡는 것을 보는도다. 오호라 나는 곤고한 사람이로다. 이 사망의 몸에서 누가 나를 건져내랴."(롬 7:23,24)

그러나 응답되지 않던 그 모든 기도들이 저 세상에서는 다 즉시로 응답될 것입니다.

이는 우리가 믿음으로 행하고 보는 것으로 행하지 아니함이로라.
_ 고후 5:7

2부

The Crook in the Lot

고통의 때에 견지할 믿음의 자세

7 '굽은 것'을 대하는 정당한 자세

자기 몫에 들어 있는 '굽은 것'을 제거하기 위해서 채용해야 할 방편들을 바르게 운용하는 방식을 함께 생각해 보기로 합니다.

1. 믿음으로 견지할 기본적인 자세

첫째, 그것을 위해서 기도하되, 반드시 응답되리라는 믿음으로 기도하십시오.

"주 여호와께서 이같이 말씀하셨느니라. 그래도 이스라엘 족속이 이같이 자기들에게 이루어 주기를 내게 구하여야 할지라."(겔 36:37)

그 기도는 예수님의 이름으로 결국 응답을 얻을 것이고, 우리 자신에게 그것이 선한 일이라면 이 세상에서도 응답을 받을 것임을 믿으십니까? 설령 이 세상에서가 아니라면 오는 세상에서는 반드시 응답 받을 것임을 확신하십시오. 모세와 어린양의 노래를 배운 이들은 결코 낙담하지 않을 것입니다.

"하나님의 종 모세의 노래, 어린 양의 노래를 불러 이르되 주 하나님 곧 전능하신 이시여 하시는 일이 크고 놀라우시도다. 만국의 왕이시여 주의 길이 의롭고 **참되시도다**."(계 15:3)

어떤 경우들에서는 금식과 함께 특별하게 드리는 기도가 매우 훌륭한 방편이 될 것입니다.

둘째, 주권적인 하나님의 손이 우리에게 그 '굽은 것'을 멍에로 씌워 주신 줄로 알고 그 아래 겸손하게 복종해야 합니다.

"내가 여호와께 범죄하였으니 그의 진노를 당하려니와."(미 7:9)

우리를 정죄하시고 판단하시는 하나님께서 정당하시고 의로우심을 인정하십시오. 하나님이 때리시는 매에 입 맞추고 유순하게 그 아래 순응하십시오. 이것이 바로 그 '굽은 것'을 제거하는데 있어서 가장 선한 방식입니다. 그 길에서 결말을 얻게 될 것입니다.

"주 앞에서 **낮추라** 그리하면 주께서 **너희를** 높이시리라."(약 4:10)

"여호와여 주는 겸손한 자의 소원을 들으셨사오니, 그들의 마음을 준비하시며 귀를 기울여 들으시고…"(시 10:17)

셋째, '굽은 것'을 만드신 손이 그 굽은 것을 펴시기까지 인내하며 기다리십시오.

'굽은 것'을 펴는 일이 있을 것이라는 소망을 포기하지 마십시오. 왜냐하면 우리가 고통에서 벗어나는 때는 우리가 바라는 때는 아닐 것이기 때문입니다.

"인내를 온전히 이루라. 이는 너희로 온전하고 구비하여 조금도 부족함이 없게 하려함이라."(약 1:4)

주 하나님께서 거기서 건지시는 때를 하나님께 맡기십시오. '하나님의 때'는 결국 깨닫는 자에게는 '최선의 때'로 보일 것입니다. 하나님의 완전하심이 '최선의 때'에 반드시 보일 것입니다.

"때가 되면 나 여호와가 속히 이루리라."(사 60:22)

하나님을 기다리면 결코 실망하지 않을 것입니다.

"나를 바라는 자는 수치를 당하지 아니하리라."(사 49:23)

2. 계속 남아 있는 '굽은 것'을 위한 권면적인 제안

어떤 '굽은 것'이 있는데, 그것이 제거되기 위해 정한 순서를 따라 간구하여도 이 세상 사는 날 동안 그 '굽은 것'이 곧게 펴지지 않을 수도 있습니다. 그런 경우라 할지라도 기도하십시오. 그 '굽은 것'을 가진 고통을 이겨낼 은혜를 주십사고 간구하십시오. 성도들의 몫에 들어 있는 '굽은 것'은 우리 속에 내주(內住)하는 죄와 같습니다.

그것이 세상에 있는 동안에 제거되지 않게 하셨다면, 우연에 의한 것이 아닙니다. 그렇게 되게 하신 분이 하나님이십니다. 그러니 하나님께서 그것을 감당하도록 은혜를 주시어 균형을 이루게 하실 것이 분명합니다. 그 '굽은 것'으로 인한 '고통'을 능히 감당할 힘을 주실 것입니다. 또한 그것으로 인하여 당하는 여러 손실을 다른 방식으로 채워 주십

사고 기도하십시오.

이 경우를 위하여 우리가 믿음으로 견지해야 할 다섯 가지 사항을 말씀드립니다.

첫째, 우리 몫에 들어 있는 그 '굽은 것'을 만든 요인이 그것자체에 있는 것이 아니라, 그리스도 안에 계신 하나님께 있음을 알고 그분께 피하십시오.

"오른 쪽을 살펴보소서. 나를 아는 이도 없고 나의 피난처도 없고 내 영혼을 돌보는 이도 없나이다. 여호와여 내가 주께 부르짖어 말하기를 주는 나의 피난처시요 살아 있는 사람들의 땅에서 나의 분깃이시라 하였나이다."(시 142:4,5)

하나님께서 우리 몫 속에 넣어주신 '굽은 것' 중에 '그것 대신 신령한 것을 돌려받으라.'는 하늘의 제안이 걸려 있지 않은 것이 하나도 없습니다. 마가복음 10장 21절에 기록된 부자 청년에게 우리 주 예수께서 하신 말씀이 그 점을 암시합니다.

"가서 네 있는 것을 다 팔아 가난한 자들을 주라. 그리하면 하늘에서 네게 보화가 있으리라. 그리고 와서 나를 따르라."

'굽은 것'으로 당하는 고통 대신 하늘의 신령한 복을 돌려받는 일을 주장하시는 하나님께서 가장 먼저 하시는 일은 무엇이겠습니까? 먼저 우리로부터 땅에 속한 어떤 것을 빼앗아 가시는 일입니다. 그 다음에는 그 대신 하나님께로부터 오는 하늘에 속한 어떤 복을 기대하며 우리 손을 내밀게 하십니다. 하늘의 최상의 복은 바로 그리스도십니다. 세상에 속한 이런 저런 위안거리를 하나님께서 우리의 손에서 빼앗아 갔습니까? 그러면 그리스도 안에서 여러분의 오른손을 하나님께 뻗치시어 그 빈 자리에 예수 그리스도를 모셔 들이십시오. 세상에 속한 어떤 것과 결별하는 대신 우리는 '하늘에 속한' 다른 것과 친해지게 됩니다.

"또 천국은 마치 좋은 진주를 구하는 장사와 같으니, 극히 값진 진주 하나를 만나매 가서 자신의 소유를 다 팔아 진주를 샀느니라."(마 13:45, 46)

하나님은 우리가 그렇게 하기를 원하십니다. 그리고 말씀하십니다. "그렇게 하라. 그러면 너희 '굽은 손'이 곧게 펴지는 것보다 더 많은 것을 얻게 될 것이다."

둘째, 우리의 몫에 들어있는 '굽은 것' 때문에 우리의 시내가 말랐거든 하나님으로부터 발원하여 항상 철철 넘쳐흐르는 충일한 물줄기를 찾으십시오.

그렇게 하는 것이 바로 믿음의 역사입니다. 우리가 '피조물로부터 거부당한 것을 하나님께는 얻는다.'고 확신하고 하나님을 의존하는 태도가 바로 믿음의 역사입니다.

"내 부모는 나를 버렸으나 여호와는 나를 영접하시리이다."(시 27:10)

이 기대가 가장 순리에 맞는 처사입니다. 하나님으로부터 오는 것이 아니면 '피조물 자체로는 선한 것'이 전혀 없음에 틀림없기 때문입니다. 그러므로 생명샘 근원이신 하나님으로 직접 흘러나오는 것이 아니면, 어떤 피조물이나 그 어떤 줄기에서도 '선한 것'을 얻을 수 없습니다. 하나님께 나가 탄원하십시오. "주여, 주께서 저로부터 피조물의 위로를 거두어 가셨나이다. 저는 이제 주께로부터 선한 것을 받아야 할 차례입니다." 그 탄원을 하나님께서는 환영하십니다.

셋째, 그 '굽은 것'이 가져다주는 신령한 열매들을 구하십시오.
"무릇 징계가 당시에는 즐거워 보이지 않고 슬퍼 보이나, 후에 그로 말미암아 연단 받은 자들은 의와 평강의 열매를 맺느니라."(히 12:11)

사람이 어떤 사업에 실패하면 또 다른 사업의 길을 찾아 나서는 방법을 주목해 보십시오. 우리도 그래야 합니다. 우리 몫에 '굽은 것'이 있을 때 지상에 속한 위로의 차원에서는 낮아집니다. 그러나 그로 인하여 신령한 성취를 위해서 우리 자신의 생각을 더 높여야 합니다. 세상과의 거래가 가라앉게 되면, 하늘과의 거래를 더 힘있게 추진하려고 애를 써야 합니다. 그 '굽은 것'을 방편으로 하여 '더 큰 믿음과, 더 많은 사랑과, 하늘에 속한 생각과, 겸손해지고 자기를 부인하는 영적인 열매들을' 얻을 수 있는 길이 무엇인지 주목해야 합니다.

"근심하는 자 같으나 항상 기뻐하고, 가난한 자 같으나 많은 사람을 부요하게 하고, 아무 것도 없는 자 같으나 모든 것을 가진 자로다."(고후 6:10)

그래서 한편에서는 손해를 보지만 다른 편에서는 이익을 얻을 것입니다.

넷째, 그 '굽은 것'의 십자가 아래 인내하는 은혜를 구하십시오.
"이것이 내게서 떠나기 위하여 내가 세 번 주께 간구하였더니, 내게 이르시기를 내 은혜가 네게 족하도다."(고후 12:8,9)

새 힘과 능력을 받아 무거운 짐을 지고 있다면 무게의 느낌은 가벼운 짐을 지고 있는 연약한 사람의 느낌과 같을 것입니다. 비록 무거운 짐을 졌지만 새 힘을 갖추고 있다면, 연약한 상태에서 가벼운 짐을 지고 있는 사람만큼 쉬울 수 있다는 말입니다. 그 주어진 시련을 능히 이기기에 합당한 은혜를 소유하는 것이 우리가 목표해야 할 일입니다. 그런 은혜 속에만 있다면 그 '굽은 것'이 아직 곧게 펴지지 않았을지라도 우리는 그것을 감당할 여러 손을 가지고 있는 셈입니다.

다섯째, 우리가 저 세상에서 누릴 영원한 안식과 영광의 무게를 항상 유념하십시오.

"우리의 잠시 받는 환난의 경한 것이 지극히 크고 영원한 영광의 중한 것을 우리에게 이루게 함이니, 우리의 돌아보는 것은 보이는 것이 아니요 보이지 않는 것이니, 보이는 것은 잠간이요 보이지 않는 것은 영원함이니라."(고후 4:17,18)

이런 관점을 견지하고 있으면 우리 몫에 들어 있는 '십자가'가 무엇이라 할지라도 그것을 능히 견뎌내게 하는 은혜로 균형을 이룰 것입니다. 구원의 소망을 온전히 가진 적이 없는 사람들은 이 세상에서 자기들 몫에 '굽은 것'이 들어오면 그것을 아주 무거운 것으로 느낄 것입니다. 그런 이들은 그 무게를 상쇄시킬 아무것도 가지고 있지 않기 때문입니다. 그러나 영원한 안식에 대한 소망은 이 세상에서 만나는 모든 수고와 고통을 능히 감당할 수 있게 만듭니다.

3. 참된 인내를 위한 권면적인 제안

하나님께서 합당하다 여기시어 우리 몫에 있는 '굽은 것'이 계속 존재하는 동안에는, 그것을 감당할 바른 자세를 견지하도록 합시다. 우리가 고칠 수 없는 것을 그리스도인답게 감당해 나갑시다. 하나님을 대항하여 싸우지 마십시오. 그것은 마치 맨발로 가시채기를 차는 것과 같을 뿐입니다. 그러니 우리는 감내합시다. 그것을 위한 권면으로 몇 가지 제안을 하고자 합니다.

첫째, 우리는 참아 인내하되, 성을 내거나 조급해 하거나 불만을 토로하는 일 없이 인내해야 합니다.

"그러므로 형제들아 주께서 강림하시기까지 길이 참으라. 보라 농부가 땅에서 나는 귀한 열매를 바라고 길이 참아 이른 비와 늦은 비를 기다리나니, 너희도 길이 참고 마음을 굳건하게 하라. 주의 강림이 가까우니라."(약 5:7,8)

"여호와 앞에 잠잠하고 참고 기다리라. 자기 길이 형통하며 악한 죄를 이루는 자 때문에 불평하지 말지어다."(시 37:7)

우리 몫에 있는 '굽은 것'으로 말미암아 피조물 속에서 얻는 위로를 상실했다 할지라도 우리 자신은 상실하지 말아야 합니다.

"너희의 인내로 너희 영혼을 얻으리라."(눅 21:19)

우리 몫에 있는 그 '굽은 것' 때문에 우리가 몸을 따뜻하게 해 줄 불밖에 없는 사람처럼 될 수도 있습니다. 그러나 그런 상황 속에서 인내하지 못하면 그 불을 다 흩어버려 집에 불이 나게 하여 큰 위험에 직면할 수도 있습니다.

"자기의 마음을 제어하지 하지 아니하는 자는 성읍이 무너지고 성벽이 없는 것 같으니라."(잠 25:28)

둘째, 그런 상황에서 낙담으로 주저앉지 말고 그리스도인다운 결의에 찬 불굴의 심령을 견지하십시오.

"또 아들들에게 권하는 것 같이 너희에게 권면하신 말씀도 잊었도다. 일렀으되 내 아들아 주의 징계하심을 경히 여기지 말며, 그에게 꾸지람을 받을 때에 낙심하지 말라."(히 12:5)

사탄은 우리 몫에 주어진 '굽은 것'을 통해 우리의 심령을 구부러뜨리거나 부수어버리려 합니다. 때로 하나님의 백성들의 심령을 부수어버리기 위하여 마음을 침체에 빠뜨리기도 합니다. 그러나 우리는 그러한 '굽은 십자가'를 가지고도 꿋꿋하게 나가며 좌로나 우로 치우치지 말고 정로로 나갈 것이며, 손으로 바위들을 부수어내려는 시도를 하지 않도록 조심해야 합니다. 우리의 행복은 어떤 세상적인 위로에 있는 것이 아닙니다. 또 그런 것 중에 무엇이 부족하여도 그것이 우리를 비참하게 만들지도 못할 것입니다.

"비록 무화과나무가 무성하지 못하며, 포도나무에 열매가 없으며, 감람나무에 소출이 없으며, 밭에 먹을 것이 없으며, 우리에 양이 없으며, 외양간에 소가 없을지라도, 나는 여호와로 말미암아 즐거워하며, 나의 구원의 하나님으로 말미암아 기뻐하리로다."(합 3:17,18)

그러니 우리는 거룩하게 세상을 경멸하면서 역경을 안중에 두지 말고 우리의 길을 결의에 차서 계속 진행해 나가야 할 것입니다.

"그러므로 의인은 그 길을 독실히 행하고 손이 깨끗한 자는 점점 힘을 얻느니라."(욥 17:9)

이런 제안을 듣고 의문이 생겨 이렇게 물어올 이도 있을 것입니다. '어떤 마음의 상태가 내 몫의 십자가 때문에 낙담하고 있는 경우인가?'

그에 대하여 답변을 드립니다. 자기 몫에 있는 십자가 때문에 낙담하고 있는 상태는 이런 경우라 할 수 있습니다. 곧 그리스도인으로서 보편적으로 가져야 할 소명(召命)이나, 우리에게 특수하게 주어진 어떤 소명에 대하여 감당할 마땅한 도리를 행하지 못할 정도까지 떨어진 상태가 바로 그 경우입니다. 근심 의도가 지나쳐서 주님께서 우리더러 운영해 나가도록 하신 일반적인 삶의 과제들을 감당하지 못할 정도가 되었을 때는 분명 그 경우에 해당한다고 말할 수 있습니다.

"형제들아 너희는 각각 부르심을 받은 그대로 하나님과 함께 거하라."(고전 7:24)

아니면 신앙의 여러 도리들을 이행하지 못하게 될 정도가 되면 그런 경우입니다.

"너희 기도가 막히지 아니하게 하고."(벧전 3:7)(여기서 '막히다'는 단어의 헬라 원어의 본래 의미는 '나무가 뿌리로부터 베어짐을 당하다.' 이다.-편집자 주)

그리고 그리스도인으로서 의무를 감당하면서도 전혀 소망 없는 자세를 견지하면 그런 경우에 해당합니다.

"너희가 이런 일도 행하나니 곧 눈물과 울음과 탄식으로 여호와의 단을 가리게 하도다. 그러므로 여호와께서 다시는 너희의 헌물을 돌아보지도 아니하시

며, 그것을 너희 손에서 기꺼이 받지 아니하시거늘"(말 2:13)

셋째, 우리 몫에 있는 그 '굽은 것'을 감내하되 자신을 유익하게 하는 방식으로 참아 내야 합니다.

그로 말미암은 어떤 이점(利點)이 분명히 있기 마련입니다.

"다만 이뿐 아니라 우리가 환난 중에도 즐거워하나니 이는 환난은 인내를, 인내는 연단을, 연단은 소망을 이루는 줄 앎이로다."(롬 5:3,4)

우리는 그 이점을 취할 수 있어야 합니다.

"고난 당한 것이 내게 유익이라 이로 인하여 내가 주의 율례를 배우게 되었나이다."(시 119:71)

그 '굽은 것'으로 말미암아 영적으로 어떤 선한 것을 얻지 못하면 그 '굽은 것'을 잘못 관리한 것이 틀림없습니다(시 12:1).

그런 의미에서 우리 몫에 있는 '굽은 것'이 일종의 '신령한 의약'입니다. 악한 것을 하나도 없애주지 못하면 그 약이 우리 입맛에 어떠하다 해도 아무 소용이 없습니다. 그런 경우 쓴 약은 도리어 고통을 가중시켜 주는 셈이 될 것입니다. 잘못 관리한 '굽은 것'도 그러합니다. 그 '굽은 것'을 통해서 우리가 영적으로 더 건강해지지 않는다면 그 '굽은 것'의 쓴 것을 참아내도 아무 소용이 없습니다.

"야곱의 불의가 속함을 얻으며 그 죄를 없이함을 얻을 결과는 이로 인하나니, 곧 그가 제단의 모든 돌로 부수어진 횟돌 같게 하며 아세라와 태양상으로 다시 서지 못하게 함에 있는 것이라."(사 27:9)

3. 권면을 실행하게 힘을 주는 동기부여

첫째, 하나님께서 '굽은 것'이 있게 하는 것이 합당하다 여기시는 동안에는 그것을 곧게 펴는 일은 결코 없을 것입니다.

그 몫에 있는 '십자가' 아래서 우리가 하고 싶은 대로 다 해보고 우리의 지혜를 다 동원한다 해도, 우리 몫에 있는 그 '굽은 것'은 끄덕도 하지 않고 존재할 것입니다. 마치 놋과 철근으로 고정시킨 것처럼 말입니다.

"그는 뜻이 일정하시니 누가 능히 돌이킬까? 그 마음에 하고자 하시는 것이 있으면 그것을 행하시나니…이런 일이 그에게 많이 있느니라."(욥 23:13,14)

우리가 곧게 펼 수 없는 경우에 최선을 강구하는 것이 지혜가 아니겠습니까? 필연(必然)으로 덕을 삼으세요. 치료되지 못할 것이라면 참되고 그리스도인다운 온유함으로 참아내야 합니다.

둘째, 그 '굽은 것'을 엉거주춤하게 감당하면 갈수록 그 '굽은 것'으로 인하여 주어지는 '고통의 무게'는 더욱 심화될 것입니다.

우리 목에 지운 멍에로 우리 목에 쓰라린 상처를 남기게 만드는 경우는 무엇입니까? 그 멍에를 벗어버리려고 버둥대며 움직이면 도리어 그 멍에로 우리 목에 상처를 내게 하는 것이 아닙니까?

"에브라임이 스스로 탄식함을 내가 분명히 들었노니, 주께서 나를 징벌하시매 멍에에 익숙하지 못한 송아지 같은 내가 징벌을 받았나이다. 주는 나의 하나님 여호와이시니 나를 이끌어 돌이키소서. 그리하시면 내가 돌아오겠나이다."

(렘 31:18)

그런 행동은 마치 앞에 있는 바위를 부수겠다고 머리로 들이받으며 돌진하는 사람과도 같습니다. 그래도 바위는 끄덕하지 않고 서 있습니다. 그렇게 하는 사람만 상처를 입을 뿐입니다. 바위와 싸우느라 상당한 손실만 당합니다. 내 몫에 있는 '굽은 것'을 참아내지 못하는 것이 짐을 더 가중시키고, 더 무겁게 만든다는 사실을 기억해야 할 것입니다. 또한 그러는 동안에 그 굽은 것이 우리를 더 연약하게 만들고, 그것을 더 참지 못하는 사람으로 만들 것입니다.

셋째, 그 사람의 몫에 있는 그 '굽은 것'을 방편으로 그 사람이 하나님 말고 의지하는 다른 것들을 제거하려는 하나님의 특별한 섭리로 주어진 시련임을 기억하십시오.

"그러므로 너희가 이제 여러 가지 시험으로 말미암아 잠깐 근심하게 되지 않을 수 없으나 오히려 크게 기뻐하는도다. 너희 믿음의 확실함은 불로 연단하여도 없어질 금보다 더 귀하여 예수 그리스도께서 나타나실 때에 칭찬과 영광과 존귀를 얻게 할 것이니라."(벧전 1:6, 7)

그것이 '하나님의 불'이 되어 그 사람의 영혼이 어떤 상태에 있는지를 시험하고 단련합니다. 마치 금속의 속성 중에 불순물을 제거하기 위하여 불로 단련하는 것과 같습니다. 우리가 참된 그리스도인인지 아닌지를 검증해 내는 '하늘의 시금석'으로 그 '굽은 것'을 사용하십니다. 사람의 몫에 있는 그 굽은 것을 통해서 그 사람이 아무것도 아닌 것으로 드러난다면, 그 사람이 여러 시련을 참고 인내했다 할지라도 소용이 없는 것입니다. 왜냐하면 이로써 내가 진지한 그리스도인지, 아니면 외식적인지가 분명하게 판명날 것이기 때문입니다. 자기 몫에 주어진 것을 순응할 수 없는 사람 중에 그리스도의 충실한 신하일 자가 있겠습니까? 그리스도께 진지하게 나오는 사람마다 모두 그리스도의 손에 자신을 온전히 맡기지 않습니까?

"너는 일어나 시내로 들어가라 네가 행할 것을 네게 이를 자가 있느니라 하시니."(행 9:6)

"우리를 위하여 기업을 택하시나니 곧 사랑하신 야곱의 영화로다."(시 47:4)

그렇게 자신을 온전하게 그리스도께 맡기지 않는 자는 그리스도의 제자가 될 수 없습니다. 그리스도께서 친히 말씀하신 바가 아닙니까?

"무릇 내게 오는 자가 자기 부모와 처자와 형제와 자매와 더욱이 자기 목숨까지 미워하지 아니하면 능히 내 제자가 되지 못하고."(눅 14:26)

4. 예기되는 의문과 상황에 대한 대응

'그렇다면 그러한 마음가짐이 우리 믿음의 필수적인 선결조건이라는 말인가? 그렇다면 우리가 그것을 어디서 얻어야 하는가? 우리 본성의 능력으로 그 일을 해낼 수 있을까?'

아닙니다. 그런 일은 필연적으로 믿는 일과 어우러져 함께 가는 것입니다. 그 마음가짐은 그리스도를 아는 지식으로 말미암아 구원에 이르게 되는 동일한 원천에서 흘러나오는 것입니다. 바로 그 원천을 통해서 영혼은 그리스도를 믿도록 인도 받는 것입니다. 그리고 구원을 위해 예수님을 신뢰하는 것입니다. 그 분만이 의로우신 주시요 무한히 지혜로 우신 통치자이시니 그분께 자기의 몫을 다 맡기는 것입니다.

"또 천국은 마치 좋은 진주를 구하는 장사와 같으니, 극히 값진 진주 하나를 발견하매 가서 자기의 소유를 다 팔아 그 진주를 사느니라."(마 13:45,46)

예수님을 구주로 받아들이는 영혼은 예수님을 자기의 머리와 주관자로도 받습니다. 우리로 하여금 다른 것들을 끊고 오직 주님을 택하게 만드는 것, 곧 어둠을 물리친 빛같이 역사하는 것은 무엇입니까? 다름 아닌 그리스도께서 친히 자신을 우리에게 주셨고 우리는 그분을 영접한 것입니다. 그것이 우리로 하여금 그리스도를 위하여 다른 것들을 버리게 합니다. 마치 빛이 어둠을 몰아내는 것과 같은 이치입니다.

또 어떤 이가 이런 상황을 제시할 수 있습니다.

'안타깝게도 나는 바로 그 요점에서 그분께 자신의 몫을 자유롭게 맡기고 복종할 마음을 얻을 수 없다.'

첫 번째 답을 드립니다. 그런 복종하는 마음을 얻기까지 아무런 갈등을 겪지 않는 이는 없습니다. 우리의 '옛 사람'은 절대로 그것에 굴복하지 않을 것입니다. 은혜에 속한 '새 사람'이 그 요점에 복종하려 하나 '옛 사람'은 여전히 반역을 꾀하고 나올 것입니다.

"육체의 소욕은 성령을 거스리고 성령의 소욕은 육체를 거스리나니, 이 둘이 서로 대적함으로 너희의 원하는 것을 하지 못하게 하려 함이니라."(갈 5:17)

자신을 스스로 판단하여 보십시오. 그 요점에 자신을 복종시키려는 진정한 소원을 가지고 그 목표로 훈련하고 있습니까? 자신에게 주어진 그 '굽은 것을' 대항하되 은혜롭지 못한 방식으로 대항하는 데서 돌아서서 마음으로 복종하려 애를 쓰십시오. 약속을 믿고 그 일을 위한 방편을 사용하십시오. 자신의 힘으로는 복종하지 못하는 실상을 바라보며 서글픈 마음을 가져야 합니다. 이것이 바로 복음의 은혜로운 구조 속에서 자신의 몫을 그리스도께 복종시켜 나가는 방식입니다.

"이제는 그것을 행하는 자가 내가 아니요 내 속에 거하는 죄니라. 내 속 곧 내 육신에 선한 것이 거하지 아니하는 줄을 아노니 원함은 내게 있으나 선을 행하는 것은 없노라. 내가 원하는 바 선은 행하지 아니하고 도리어 원하지 아니하는 바 악을 행하는도다. 만일 내가 원하지 아니하는 그것을 하면 이를 행하는 자는 내가 아니요 내 속에 거하는 죄니라."(롬 7:17-20)

"할 마음만 있으면 있는 대로 받으실 터이요 없는 것은 받지 아니하시리라."(고후 8:12)

만일 여러분이 최선의 선택을 하였다면, 자신의 방법으로 '굽은 것'을 곧게 펴려고 하기 보다는 그것에 순응하려는 쪽으로 마음을 돌이키고 있습니까?

"내 속사람으로는 하나님의 법을 즐거워하되, 내 지체 속에서 한 다른 법이 내 마음의 법과 싸워 내 지체 속에 있는 죄의 법으로 나를 사로잡는 것을 보는도다."(롬 7:22,23)

육체의 소욕의 대적에도 불구하고 자신을 진지하게 그리스도께 복종시킬 열심을 내고 있습니까?

"육체의 소욕은 성령을 거스르고 성령은 육체를 거스르나니, 이 둘이 서로 대적함으로 너희가 원하는 것을 하지 못하게 하려 함이니라."(갈 5:17)

두 번째 답을 드립니다. 자기에게 주어진 그 굽은 것에 절망하기보다 순응하고 자신을 부인하고 십자가를 지고 있다고 자신 있게 말할 수 있는 지 자문해보십시오. 그리스도께서 당신의 제자들에게 첫 번째로 가르치신 교훈이 바로 그것입니다.

"아무든지 나를 따라 오려거든 자기를 부인하고 자기 십자가를 지고 나를 좇을 것이니라."(마 16:24)

'자기 부인'은 자기에게 주어진 그 '굽은 것'과 화해하고 인정하여 받아 드리는 자세를 제공할 것입니다. 그러나 우리 부패한 자아(自我)는 어떤 탐심을 부인하는 것도 참아낼 수 없을 것입니다. 특히 하나님께서 그렇게 자기를 부인하는 것이 합당하다 여기시는데도 불구하고, 자신을 위한다는 명분으로 우리 몫에 들어 있는 '굽은 것'을 참아낼 수 없어 대항하여 싸웁니다.

세 번째 답을 드립니다. '굽은 것'에 순응할 수 없으면서 어떻게 그리스도를 따른다는 것이 가능합니까? 우리가 그리스도께 복종하지 않으면 자신이 그리스도인 되는 분명한 다른 표증을 보일 수 없습니다.

"저 안에 거한다 하는 자는 그의 행하시는 대로 자기도 행할지니라."(요일 2:6)

그리스도께서는 지상생애 동안 당신 자신의 몫 속에 '굽은 것'을 항상 가지고 계셨습니다. 그리고 그런 상태에서 복종하셨습니다.

"사람의 모양으로 나타나셨으매 자기를 낮추시고 죽기까지 복종하셨으니 곧 십자가의 죽으심이라."(빌 2:8)

그리스도께서는 자기 자신을 기쁘게 하지 않으셨습니다.

"그리스도께서도 자기를 기쁘게 하지 아니하셨나니, 기록된 바 주를 비방하

는 자들의 비방이 내게 미쳤나이다 함과 같으니라."(롬 15:3)

만일 진실로 우리 자신이 그리스도인임을 증언해 보이려 한다면, 우리도 마땅히 그래야 합니다.

"나는 마음이 온유하고 겸손하니 나의 멍에를 메고 내게 배우라 그리하면 너희 마음이 쉼을 얻으리니."(마 11:29)

"미쁘다 이 말이여 우리가 주와 함께 죽었으면 또한 함께 살 것이요, 참으면 또한 함께 왕 노릇 할 것이요. 우리가 주를 부인하면 주도 우리를 부인하실 것이라."(딤후 2:11,12)

우리에게 주어진 그 '굽은 것'과 여전히 대항하면서 우리가 순전한 하나님의 자녀라는 사실을 어떻게 증거할 수 있습니까? 그 상태에서는 "우리 아버지시여, 아버지의 뜻이 이 땅에서도 이루어지이다."라는 기도를 결코 할 수 없습니다. 그런 복종하지 않는 상태에서는 실상 '내 뜻이 하나님의 뜻보다 앞서야 한다.'고 외치고 있는 셈입니다.

네 번째 답을 드립니다. 그 '굽은 것'으로 지상에서 말미암아 주어지는 시련이 오래 계속 되지는 않을 것입니다.

"이 세상의 외형은 지나감이니라."(고전 7:31)

그 일이 아무리 지독한 고통을 준다 할지라도, 그 일로 인하여 고아 같이 버림을 받지는 않을 것이라는 사실로 더 나은 위로를 받을 수도 있습니다. 몇 날, 아무리 멀어도 몇 년 동안이면 그 일이 끝날 것이고, 그 '굽은 것'이 가져온 시련도 여러분을 떠날 것입니다. '내게는 그 고통에서 벗어나 편한 날이 오지 않을 것이라.'고 속단하여 말하지 마십시오. 왜냐하면 생전에 그 날이 오지 않으면 죽을 때에 그 고통에서 벗어나 편안해질 것이기 때문입니다. 죽음과 영원에 대한 진지한 관점이 우리를 세워주어 우리 몫에 '굽은 것'이 있어 고통을 당하는 동안에도 바르게 처신하게 해 줄 것입니다.

다섯 번째 답을 드립니다. 만일 그리스도인다운 태도로 그 '굽은 것'을 참아내기에 합당하게 자신을 높게 세우려 한다면, 상상하기보다 쉽다는 것을 발견할 것입니다.

"나는 마음이 온유하고 겸손하니 나의 멍에를 매고 내게 배우라. 그러면 너희 마음이 쉼을 얻으리니, 이는 내 멍에는 쉽고 내 짐은 가벼움이라 하시니라."(마 11:29, 30)

사탄이 자신의 목적을 성취하는데 있어서 가장 좋은 방식은, 우리에게 주어진 그 '굽은 것'에 자신을 순응시키는 것이 불가능하다고 우리를 설득하는 것입니다. 사탄은 설득하려 듭니다. '너희에게 있는 굽은 것이 너희 무거운 짐이 되고, 아무도 그 짐을 지도록 도와주지 않을 것이다.' 그런 사탄의 설득에 넘어가면 그 '굽은 것'을 결단코 감내하지 못할 것입니다. 그러나 주님께서는 어떤 사람에게도 감당하지 못할 '굽은 것'을 허락하지 않으십니다.

"이는 내 멍에는 쉽고 내 짐은 가벼움이라 하시니라."(마 11:30)

약속의 말씀들 속에 그런 효과를 불러오는 능력이 확보되어 있습니다.

"우리가 무슨 일이든지 우리에게서 난 것 같이 생각하여 스스로 만족할 것이 아니니 우리의 만족은 오직 하나님께로부터 나느니라."(고후 3:5)

"내게 능력 주시는 자 안에서 내가 모든 것을 할 수 있느니라."(빌 4:13)

우리가 믿음으로 미루어 보건대 그런 일은 분명하게 오게 되어 있습니다.

" 여호와여 내가 소리 내어 부르짖을 때에 들으시고 또한 나를 긍휼히 여기사 응답하소서."(시 28:7)

여섯 번째 답을 드립니다. 만일 여기 지상에서 자기에게 주어진 '고통의 십자가' 아래에서 그리스도인답게 처신한다면, 여러분의 수고가 헛되지 않을 것이고 내세에서 은혜로 상(賞)을 받게 될 것입니다.

"참으면 또한 함께 왕 노릇 할 것이요 우리가 주를 부인하면 주도 우리를 부인하실 것이라."(딤후 2:12)

"그러므로 내 사랑하는 형제들아 견실하며 흔들리지 말며 항상 주의 일에 더욱 힘쓰는 자들이 되라 이는 너희 수고가 주 안에서 헛되지 않은 줄을 앎이라."(고전 15:58)

바로 다음의 말씀을 근거로 참는 자에게 선포된 약속이 있습니다.

"시험을 참는 자는 복이 있나니 이는 시련을 견디어 낸 자가 주께서 자기를 사랑하는 자들에게 약속하신 생명의 면류관을 얻을 것이기 때문이라."(약 1:12)

하늘은 '굽은 것'의 시련을 통해서 신실한 자들로 검증된 자들을 받아들이는 장소입니다.

"내가 가로되 내 주여 당신이 알리이다 하니, 그가 나더러 이르되 이는 큰 환난에서 나오는 자들인데 어린양의 피에 그 옷을 씻어 희게 하였느니라."(계 7:14)

하늘에 당도하게 되면 우리 속에 있는 '굽은 것'의 잔재가 하나도 남아 있지 않을 것입니다. 그것을 기억할 때 불편해하는 일 조차도 존재하지 않을 것입니다. 오히려 그 '굽은 것'에 대한 기억이 우리의 찬송에 힘을 더하고 기쁨을 증가시킬 것입니다.

일곱 번째 답을 드립니다. 만일 우리가 자신에게 주어진 십자가 아래에서 그리스도인답게 처신하지 않는다면, 저 세상에서도 자신의 영혼을 상실하게 될 것입니다.

"이는 뭇 사람을 심판하사 모든 경건하지 않은 자가 경건하지 않게 행한 모든 경건하지 않은 일과 또 경건하지 않은 죄인들이 주를 거슬러 한 모든 완악한 말로 말미암아 그들을 정죄하려 하심이라 하였느니라. 이 사람들은 원망하는 자며 불만을 토하는 자며 그 정욕대로 행하는 자라 그 입으로 자랑하는 말을 하며 이익을 위하여 아첨하느니라."(유 15,16)

이 세상에서 자기들에게 주어진 몫 때문에 하나님과 다투는 사람들에 대해 하나님은 영원토록 다투실 것입니다. 만일 그 사람들이 이 세상에서 하나님의 명령에 불복하거나 그 멍에의 길에 순응하지 않으면, 하나님께서는 그들의 몫에 그 멍에를 영원토록 씌울 것입니다. 그리고 그 결박은 영원히 풀리지 않을 것입니다.

"그는 마음이 지혜로우시고 힘이 강하시니 그를 거슬러 스스로 완악하게 행하고도 형통할 자가 누구이랴."(욥 9:4)

그러므로 자신의 몫에 있는 십자가 아래 바르게 처신하도록 우리 자신을 다그쳐야 합니다.

8 '굽은 것'을 바르게 숙고하는 마음을 얻는 경로

우리는 이제 우리 몫에 들어 있는 '굽은 것'에 대한 바른 자세와 마음을 얻는 방도와 경로를 알아보기로 합니다.

그것의 핵심은 그 '굽은 것'을 하나님의 행사로 알고 생각하는 것입니다.

1. 기본적인 다섯 가지 요점

첫째로, '굽은 것'이 발생한 샘 근원은 어디입니까?
믿음으로 생각하거나 이치적으로 생각할 때 마땅하게 취할 자세는 이것입니다. 곧 우리가 피할 수 없는 '굽은 것'을 주목할 뿐 아니라, 그것이 발생한 근원을 숙고하고 탐문하는 것입니다.
"그 아들들이 그의 태 속에서 서로 싸우는지라 그가 이르되 이럴 경우에는 내

가 어찌할고 하고 가서 여호와께 묻자온대."(창 25:22)

　분명하게 말하여 '굽은 것'을 우리가 선택한 것도 아니고, 우리 스스로 그렇게 의도하여 만들어 가진 것도 아닙니다. 운수(運數) 소관으로 돌려서도 안됩니다. 그렇게 하면 그것의 발생 원인이 없다는 식으로 말하는 것이 됩니다. 그것은 저절로 생겨난 것이 아닙니다. 우리를 위해서 그것을 우리 몫에 심어 놓은 '손'이 있기 마련입니다.

　"재난은 티끌에서 일어나는 것이 아니며 고생은 흙에서 나는 것이 아니라."(욥 5:6)

　둘째로, 그 '굽은 것' 속에서 하나님의 손을 지각해야 합니다.
　그 일과 관련되어 어느 피조물의 손이 보인다 해도 그 피조물만 보는 것으로 만족하지 말아야 합니다. 그 피조물들을 눈에 보이지 않게 운용하시고 우리의 '굽은 것'을 주장하시는 최고 경영자의 행사를 지각해야 합니다.

　이르되 내가 모태에서 알몸으로 나왔사온즉 또한 알몸이 그리로 돌아가올지라. 주신 이도 여호와시요 거두신 이도 여호와시오니 여호와의 이름이 찬송을 받으실지니이다."(욥 1:21)

　그렇게 하지 않으면 그 '굽은 것'의 도구적인 원인이 된 피조물을 제1원인으로 신(神)같이 높이는 격이 되는 것입니다. 하나님만이 제 1원인이십니다. 그것을 생각지 않으면 우리 자신을 파멸의 운명에 처하게 만드는 것입니다.

　"이는 만물이 주에게서 나오고 주로 말미암아 주에게로 돌아감이라 그에게

영광이 세세에 있을지어다. 아멘."(롬 11:36)

그러하듯이 모든 것은 하나님으로 말미암고 하나님으로 끝이 나게 되어 있습니다.

"그들은 여호와께서 행하신 일과 손으로 지으신 것을 생각하지 아니하므로 여호와께서 그들을 파괴하고 건설하지 아니하시리로다."(시 28:5)

셋째로, 그 '굽은 것'을 하나님의 일로 자신에게 늘 주지시켜야 합니다.

하나님께서 우리에게 그 '굽은 것'이 생기게 하심은 우리를 향하신 거룩하고 지혜로운 목적 때문이라고 여겨야 합니다. 그래야 바른 개념으로 그 일을 바라 보게 하며, 아울러 하나님의 완전하심도 인정하는 것이 됩니다. 그럴 때만이 그 '굽은 것' 아래서도 올바른 경영이 나올 수 있습니다. '굽은 것'이 생길 때 방편으로 사용된 피조물을 보기보다 하나님을 바라보아야만 안전한 길로 들어서 그분의 완전하신 목적을 이룰 수 있습니다. '굽은 것' 속에서 하나님을 간과하면 결코 안전할 수 없습니다. 그런 경우 피조물을 간과하는 것이 매우 안전합니다. 그 속에 다른 손이 전혀 없이 오직 하나님의 손만 있는 것 같이 여기십시오. 항상 하나님께서 그 '굽은 것' 속에 주도적인 원리이심을 잊지 마십시오.

"사무엘이 그것을 그에게 자세히 말하고 조금도 숨기지 아니하니, 그가 이르되 이는 여호와이시니 선하신 대로 하실 것이니라."(삼상 3:18)

다윗은 자기를 저주하는 시므이를 보면서 그 사람 자체는 안보고 오직 그 일을 하게 하시는 하나님을 바라보았습니다. 도끼 자체를 보지 않고 도끼를 가지고 나무를 패는 그 사람을 바라보듯이 말입니다. 이와 관련하여 두 가지 요점을 숙고해야 합니다.

먼저, 하나님께서 영원 전부터 우리에게 바로 그 '굽은 것'을 주실 뜻을 세우셨음을 생각해야 합니다. "모든 일을 그 마음의 원대로 역사하시는 자의 뜻을 따라…"(엡 1:11) 그 '인봉된 책 속에' 그 '굽은 것' 만드는 모든 검은 글귀가 쓰여 있었습니다. 우리가 지나야 할 어둠과 슬픔과 질고의 골짜기가 무엇이라 해도, 우리는 그것들을 구리로 된 산 같이 요동치 않는 하나님의 목적하심에 따라서 지음 받았다 여겨야 합니다.

"내가 또 눈을 들어 본즉 네 병거가 두 산 사이에서 나오는데 그 산은 구리 산이더라."(슥 6:1)

다음으로, 하나님의 정하신 바로 그 때에 '굽은 것'이 우리 몫에 들어오게 하신 하나님의 섭리를 생각해야 합니다.

"성읍에서 나팔이 울리는데 백성이 어찌 두려워하지 아니하겠으며, 여호와의 행하심이 없는데 재앙이 어찌 성읍에 임하겠느냐?"(암 3:6)

우리로 기동(起動)하며 살게 하시는 하나님의 허락이 없이는 어느 것도 우리에게 떨어질 수 없습니다. 우리 몫에 '굽은 것'이 생기게 하는데 어떤 피조물들의 작용이 방편으로 쓰였다 할지라도, 또 그 '굽은 것'을 향해서 그 피조물들이 무엇을 하였든지, 그 모든 지음받은 바퀴들을 움직이게 하시는 근원은 하나님께 있습니다. 그 바퀴들을 멈추시면 그 모든 것들은 당장에 정지될 것입니다. 물론 하나님께서는 그의 행사에 있어서 무한히 순결하십니다. 그 동원된 피조물의 바퀴들이 아무리 불순하다 할지라도 여전히 그 진리는 유효합니다. 욥은 이상의 두 가지를 다 숙고하였습니다.

"그런즉 내게 작정하신 것을 이루실 것이라 이런 일이 그에게 많이 있느니라."(욥 23:14)

넷째로, 우리 속에 욥과 같은 그런 생각이 지속되게 하십시오.

그저 잠시 그런 생각을 하다가 마는 식이 되어서는 안 됩니다. 그 '굽은 것'을 하나님의 행사로 알고 숙고하고 즐겁게 살펴보아야 합니다. 바로 그렇게 하는 것이 바른 방도입니다. 이를 위하여 두 가지를 유념해야 합니다.

먼저, 우리는 그런 생각을 습관적으로 하여 우리 속에 각인(刻印)되게 하는 것입니다. 그 '굽은 것'이 한동안 지속이 될 것이니, 그것을 대증적으로 치료하는 처방식으로 그런 생각을 습관적으로 견지해야합니다. 틀림없이 다른 생각들이 일어나서 그 생각을 분명하게 하지 못하게 할 것입니다. 그러나 그 생각을 뿌리 깊은 원리로 박아 놓아야 합니다. 우리는 그 원리에 따라서 '굽은 것'을 관리하고, 그에 합당한 마음가짐을 견지해야 합니다. 그렇게 함으로써 필요할 때마다 그 생각이 우리 마음에 선명하게 떠오를 수 있습니다.

그 다음으로, 기회 있을 때마다 그 생각을 위하여 연습해야 합니다. 우리에게 주어진 그 '굽은 것'이 찔러 고통을 유발할 때마다 이러한 처방으로 대처해야 합니다. 우리에게 메어진 '굽은 것'의 멍에로 인해 우리 등이 쓰라릴 때 즉시로 이 '영적 연고(軟膏)'를 발라야 합니다. 그 고통이 아무리 자주 찾아와도 바른 처방으로 대처하는 것이 결국 우리의 지혜가 될 것입니다. 그러한 처방을 쓰면 쓸수록 그 아픔을 다루기가 더 쉬워질 것이고, 더 나은 효과도 얻을 것입니다.

다섯째, 그 '굽은 것'이 주어진 목적에 부합하게 바른 처신을 해야 합니다.

곧 그 아래서 마땅히 행할 바가 무엇인지 알아 처신해야 합니다. 사람의 부패한 본성을 따라서 '굽은 것'의 의도를 생각하려고 할 수도 있습니다. 그러나 원리가 부패하였으면 그 원리의 열매나 효과도 결국 '부패한 것'입니다. 그러나 우리가 주어진 그 '굽은 것'에서 유익을 얻으려 하면, 그것을 선한 목적을 위하여 활용하여야 합니다. 그 선한 목적을 '굽은 것' 아래서 우리의 행실을 조정하는 실천적인 척도로 삼으십시오.

2. '굽은 것' 아래 바르게 처신하는 일에 대한 바른 이해

그렇다면 그 '굽은 것' 아래서 바르게 처신하게 하는 방도를 어떻게 이해해야 합니까?

그 '굽은 것' 자체가 그런 바른 처신을 낳기에 충분하지 않습니다. 그 자체가 그러한 효과를 산출한다는 이야기도 아닙니다. 오히려 그것을 '복음적인 믿음'으로 활용할 때만 그러하다는 것입니다. 다시 말하면, 자기를 구원하신 하나님과의 관계를 생각지 않고, 하나님께서 억울하게 그것을 자기 몫에 지웠다고 생각하는 죄인의 태도는 결단코 그 '굽은 것' 아래서 바르게 처신하게 하는 방도는 되지 못합니다. 다만 주 예수를 그리스도로 믿고, 하나님을 자기의 하나님으로 여기고, 그 '굽은 것'도 하나님께서 주셨다고 믿어야 합니다. 그리고 그 주신 목적이 우리로 바람직한 성품과 행실을 나타내도록 하는데 있음을 믿어야 합니다. 그런 믿음으로 '굽은 것'을 볼 때에 거룩하게 쓰임을 받는 정당한 방편이 될 것이란 말입니다. 마땅한 도리를 행하도록 하는 이러저러한 합법적인 생각들을 해보라고 하면 사람들은 얼른 이성적이고 지성적인 방식으로 그런 생각들을 제시할 것입니다. 그런 식으로 사람들을 올바르게 만들 수 있다는 생각은 잘못입니다. '그리스도와 복음을 망각하고 이성의 힘으로 사람들을 그리스도인 되게 할 수 있느냐?'고 누가 우리에게 묻는다면, 우리 대답은 당연하게 '아니다' 입니다. 지성적이고 이성적인 방식으로 사람을 그리스도인으로 만들 수 있다는 의식으로 생각하는 설교자들이 많습니다. 그런 이들은 사람들의 본성의 부패를 보지 못하였습니다. 그들은 자기들의 지각할 수 있는 범주로 어떤 나쁜 습관들을 규정합니다. 그런 후에 그런 것들을 합리적이고도 이성적 기능들을 적용하여 분쇄시킬 수 있다고 생각합니다. 그러나 사람들의 본성의 부패는 인간의 이성보다 훨씬 높이 있는 참된 치료를 통해서만 해결될 수 있습니다. 이 문제를 보다 분명히 알기 위해서 다음 몇 가지 사항을 생각해 보려 합니다.

첫째, 부패한 본성을 가진 타락한 사람에게 무죄 상태에 있었던 아담과 똑같은 방식으로 일하라 요구하는 것이 합당할 리가 없습니다.

그것은 마치 거지더러 부자와 같은 수준으로 일하라 요구하거나, 다리를 저는 사람에게 멀쩡한 사람처럼 걸어 보라 요구하는 것과 마찬가지입니다. 무죄한 아담은 은혜로운 수단들을 대단히 많이 가지고 있었습니다. 그래서 도덕적인 생각들의 힘을 통해서 의무를 바르게 수행하도록 자신을 몰아갈 수 있었습니다. 그러나 우리에겐 그러한 것이 어디 있습니까?

"우리가 무슨 일이든지 우리에게서 난 것 같이 생각하여 스스로 만족할 것이 아니니 우리의 만족은 오직 하나님께로부터 나느니라."(고후 3:5)

영적인 생명을 부여받은 영혼이 도덕적 생각을 통해서 어떤 힘을 발휘할 수 있다 하더라도, 무슨 능력으로 우리와 같이 죄와 허물로 죽었던 자를 다시 살릴 수 있겠습니까?

둘째, 성경은 믿음의 불가피한 필요성을 보여주면서 이 점에 대하여 분명하게 말합니다.

믿음을 통해서만 그리스도와 연합을 이룹니다.

"나를 떠나서는" – 나와 떨어져서는 – "너희가 아무 것도 할 수 없다."(요 15:5)

도덕적인 요소들을 총동원하여 숙고한다 할지라도 할 수 없습니다. 하나님께서 시내 산에서 주신 십계명은 어떠하였습니까? 그 십계명도 의무가 무엇인가를 우리에게 보여주려는 목적을 우선에 두지 않았습니다. 오히려 먼저 우리가 믿어야 할 것, 곧 복음을 앞세웠습니다.

"나는 너를 애굽 땅, 종 되었던 집에서 인도하여 낸 네 하나님 여호와니라."

(출 20:2)

　많은 사람들이 솔로몬의 글들을 읽을 때, 솔로몬을 그리스도께로 인도하는 영감된 저작자로 보다는 도덕적인 교훈 철학자 정도로 생각하고 있습니다. 그러나 실상 그의 잠언서의 서두에 복음이 분명하게 제시되어 있습니다. 성경의 모든 도덕적인 교훈 속에서도 그 점이 계속 반복적으로 확인되고 있지 않습니까? 우리가 그 점을 인식하지 못하고 읽었다면, 그것은 복음 없는 교훈들을 취한 것이 됩니다. 그리스도를 미워하는 우리의 본성이 그런 식으로 영향력을 나타냅니다. 만일 우리가 주님을 더욱 더 사랑했다면, 성경의 모든 장과, 모든 계명에서 주님을 더 보아야 합니다. 또한 율법이 주님의 입에서 나오는 것으로 알고 받아야 합니다.

　셋째, 내 몫에 주어진 그 '굽은 것' 아래서 바르게 처신하는 것이 무엇인지를 곰곰히 생각해 보십시오.
　그 바른 처신 속에는 영혼에서 우러나는 겸비함, 자기부인, 하나님의 뜻에 절대로 자신을 복종시키는 것이 들어 있어야 합니다. 그리고 그 처신은 하나님께 대한 놀라운 사랑으로부터 나와야 합니다. 하나님의 영광을 최고로 여기는 것을 우리의 최상의 목적으로 삼아야 합니다. 그런 온전한 믿음의 마음이 없이도 바른 처신을 하는 것 같이 보이는 사람들이 종종 있습니다. 그러나 '하나님이 나의 하나님이시라.'는 확신이 없으면, 그 처신 역시 결코 온전할 수가 없습니다. 하나님에 대한 확신과 바른 처신은 동일한 수준을 유지하기 마련입니다. 어떤 이들은 피조물로 채워진 마음을 비우고 금세 그 자리에 하나님을 모실 수 있다고 상상합니다. 도덕적인 사고(思考)의 훈련을 통해서도 그 '굽은 것' 아래서 옳게 처신하는 쪽으로 자신을 몰아갈 수 있는 것 같습니다. 많은 이교도들이 그렇게 하지요. 그러나 '굽은 것' 아래서 그리스도인다운 참된 품격의 수준에 도달하는 일은 하나님을 믿는 그리스도인의 바른 믿음을 통하지 않고는 결코 불가능합니다.

3. 예기되는 반론과 그에 대한 답변

'그런 식의 사고(思考)의 개발이 성도들에게만 가능하고 다른 이들에게는 불가하다는 말인가?'

그에 대한 답을 드립니다.
정말 그렇습니다. 그 반론에 대해서나, 다른 모든 방식의 도덕적 사고(思考)에 대해서도 그런 식으로 밖에 대답할 수 없습니다. 기독교의 참된 목적상 그렇게 답할 수밖에 없습니다. 바르게 걷기 위한 지침들은 다리를 움직일 수 있는 살아 있는 사람들의 생활을 위한 것입니다. 그와 같이 위에서 말한 방식의 사고(思考)의 진보를 위해서는 가장 먼저 믿는 일에 자신을 드려야 합니다.

4. 믿음이 '굽은 것' 아래 있는 사람을 바르게 행동하게 하는 이치

저는 여기서 믿음이 '굽은 것'을 가지고 있는 동안 사람으로 바르게 처신하게 하는 고유한 방도임을 확증하려고 합니다. 그러기 위해서 네 가지 사항을 숙고해야 합니다.

첫째, 자기의 '굽은 것'만 쳐다보는 데서 마음을 돌리는 것이 자신에게 큰 유익임을 유념해야 합니다.

만일 계속 그 '굽은 것'을 주목하고 있으면, 우리의 부패한 성향이 더 자극을 받을 뿐입니다. '굽은 것'에 대해서 생각을 고정시키면 우리의 의지와 의욕이 꺾어집니다. 그러면 우리의 이지를 따라서 문제를 잘 진행시켜 '굽은 것'을 방편으로 삼아 만족함에 이르게 될 소망이 없어져 버립니다. 그렇게 되면 우리가 얼마나 손해를 보며, 얼마나 합당하지 못하며 얼마나 고치기 어려운 형국으로 문제를 끌고 가는 것입니까! 그런 것들에 생각을 계속 집중시키는 것은 속에 있는 불에다 바람을 더 불어 넣어 불길을 일으키는 격입니다. 반면에 생각을 전환하여 그 '굽은 것'을 보면서도 하나님의 행사로 인식하면, 그 생각의 전환이 치료책이 될 것입니다.

"다윗이 그 날에 여호와를 두려워하여 이르되 여호와의 궤가 어찌 내게로 오리요 하고, 다윗이 여호와의 궤를 옮겨 다윗 성 자기에게로 메어 가기를 즐겨하지 아니하고 가드 사람 오벧에돔의 집으로 메어 간지라."(삼하 6:9,10).

그런 식의 생각의 전환은 합법적일 뿐만 아니라 편리하고도 필요합니다.

둘째, 그런 생각의 전환 방식은 선한 효과를 산출하는 방향으로 작용하기 때문에 자연히 도덕적 경향을 가집니다.

우리의 치유책이 단순하게 이성의 힘만으로 구성되어 있는 것은 아닙니다. 그렇지만 그 치유는 짐승과 같은 본능적인 동작이 아니고 이성적인 방식으로 수행됩니다. "그런즉 너희가 어떻게 행할 지를 자세히 주의하여 지혜 없는 자 같이 말고 오직 지혜 있는 자 같이 하여."(엡 5:15) 이런 식의 사고(思考)는 우리의 이성에 도덕적인 효력을 끼치고, 우리가 받은 그 '굽은 것' 아래서 그리스도인다운 경외심을 가지고 처신하기에 합당하게 만듭니다. 또한 그 당사자가 사역자들이라면 그들에게 올바른 관점을 형성하기에 알맞게 해줍니다.

셋째, 그것은 그 목적을 위한 하나님의 약속을 갖고 있습니다.

우리는 하나님께서 지정하신 목적을 믿어야 합니다.

"너는 범사에 그를 인정하라. 그리하면 네 길을 지도하시리라."(잠 3:6)

피조물 자체는 어떤 효과를 내거나 활동을 창출하지 못합니다. 그 자체만으로는 그저 허무할 뿐입니다.

"우리가 그를 힘입어 살며 기동하며 존재하느니라."(행 17:28)

어떤 것이든지 목적에 부합한 방편이 되게 하는 것은 하나님의 약속의 말씀입니다.

"사람이 떡으로만 살 것이 아니요 하나님의 입으로 나오는 모든 말씀으로 살 것이라."(마 4:4)

어떤 목적을 위해서 어떤 피조물을 사용하면서 그런 믿음이 없다면,

그 피조물을 하나의 신(神)으로 삼는 셈입니다. 그러므로 어떤 피조물을 사용하든지 간에 하나님의 약속의 말씀을 따라 하나님을 의지해야 합니다.

"하나님께서 지으신 모든 것이 선하매 감사함으로 받으면 버릴 것이 없나니, 하나님의 말씀과 기도로 거룩하여짐이라."(딤전 4:4,5)

만물은 하나님께서 지정하신 목적에만 알맞게 존재합니다. 그 생각이 하나님께서 지정하신 목적에 부합합니다. 그러니 그 생각이 그 정하신 목적을 위해서 마땅한 방편도 되는 것입니다.

넷째, 성령께서 바로 그런 사고방식을 통해서 역사하실 것을 기대해도 좋습니다.

성령님께서 그 일을 하실 것을 믿고 바라는 자들 속에서 역사하시되, 그런 생각을 통해서 역사하십니다. 성령 하나님께서 바로 그것을 방편으로 약속하셨기 때문입니다. 교황주의자들이나 율법주의자들이나 모든 미신에 빠진 사람들은 성화(聖化)의 방편들을 아주 다양하게 고안합니다. 그래서 그 방편들 자체가 성화를 위해서 도덕적 적합성을 정말 가지고 있는 것처럼 보입니다. 그러나 그런 것들은 전혀 효과가 없습니다. 왜냐하면 그런 것들은 아바나(Abana) 강이나 바르발(Pharpar) 강과 같기 때문입니다. 나아만이 요단강에 몸을 일곱 번 씻으라는 엘리사의 말을 전달받고 다메섹의 그 강들을 생각하면서 노하며 물러가려 하였습니다. 그러나 나아만은 결국 하나님께서 정해주신 요단강물로 말미암아 병을 치료받았습니다(왕하 5:10-14). 우리의 영적

문둥병을 치료하기 위해서 하나님께서 약속하신 말씀이 있는 방편만 사용해야 합니다. 하나님께서 약조하신 말씀이 없는 것들은 성령님의 도구가 되지 않습니다. 그런 것들은 자기들의 마음으로 고안한 것에 불과합니다. 그러나 하나님을 의존하고 하나님을 바라보는 사고방식은, 하나님께서 약속하신 말씀으로 지정되었기에 성령께서 일하시는 방편이 되는 것입니다.

5. 적용을 위한 지침

앞에서 숙고한 요점들을 우리의 몫에 있는 '굽은 것' 속에서 바르게 처신하기 위한 지침으로 삼으십시오. 그 '굽은 것'을 하나님의 행사로 생각하도록 자신을 조절하십시오. 그 일과 관련하여 그 '굽은 것'이 효력을 발하도록 활용하는 일을 돕기 위해서 몇 가지 제안을 하려합니다.

첫째, 자신의 몫에 있는 '굽은 것'을 그리스도 안에서 하나님이 행하신 일로 생각하십시오.

그렇게 하는 것이 그 '굽은 것'에 '복음의 은혜'를 뿌리는 길입니다. 그렇게 함으로써 그 '굽은 것'을 인내할 수 있게 됩니다.

"내 하나님이여, 내 하나님이여 어찌 나를 버리셨나이까? 어찌 나를 멀리하여 돕지 아니하옵시며, 내 신음하는 소리를 듣지 아니하시나이까?"(시 22:1)

그 '굽은 것' 속에 있는 하나님의 손길을 분별하면, 그 굽은 것의 찌르는 쓰라린 아픔에서 많이 벗어나게 될 것이고, 먹기 고약한 약에 설탕을 가미하는 것과 같은 효과를 가져 올 것입니다.

바로 이 점 때문에 다음의 두 자세가 필요할 것입니다. 하나는 하나님을 우리의 하나님으로 엄숙하게 받는 것입니다.

"내 우편을 살펴보소서. 나를 아는 자도 없고 피난처도 없고 내 영혼을 돌아보는 자도 없나이다. 여호와여 내가 주께 부르짖어 말하기를 주는 나의 피난처시요 생존 세계에서 나의 분깃이시라 하였나이다."(시 142:4,5)

다른 한 자세는, '굽은 것'을 대할 때마다 결연한 자세로 하나님을 믿고 하나님 안에 여러분의 분깃이 있음을 외치십시오.

"백성이 각기 자녀들을 위하여 마음이 슬퍼서 다윗을 돌로 치자 하니 다윗이 크게 군급하였으나, 그 하나님 여호와를 힘입고 용기를 얻었더라."(삼상 30:6)

둘째, 우리가 하나님과 어떤 관계들이며 하나님의 속성이 무엇인가를 유념하면서 생각을 넓히십시오.

그 '굽은 것'이 곧 우리의 하나님의 일, 우리 아버지의 하신 일임을 생각하십시오. 우리의 맏형이시요 머리되시며 남편 되시는 그리스도의 일임을 생각하십시오. 하나님께서 그런 분이시니 분명히 모든 것이 합력하여 선을 이루게 하실 것이라고 생각하십시오. 하나님의 거룩하심과 공의(公義)를 숙고하며, 하나님께서 우리에게 결코 악을 행하지 않으심을 생각하십시오. 하나님의 자비하심과 선하심을 생각하면, 그 '굽은 것'으로 말미암아 느끼는 고통이 결코 더 심화되지 않을 것입니다. 그 자비하신 하나님의 주권을 믿고 바라본다면, 우리가 잠잠할 수 있습니다. 하나님의 무한하신 지혜와 사랑을 생각하면, 그 '굽은 것' 속에서도 만족할 수 있을 것입니다.

셋째, 그 '굽은 것'이 하나님의 놀라운 행사이며, 우리 속에 있는 부패성과 죄를 깨우치도록 하시는 하나님의 손에 들린 얼마나 놀라운 방편인지 생각하십시오.

그것을 우리의 어리석음을 고치려고 주셨음을 생각하십시오. 그렇게 하지 않으면 우리가 죄로 뛰어들 성향이 있기에, 그 죄의 길에 빠지지 않도록 미리 보호하시는 방비로 주신 것이라고 생각하십시오. 또한 그것으로 말미암아 여러분이 받은 은혜들과 부패를 함께 드러냄으로써 여러분 자신을 검증해 보도록 하시는 하나님의 행사임도 기억하십시오. 또한 세상으로부터 우리를 점점 멀어지게 하시고 대신 하늘에 합당한 사람들로 더 만들기 위해서 우리로 가난하게 하시는 행사임도 기억하십시오.

넷째, '굽은 것'을 그런 식으로 생각하는 일들 속에서 효력을 얻게 하여 주십사고 기도하는 심정으로 하나님의 성령을 우러러 바라보아야 합니다.

그리함으로써 그 굽은 것 아래서 그리스도인다운 자세로 처신하십시오. 하나님께서 이 지상에서나 하늘에서 그 '굽은 것'을 곧게 펴실 때까지 그런 자세로 일관하십시오.

9 '굽은 것' 아래서
겸손한 마음의 덕

"겸손한 자와 함께 하여 마음을 낮추는 것이 교만한 자와 함께 하여 탈취물을 나누는 것 보다 나으니라."(잠 16:19)

자기들 몫에 주어진 그 '굽은 것'을 인하여 마음을 괴롭히는 것 보다 그 상황에 마음을 순응시키는 것이 낫습니다. 그렇게 믿는 자리로 인도함 받기만 하면 문제들을 선하게 풀어가는 좋은 길에 들어선 셈입니다. 그러니 그런 경우에 하나님의 은혜를 힘입고 결의에 차서 하는 말씀을 들어 보십시오.

"겸손한 자와 함께 하여 마음을 낮추는 것이 교만한 자와 함께 하여 탈취물을 나누는 것 보다 나으니라."(잠 16:19)

1. 겸손한 자와 교만한 자의 차이

첫째, 겸손한 자와 교만한 자의 차이는 마치 하늘과 땅 사이의 차이만큼 큽니다.

교만한 자들은 위로 자꾸 올라가 높은 데서도 괴로워합니다. 겸손한 자들은 그것이 하나님의 뜻이면 땅에 납작 엎드려 기어도 만족하게 여깁니다. 본문이 제시하는 바에 따라서 그 둘을 더 특별하게 살펴봅시다.

한편에 겸비한 자들이 있습니다. 그 본문의 겸손한 자들을 표현하는 다른 방식이 난외주에 나와 있습니다. 그러나 어떻게 번역하든 둘 다 같은 성령의 의도를 표현하고 있습니다. 글자만 다를 뿐이니 별 문제가 되지 않습니다. 이들 겸손한 자들은 한편은 환난을 당하거나 가난한 이들입니다. 그들은 '조건'에 있어서 낮은 자들입니다. 그들은 자기들 몫에 '주목할 만한 굽은 것'을 가지고 있습니다. 자기들에게 주어진 환난을 통해서 그 조건이 열악하여 세상에서 낮은 자리에 처하여 있습니다. 온유하고 겸손한 편에 속해 있는 또 다른 종류의 사람들이 있는데, 그들은 조건에 있어서 뿐 아니라 심령에 있어서도 낮은 자들입니다. 그래서 자기들에게 주어진 몫에 불만을 가지지 않고 마음을 순응시킵니다. 그 종류의 사람들이 다 함께 겸비한 편에 속한 이들입니다.

본문에 본질적으로 종류가 다른 이들이 언급되고 있습니다. 그들은 거만하고 뻔뻔하고 높은 자리에 마음을 두고 있습니다. 물론 그들도 지상에서 나름의 '십자가'를 지고 있으며, 자기 몫에 '굽은 것'을 가지고 있는 자들로 여겨야 합니다. 그들이 '탈취물'을 나눈다는 것은 전쟁을 겪었음을 전제합니다. 그들도 지상에서 나름의 전쟁에 휘말려 드는 '십자가'를 지고 있으며, 자기 몫에 그 '굽은 것'을 가지고 있는 자들입니다.

둘째, 두 종류의 사람들이 서로 차이를 보이는 요점은 심령의 자세입니다. 한편은 겸손한 심령의 사람들이요, 다른 편 사람들은 탈취물을 나누는 심령을 갖고 있다는 사실입니다.

환난을 당하여 낮아진 자들이 때로는 그 조건이 변하여 높은 자리로 올라갈 수도 있습니다. 그래서 한나와 욥과 같이 탈취물을 나누는 자리에 있을 수 있습니다. 반면에 거만한 사람들이 조건이 변하여 낮아질 수 있고 부수어질 수 있습니다. 느부갓네살과 같이 말입니다.

그러나 그것은 여기서의 문제의 요점이 아닙니다. 낮은 자들과 함께 높이 올려지는 것이 나은가, 아니면 거만한 자들과 함께 내려 던져짐을 당하는 것이 나은가? 그런 문제라면, 그 둘 중 어느 것을 택하느냐는 결코 어려운 일이 아니겠지요. 그러나 문제는 환난을 당한 자들과 같이 낮은 환경에서 겸비하여 낮은 심령을 가지는 것이 나은가, 아니면 거만한 자들과 같이 탈취물을 나누며 자기 뜻대로 행하는 것이 나은가 하는 것입니다. 사람이 자기 마음의 본성적인 감성대로 말하고 싶으면, 그런 문제는 본문이 말하는 것과는 정반대방향으로 귀결이 될 것입니다. 여기서 서로 대칭을 이루며 비교되는 요점은 다음과 같습니다.

한편에는 환난을 당하여 낮아진 사람들과 같이 마음을 겸비하게 가지는 경우가 있습니다. 심령을 낮은 데 둔다는 것입니다. 본래 그 말씀은 상황과 상태의 낮음을 지시하고 있습니다. 그러니 이 본문에서 제안되는 요점은 환난을 당하여 낮은 자리에 있는 자들과 함께, 또는 그들의 상태에 처하여 낮은 몫에 마땅하게 마음을 낮추는 심령의 상태에 있는 것입니다. 곧 자기의 낮은 조건에 걸맞게 낮은 심령을 견지하는 것을 의미하는 것입니다.

다른 한편에는 거만한 자들과 함께 탈취물을 나누는 것입니다. 여기서 그려지는 요점은 거만한 자의 상태에 처하여 그 마음에 맞게 억지로 자기 몫을 가지는 것입니다. 그러니 자기들을 해하면서까지 대적과 싸워 이겨서 자기들의 뜻대로 탈취물을 나누는 경우입니다.

그 문제의 결론은 '전자(前者)가 후자(後者) 보다 낫다.' 는 것입니다. "겸손한 자와 함께 하여 마음을 낮추는 것이 교만한 자와 함께 하여 탈취물을 나누는 것보다 나으니라."(잠 16:9)

만일 두 대칭되는 경우가 우리 앞에 벌어지면, 낮은 조건에 있는 자들과 함께 우리 몫을 취하는 것이 낫다는 것입니다. 낮은 조건에 처한 이들은 자기들의 몫에 부합하게 낮은 마음을 가지고 있습니다. 그런 편이 거만하고 높은 마음을 가지고 그에 걸맞게 자기들의 몫을 가지려 하는 자들 보다 낫다는 것입니다. 겸손한 심령이 높아진 조건 보다 낫습니다.

2. 낮은 조건에서 겸손한 자들의 은택

여기서 하나의 교리가 확정됩니다.

'낮은 조건에서 환난을 겪으며 자기 몫에 순응하여 심령을 더 겸비하게 가지는 세대가 있다. 그런 점에서 그들의 경우는 득의(得意) 양양하여 모든 것을 자기들 원하는 대로 해나가는 거만한 자들의 경우보다 더 낫다.'

그렇게 낮은 조건에서 환난을 겪으며 자기들의 몫에 순응하여 마음을 겸비하게 가지는 이들에 대하여 몇 가지 일반적으로 고려할 사항들이 있습니다.

첫째, 세상이 아무리 악하다 해도 그런 세대가 존재합니다.
성경은 곳곳에서 그들에 대해서 말하고 있습니다.
"피 흘림을 심문하시는 이가 그들을 기억하심이여, 가난한 자의 부르짖음을 잊지 아니하시도다."(시 9:12)
"여호와여 일어나옵소서. 하나님이여 손을 드옵소서. 가난한 자들을 잊지 마옵소서."(시 10:12)
"심령이 가난한 자는 복이 있나니 천국이 그들의 것임이요."(마 5:3)
"오직 너희를 위하여 보물을 하늘에 쌓아 두라 거기는 좀이나 동록이 해하지 못하며 도둑이 구멍을 뚫지도 못하고 도둑질도 못하느니라."(마 6:20)
우리는 어디서 그들을 볼 수 있습니까? 하늘에서는 결코 보지 못할 것입니다. 하늘에는 고통당하는 사람이 하나도 없기 때문입니다. 지옥에서도 만나지 못합니다. 거기서는 겸비하고 낮은 마음을 가질 사람이 없습니다. 거기 있는 자들은 자기들이 처한 상황에 대해 늘 불만을 가지고 있을 것입니다. 그러니 시련이 있는 이 세상에서만 그런 이들을 만날 수 있음이 분명합니다.

둘째, 만일 세상에서 그런 이들이 하나도 없다면, 세상에서 그리스도를 따를 자들을 하나도 얻을 수 없었을 것입니다. 주님께서는 주님을 본받는 세대의 머리가 되셨습니다..

"나는 마음이 온유하고 겸손하니 나의 멍에를 메고 내게 배우라."(마 11:29)

그 사람들은 주님의 명예와 십자가의 존귀함을 알고 주님을 따르고 있습니다. 그러므로 세상에 있는 동안에 그들을 찾기가 결코 어렵지 않을 것입니다.

"하나님이 미리 아신 자들로 또한 그 아들의 형상을 본받게 하기 위하여 미리 정하셨으니."(롬 8:29)

그들의 고난과 거룩 속에 그리스도의 형상이 서려있습니다. 겸손은 바로 그 고난과 거룩의 제일 좋은 짝입니다.

셋째, 그럼에도 불구하고 세상에서 그런 사람들이 매우 드뭅니다. 아굴이 관찰한 바와 같습니다.

"눈이 심히 높으며 눈꺼풀이 높이 들린 무리가 있느니라."(잠 30:13)

이들은 겸손한 사람들과는 아주 정반대의 사람들입니다. 그런 무리들이 단연코 세상에서 가장 큰 집단을 이루고 있습니다. 낮고 고통의 몫을 가진 이들이 드물지는 않지만, 그런 낮은 몫에 순응하여 겸비한 심령의 자세를 견지하는 이들은 드뭅니다. 자기를 낮아지게 하는 여러 처지에도 불구하고 그들의 거만한 심령은 사그라들지 않습니다.

넷째, 거만한 사람들의 수가 경건한 이들의 수보다 더 많을 수 있습니다.

왜냐하면 하나님의 은혜의 능력이 아니고는 그 어느 것도 사람을 그 본성의 교만에서 내려와 하나님의 뜻에 순응하게 만들 수 없기 때문입니다.

"우리의 싸우는 무기는 육신에 속한 것이 아니요, 오직 어떠한 진도 무너뜨리는 하나님의 능력이라. 모든 이론을 무너뜨리며, 하나님 아는 것을 대적하여 높아진 것을 다 무너뜨리고, 모든 생각을 사로잡아 그리스도에게 복종하게 하니."
(고후 10:4,5)

사람들이 자기들에게 주어진 낮은 조건과 고통의 십자가에 순응하는 얼굴 모습을 겉으로 보일 수는 있습니다. 왜냐하면 어쩔 수 없기 때문입니다. 거기서 빠져나가려고 아무리 애를 써도 안 된다는 것을 그들도 아는 것이지요. 그러나 자기의 몫에 참되게 순응하여 마음을 맞추는 것은, '겸비하게 하시는 하나님의 은혜'로만 가능합니다.

다섯째, 그런데도 그런 특성을 특별하게 드러내는 이들이 있습니다.

"제자들의 마음을 굳게 하여 이 믿음에 머물러 있으라 권하고, 또 우리가 하

나님의 나라에 들어가려면 많은 환난을 겪어야 할 것이라 하고."(행 14:22)

그같이 그리스도의 모든 제자들은 그 환난에 순응해야 합니다. 어떤 사람들은 그런 면에서 다른 사람들보다 더 주목할 만한 연단을 받습니다. 그래서 그들의 심령은 더 낮춰지고 자기들에게 주어진 몫에 순응하게 됩니다.

"실로 내가 내 심령으로 고요하고 평온케 하기를 젖 뗀 아이가 그 어미 품에 있음 같게 하였나니 내 중심이 젖 뗀 아이 같도다."(시 131:2)

"내가 궁핍함으로 말하는 것이 아니라 어떠한 형편에든지 내가 자족하기를 배웠노니, 내가 비천에 처할 줄도 알고 풍부에 처할 줄도 알아 모든 일에 배부르며 배고픔과 풍부와 궁핍에도 일체의 비결을 배웠노라."(빌 4:11,12)

여섯째, 겸비한 영혼의 자세를 가지며 그 방향으로 마음을 기울여 목표를 삼으면 그 심령을 걸맞게 세워주는 매우 놀라운 은택이 하늘로부터 임합니다.

그렇지만 교만을 완전하게 빼버리고 어느 때든지 자기들에게 주어진 역경에 대해 하나의 불만도 마음에 두지 않는 완전한 세대를 세상에서 만나는 일은 결코 없을 것입니다. 인간이 완전하게 겸손하기란 실로 어려운 일이기 때문입니다. 그러나 그 목표에 이르기 위해서 진지하게 수고하는 사람들은 만날 수 있습니다. 매번 넘어지고 일어서며 나아가면서 끊임없이 만족할 만한 복종의 길을 견지하려고 애쓰는 사람들이 있습니다. 하나님께서는 이런 이들을 겸손한 마음을 가진 세대로 인정하십니다.

"그들의 말이 그 편지들은 무게가 있고 힘이 있으나 그가 몸으로 대할 때는 약하고 그 말도 시원하지 않다 하니, 이런 사람은 우리가 떠나 있을 때에 편지들로 말하는 것과 함께 있을 때에 행하는 일이 같은 것임을 알지라."(고후 7:10,11)

"보라 인내하는 자를 우리가 복되다 하나니 너희가 욥의 인내를 들었고 주께서 주신 결말을 보았거니와 주는 가장 자비하시고 긍휼히 여기시는 이시니라."(약 5:11)

3. 낮은 조건에서 겸손한 자들의 품격을 구성하는 특성

교만하고 번성한 세대 보다, 낮은 조건에서 환난을 당하나 마음을 겸손하게 견지하는 이들이 더 나은 이들입니다. 하나님께서 그들로 언약의 훈련을 받게 하여 남들이 갖지 못하는 품격을 갖게 하십니다. 그 점을 다음 두 가지로 나누어 생각할 수 있습니다.

첫째, 그들에게 이러저러한 종류의 환난의 멍에가 지워집니다.
"나는 종일 재난을 당하며 아침마다 징벌을 받았도다."(시 73:14)

그때 하나님께서는 그들에게 자주 찾아오십니다. 교장선생님이 그 학교 선생님들을 자주 찾아와 둘러보거나, 의사가 환자를 자주 찾아와 병세를 확인하듯이 말입니다. 다른 사람들은 그 환난 당한 자를 눈여겨보지 않고 그냥 지나칩니다. 그러나 하나님은 그리하지 않으십니다.

"무릇 내가 사랑하는 자를 책망하여 징계하노니 그러므로 네가 열심을 내라

회개하라."(계 3:19)

사실 그들이 하나님이 권속이 된 때부터 계속 그런 멍에 아래 길들여졌습니다.

"이스라엘은 이제 말하기를 그들이 내가 어릴 때부터 여러 번 나를 괴롭혔도다. 그들이 내가 어릴 때부터 여러 번 나를 괴롭혔으나 나를 이기지 못하였도다. 밭가는 자들이 내 등을 갈아 그 고랑을 길게 지었도다."(시 129:1-3)

그렇게 하는 것이 그들에게 유익임을 하나님은 아십니다.

그러니 항상 그들 주위에 그 환난의 바람이 일고 있고, 그것을 벗어나기가 어렵습니다.

"또 무리에게 이르시되 아무든지 나를 따라오려거든 자기를 부인하고 날마다 제 십자가를 지고 나를 따를 것이니라."(눅 9:23)

그것이 그들에게 특별한 시련거리요 그들의 몫에 주어진 '굽은 것' 입니다. 그들의 부단한 연단을 위하여 그 멍에가 항상 그 어깨에 메워 있습니다. 그들이 만난 다른 시련들의 조건은 뒤바뀔 수 있습니다. 그러나 그 환난의 바람이 항상 그들 주위를 떠나지 않아 그 멍에의 무게로 인하여 그들의 허리가 굽어집니다.

둘째, 그들은 낮은 데 처할 마음가짐을 가지는 심령의 기조를 유지합니다.

하나님께서는 본성의 거만한 마음이 바라보는 높은 자리에서 끌어내리어 그 낮은 자리에 맞게 마음을 맞추는 은혜를 그들에게 주신 것입니다. 그 결과 그들은 여러 경우에 맞게 바른 생각을 가집니다.

그들은 항상 자신들을 작은 자로 생각합니다. 자기들이 어떤 자들인지 진지하게 평가할 때 늘 작게 평가합니다.

"나에게 이르시기를 내 은혜가 네게 족하도다 이는 내 능력이 약한 데서 온전하여짐이라 하신지라. 그러므로 도리어 크게 기뻐함으로 나의 여러 약한 것들에 대하여 자랑하리니 이는 그리스도의 능력이 내게 머물게 하려 함이라. 그러므로 내가 그리스도를 위하여 약한 것들과 능욕과 궁핍과 박해와 곤고를 기뻐하노니 이는 내가 약한 그 때에 강함이라."(고후 12:9,10)

그리고 자기들 스스로 무엇을 할 수 있느냐의 문제에 있어서도 역시 마찬가지입니다.

"우리가 무슨 일이든지 우리에게서 난 것 같이 생각하여 스스로 만족할 것이 아니니, 우리의 만족은 오직 하나님께로부터 나느니라."(고후 3:5)

또 자기들이 스스로 어떤 가치가 있는지에 대하여도 같은 입장을 취합니다.

"나는 주께서 주의 종에게 베푸신 모든 은총과 모든 진실하심을 조금도 감당할 수 없사오나, 내가 내 지팡이만 가지고 이 요단을 건넜더니 지금은 두 떼나 이루었나이다."(창 32:10)

또 자기들 스스로라면 아무 것도 받을 만한 자격이 없다고 생각합니다.

"여호와의 인자와 긍휼이 무궁하시므로 우리가 진멸되지 아니함이니이다."(애 3:22)

하나님의 완전하고 거룩한 율법의 거울에 자신을 비추어 볼 때 자기들이야말로 불완전한 죄악의 덩어리로 인식하였습니다.

"내가 주께 대하여 귀로 듣기만 하였사오나 이제는 눈으로 주를 뵈옵나이다. 그러므로 내가 스스로 거두어들이고 티끌과 재 가운데에서 회개하나이다."
(욥 42:5,6)

그들은 하나님을 항상 높고 영예로우신 분으로 생각합니다.

"여호와는 위대하시니 크게 찬양할 것이라 그의 위대하심을 측량하지 못하리로다."(시 145:3)

늘 성령님을 의존하여 하나님을 아는 지식을 배웁니다. 그리고 늘 하나님을 주권자로 생각합니다. 하나님의 완전하심이 무한하고, 하나님의 행사는 완전하며, 하나님은 자기들의 복락의 원천이라고 생각하고 늘 우러러 경외합니다. 그리스도 안에 계신 하나님께서는 항상 모든 일 다 잘하시는 분으로 생각합니다. 그러므로 그들은 하나님의 지혜로우심과 선하심과 사랑하심을 신뢰합니다. 겉으로 드러난 일로는 전혀 그렇지 않아 보여도 그렇게 신뢰합니다.

"믿음으로 아브라함은 부르심을 받았을 때에 순종하여 장래의 유업으로 받을 땅에 나아갈새 갈 바를 알지 못하고 나아갔으며."(히 11:8)

그들은 다른 이들에 대하여는 공의가 허락하는 한 좋게 생각합니다.

"아무 일에든지 다툼이나 허영으로 하지 말고 오직 겸손한 마음으로 각각 자기보다 남을 낫게 여기고."(빌 2:3)

다른 이들의 허물이 눈에 들어오면 그것을 자기들로서는 어쩔 수 없어 하지만, 그러면서도 다른 사람들의 탁월함을 인정하고 가능한 그들을 높이 평가할 준비가 되어 있습니다. 그들은 다른 사람들보다 자신들이 받은 긍휼이 더 깊음을 인식합니다. 또 받은 거룩함의 유익을 더 깊이 상고하며, 그것을 통해서 자신들의 부족함을 더 많이 보고 있는 셈이

지요. 그래서 여러 경우들을 비교하여 자기들보다 다른 사람들을 더 낮게 보는 성향을 가지는 것입니다.

그들은 하나님과 그 뜻에 복종하는 상태 속으로 깊이 잠입하여 들어갑니다.

"여호와여 내 마음이 교만하지 아니하고 내 눈이 오만하지 아니 하오며, 내가 큰일과 감당하지 못할 놀라운 일을 하려고 힘쓰지 아니하나이다. 실로 내가 내 영혼으로 고요하고 평온하게 하기를 젖 뗀 아이가 그의 어머니 품에 있음 같게 하였나니 내 영혼이 젖 뗀 아이와 같도다."(시 131:1,2).

교만은 하나님을 대적하게 하고 사람은 높이 쳐듭니다. 반면에 겸손은 사람을 끌어내려 제 자리, 곧 주권적인 하나님의 발아래 엎드리게 하여 "주님의 뜻이 하늘에서 이룬 것 같이 땅에서도 이루어지이다."라고 말하게 합니다. 겸손한 이들은 더 이상 다른 명령을 기다리지 않습니다. 하나님께서 조타석(操舵席)에 앉으시어 자기들의 모든 것들을 조정하시고 경영하시는 것을 만족하게 여깁니다.

"우리를 위하여 기업을 택하시나니 곧 사랑하신 야곱의 영화로다."(시 47:4)

그들 겸손한 이들은 높은 곳에 마음을 두지 않습니다. 오히려 마음을 낮추어 잠잠합니다.

"여호와여 내 마음이 교만하지 아니하고 내 눈이 오만하지 아니 하오며 내가 큰일과 감당하지 못할 놀라운 일을 하려고 힘쓰지 아니하나이다."(시 131:1)

겸손은 교만이 하늘까지 높이 쌓아 올리는 그 상상들을 낮춥니다. 겸손은 주님 앞에서 모든 개인적인 가치나 탁월함을 가립니다. 그래서 겸손한 사람들은 자기의 모든 것을 주님께 복종시키고, 그의 영광의 보좌에 이르는 길을 포장하고 있는 돌들이 될 자세를 취합니다.

"왕이 사독에게 이르되 보라 하나님의 궤를 성읍으로 도로 메어 가라. 만일 내가 여호와 앞에서 은혜를 입으면 도로 나를 인도하사 내게 그 궤와 그 계신 데를 보이시리라. 그러나 그가 이와 같이 말씀하시기를 내가 너를 기뻐하지 아니한다 하시면 종이 여기 있사오니 선히 여기시는 대로 내게 행하시옵소서 하리라."(삼하 15:25, 26)

그들은 하나님께서 자기들에게 베푸신 은혜를 감당하기에 부족하다고 생각합니다.

"나는 주께서 주의 종에게 베푸신 모든 은총과 모든 진실하심을 조금도 감당할 수 없사오나 내가 내 지팡이만 가지고 이 요단을 건넜더니 지금은 두 떼나 이루었나이다."(창 32:10)

그러나 마음의 교만은 자신들에게 주어진 긍휼을 깔보고 하찮게 여기게 만듭니다. 그리고 교만한 사람은 자신의 조건에서 부족한 것에 눈을 둡니다. 마치 파리떼들이 건전한 것은 지나치고 오직 썩은 것에만 득실거리며 모이는 것 같이 마음을 씁니다. 반대로 가장 낮은 조건에 있을지라도 자기들이 누리는 긍휼을 다시 헤아려 보라고 겸손은 가르칩니다. 그리고 자기들이 과거에 소유하였거나 지금 누리고 있는 좋은 것들을 짚어 보라고 가르칩니다.

"그가 이르되 그대의 말이 한 어리석은 여자의 말 같도다. 우리가 하나님께 복을 받았은즉 화도 받지 아니하겠느냐 하고 이 모든 일에 욥이 입술로 범죄하지 아니하니라."(욥 2:10)

셋째, 그들 겸손한 자들의 품격을 구성하는 또 다른 특성은 자기 몫의 '굽은 것'에 마땅한 자세로 심령을 맞추는 데 있습니다.

4. 은혜를 힘입어 겸손한 마음의 행로

그들의 몫은 낮고 고통스러운 것입니다. 그러나 그들의 심령은 그 자기 몫에 합당하게 순응시킨 겸비한 마음을 가집니다. 물론 그 마음은 은혜로 말미암아 가지는 마음입니다. 우리는 그것을 다음의 다섯 항목으로 나누어 생각합니다.

첫째, 그들은 자기의 몫에 들어 있는 굽은 것을 순응하는 것이 옳다고 여깁니다.

"내가 여호와께 범죄하였으니 그의 진노를 당하려니와 마침내 주께서 나를 위하여 논쟁하시고 심판하시며, 주께서 나를 인도하사 광명에 이르게 하시리니 내가 그의 공의를 보리로다."(미 7:9)

우리가 전혀 어려운 여건에 처하지 않았었습니다. 그러나 우리 스스로 하나님께 범죄하여 그런 역경을 자초한 것입니다. 그러므로 우리에게 주어진 매를 달게 받는 것이 옳으며, 그 매를 맞을 때 잠잠하고 있는 것이 옳습니다. 그리고 우리의 몫에 맞게 마음을 낮추는 것이 또한 옳은 일입니다. 불평한다면 자기 자신들에 대하여 불평을 해야 마땅합니다. 그처럼 심령을 겸비하게 가지는 사람들의 마음은 주님을 대적하여 들메지 않습니다. 하늘을 향하여 입을 벌려 대적하는 말을 더더욱 하지 않습니다. 그들은 하나님의 옳으심을 인정하고 자기 자신들이 정죄 받아 마땅하다고 여깁니다. 자기들을 향하신 하나님의 처사가 거룩하고 흠 없고 의롭다고 존중할 뿐입니다.

둘째, 그들은 자기 몫에 있는 '굽은 것'을 참아 유순하게 행할 수 있습니다.

"무릇 기다리는 자에게나 구하는 영혼에게 여호와께서 선을 베푸시는도다. 사람이 여호와의 구원을 바라고 잠잠히 기다림이 좋도다. 사람이 젊었을 때에 멍에를 메는 것이 좋으니 혼자 앉아서 잠잠할 것은 주께서 그것을 메우셨음이라. 입을 티끌에 댈지어다. 혹시 소망이 있을지로다."(애 3:26-29)

들소에 멍에를 씌우면 익숙하지 않아서 발버둥치는 것처럼 유순해지지 않는 심령은 '굽은 것'의 멍에 아래서 격노합니다. 그러나 자기의 몫에 순응한 심령은 그 멍에를 유순하게 지고 갑니다. 그들은 도리어 그 멍에를 나쁘게 보기 보다는 주님의 긍휼로 주어진 것이라고 알고 있습니다. 그들은 하나님께서 그 멍에를 그 어깨 위에 메어 주시면 있는 그대로 그 십자가를 지고 갑니다. 난폭하게 대항하는 정욕으로 인해 그 멍에의 무게를 더하는 일이 없이 지고 갑니다. 그래서 그들 등에 알맞게 올려놓은 짐과 같이, 마땅히 자기들이 걸머질 십자가보다는 덜 무겁다고 여기며 더 쉽게 짐을 지게 됩니다.

셋째, 그들은 자기 몫에 주어진 그 '굽은 것' 속에서도 만족함을 얻습니다.

그래서 그들은 외적인 조건 말고 다른 영역에서 자기들의 요구를 끌어냅니다. 그들은 마치 버팀목 구실을 할 수 없는 기둥을 빼내어도 견고히 서 있는 집과 같습니다.

"비록 무화과나무가 무성치 못하고, 포도나무에 열매가 없으며, 감람나무에 소출이 없으며, 밭에 식물이 없으며, 우리에 양이 없으며, 외양간에 소가 없을지라도 나는 여호와를 인하여 즐거워하며, 나의 구원의 하나님을 인하여 기뻐하리로다."(합 3:17,18)

다윗이 곤고한 날에 그러하였습니다.

"백성이 각기 자녀들을 위하여 마음이 슬퍼서 다윗을 돌로 치자 하니 다윗이 크게 군급하였으나, 하나님 여호와를 힘입고 용기를 얻었더라."(삼상 30:6)

사람들이 자기들의 행복요건이 바로 세상 속에서의 자기들의 조건인 것처럼 생각하여, 자기들의 몫에 주어진 그 십자가의 역경을 만나 의기 소침해지고 침잠해지면, 그 심령이 주어진 몫에 순응하는 것이라고 할 수 없습니다. 사람들의 위로가 세상에서 주어지는 그들의 외적인 조건을 따라 올라 갔다 내려가거나 줄었다 늘었다 하는 것은 십자가 아래서 자기 부인이 부족하기 때문입니다.

넷째, 그들은 자기들에게 주어진 그 몫 속에서 만족을 얻습니다. 그것이 자기들에게 합당하고 선한 것이라 여깁니다.

"히스기야가 이사야에게 이르되 당신의 이른 바 여호와의 말씀이 좋소이다 하고, 또 이르되 내 생전에는 평안과 견고함이 있으리로다 하니라."(사 39:8)

"그러므로 내가 그리스도를 위하여 약한 것들과 능욕과 궁핍과 박해와 곤고를 기뻐하노니 이는 내가 약한 그 때에 강함이라."(고후 12:10)

사람들은 의술이나 약의 작용에 일종의 만족감을 가집니다. 그 작용이 자기들을 쓰라리게 하여 꼼짝 못하게 할지라도 그리합니다. 그렇게 하는 것이 자기들을 위해서 선하고 최선이라 여기는 합리적 생각을 하는 것입니다. 그처럼 이 겸비한 영혼들은 자기들에게 주어진 그 고통스러운 몫이 영적인 약이고, 필요하며 합당하고 자기들에게 유익하다고 생각합니다. 아니 자기들을 위해서 바로 이때에 최선의 것이라고 생각합니다. 왜냐하면 자기들의 하늘 아버지께서 그 일을 주장하신다는 것을 알기 때문입니다. 그래서 그들은 자기들에게 주어진 낮고 고통스러운 몫 속에서 거룩한 만족을 누리게 되는 것입니다. 겸비한 심령은 자기 몫 속에 들어 있는 그 쓴 것에서 그런 달콤함을 추출하여 냅니다. 그들은 생각하기를, '주님께서 이 고통스럽게 하는 몫을 방편삼아 다스려지지 않는 나의 정욕이 더 이상 자라지 못하게 영양분을 차단시켜 말라죽게 하신다'고 믿습니다. 주님께서 자기들의 영혼을 유익하게 할 물줄기가 옆으로 새어나가지 못하게 차단하신다고 그들은 생각합니다. 그래서 자기들의 영혼을 온전하게 유익한 방향으로만 그 물줄기가 흘러가게 하시느라 이 쓴 것을 주셨다고 여기는 것입니다. 또한 하늘을 향하여 신속하게 달려가게 하시기 위해서 주님께서 어떻게 사람의 짐을 벗기시는지, 세상적 위로라는 장애물을 어떻게 제거하시는지를 그들은 깊이 생각합니다.

다섯째, 그런 심령을 가진 자들은 자기들의 몫에 주어진 그 고통 속에서 안식합니다. 자신들을 그리로 인도하신 하나님의 선하신 뜻에 따라서 그곳에서 그들을 인도해 내시기까지 그 고통의 몫에서 벗어나지 않기를 오히려 소원합니다.

"그러므로 주 여호와께서 이같이 이르시되 보라 내가 한 돌을 시온에 두어 기초를 삼았노니 곧 시험한 돌이요 귀하고 견고한 기촛돌이라. 그것을 믿는 이는 다급하게 되지 아니하리로다."(사 28:16)

고집을 부리는 심령은 구조받기 위하여 항상 준비하고 있지만, 겸비한 영혼은 그 고통하게 하는 자기 몫의 '굽은 것'에서 너무 급하게 벗어나게 될까봐 두려워할 것입니다. 그 고통하게 하는 몫에서 빠져나온다 하여도 하늘의 역사가 있기 전에는 변화를 위한 자유함이 아닐 것입니다. 그래서 이러한 일이 기도나 주님을 의뢰하기 위하여 지정된 방편을 사용하는 것을 방해하지는 않습니다. 오히려 이런 것은 믿음과 소망과 인내와 참아냄을 요구합니다.

"왕이 사독에게 이르되 보라 하나님의 궤를 성읍으로 도로 메어 가라. 만일 내가 여호와 앞에서 은혜를 입으면 도로 나를 인도하사 내게 그 궤와 그 계신 데를 보이시리라. 그러나 그가 이와 같이 말씀하시기를 내가 너를 기뻐하지 아니한다 하시면 종이 여기 있사오니 선히 여기시는 대로 내게 행하시옵소서 하리라."(삼하 15:25,26)

10 완고하고 교만한 자들이 '굽은 것'에 대하여 가지는 태도

우리는 이제 자기 뜻을 내세우며 자기 마음대로 모든 것을 행하는 거만한 사람들의 세대에 대해서 생각해 보겠습니다.

그들의 상태에 대하여 세 가지를 전제해야 합니다.

- 그들의 몫에 여러 십자가들이 존재한다.
- 그들도 모든 것을 주장하시는 하나님의 섭리에 있어서 그들에게 배정된 여러 시련들이 있다.
- 그들이 이 세상에서 어떠한 처지에 들어간다 할지라도 자기들에게 주어진 그 시련의 몫을 완전히 제거할 수는 없다.

1. 세상의 형편과 교만한 자의 고생

첫째, 사람이 죄로 말미암아 하나님의 지으신 피조세계에 혼란과 허망이 들어와 세상에서 살 때 아무것도 거치는 것이 없을 수가 없게 되었습니다.

그래서 사람들은 당혹한 일들을 세상에서 만나기 마련입니다.

"내가 해 아래에서 행하는 모든 일을 보았노라 보라 모두 다 헛되어 바람을 잡으려는 것이로다."(전 1:14)

죄는 낙원(樂園) 같은 세상을 잡목이 얽혀 있는 복잡한 숲으로 만들어 버렸습니다. 그래서 세상에서 살려면 반드시 여러 찌르는 등걸에 긁히지 않을 수 없습니다. 그처럼 세상에서는 낮은 자나 높은 자 할 것 없이 여러 고통하게 하는 십자가들을 만나게 되어 있습니다.

둘째, 사람들의 마음의 교만은 그들로 하여금 여러 거치는 십자가들에 노출되게 만듭니다.

거만한 마음 그 자체가 하나의 고통의 십자가입니다. 마음이 겸손한 영혼이면 결코 고통을 느끼지 않을 곳에서도 거만 때문에 괴로움을 당합니다.

"청년들이 맷돌을 지며 아이들이 나무를 지다가 엎드러지오며, 노인들은 다시 성문에 앉지 못하며 청년들은 다시 노래하지 못하나이다."(애 5:13)

같은 십자가라도 거만한 사람들은 겸손한 사람들의 경우보다 고통을 열 배나 더 크게 느끼게 됩니다. 거만한 자들의 세대는 마치 쐐기풀이나 가시울타리 같습니다. 날아다니는 것들이 그런 가시 울타리에 앉습니다. 그러나 낮고 평평한 것들은 지나쳐 버립니다. 마음이 거만한 자들처럼 여러 십자가의 고통에 더 많이 노출되어 있는 이들이 없습니다. 또한 그들처럼 고통의 십자가를 견뎌내기에 합당치 못한 사람들도 없습니다. 그들의 심령 속에서 교만이 왕 노릇하기 때문입니다. 철저하게 낮아지게 하는 일을 통해서도 결코 제압당하지 않습니다. 여전히 그들은 본성의 부패가 가져다 놓은 그 높은 지점에 머물러 있습니다. 그래서 어떤 방도로도 하나님께서 지워주신 멍에를 참아낼 수가 없습니다. 그들의 목은 교만과 정욕의 악한 우스갯소리들로 인해 부어 있습니다. 그래서 멍에가 그들의 목에 닿자마자 아픔을 느낍니다. 멍에에 익숙해지면 편안해질 수 있는데도 그런 이점을 교만한 이들은 전혀 누릴 수가 없는 것입니다.

2. 교만한 자들의 특성

우리는 교만한 자들의 특성을 다음의 세 가지로 나누어 볼 수 있습니다.

첫째, 그들은 자신들을 과대평가합니다.

그래서 멍에 아래 굽히지 않습니다. 도리어 멍에를 벗겨내어 내동댕이치려고 합니다. 그 대표적인 인물이 애굽 왕 바로였습니다. 그는 자신을 과대평가하여 어찌나 허망함으로 부풀어 있던지 그는 이렇게 말하였습니다.

"여호와가 누구관대 내가 그 말을 듣고 이스라엘을 보내겠느냐?"(출 5:2)

사람을 멍에에 순응하게 하려면 먼저 그로 하여금 자신을 낮추게 만들어야 합니다. 그리스도의 교훈이나 섭리 어느 것에든지 순응하려면 그렇게 자신을 낮추는 일은 필수적인 일입니다. 사람들의 가장 우선적인 오류는 '이해하지 못한다' 는 데 있습니다. 솔로몬은 보통 악인을 그런 점에서 '어리석은 자' 라 부릅니다. 따라서 회심할 때 가장 먼저 자기 자신이 이제까지 잘못 이해하였음을 깨닫게 됩니다. 그런 이는 자신의 실상을 알고 겸비하게 됩니다. 사람들은 자기들의 실상보다 자기를 더 크게 생각합니다. 그래서 하나님께서는 우리로 하여금 자신이 '어떤 사람인지' 보여주시려고 마땅한 일을 행하십니다. 그러나 교만한 사람에게는 그런 행사가 결코 즐거움이 될 수 없습니다.

둘째, 교만한 사람들은 결코 기죽지 않는 자기 의지를 보입니다.
자신들을 지나치게 높게 평가하는 데서 우러나오는 자세가 그런 모양입니다. 그들은 자신을 굽히지 않을 것입니다.
"바로가 이르되 여호와가 누구이기에 내가 그의 목소리를 듣고 이스라엘을 보내겠느냐? 나는 여호와를 알지 못하니 이스라엘을 보내지 아니하리라."(출 5:2)
하늘과 우리 사이의 문제는, 하나님의 뜻과 우리의 뜻 중에서 어느 것이 이기느냐의 문제입니다. 우리의 뜻은 부패하고 하나님의 뜻은 거룩합니다. 그러므로 그 둘은 절대로 합일에 이를 수 없습니다. 그래서 하나님께서 섭리를 통해서 우리의 뜻을 하나님 당신의 뜻에 굴복시키려 한다고 말씀하십니다. 그러나 철창으로 우리의 의지를 깨뜨려 부수기 전에는 우리의 교만한 의지는 굴복하지 않을 것입니다.
"육신의 생각은 하나님과 원수가 되나니 이는 하나님의 법에 굴복하지 아니

할 뿐 아니라 할 수도 없음이라."(롬 8:7)

"내가 알거니와 너는 완고하며 네 목은 쇠의 힘줄이요 네 이마는 놋이라."
(사 48:4)

셋째, 그들은 자기 의지와 한 패가 되어 돌아가는 한 떼의 정욕들을 거느리고 있습니다.

그래서 그들은 말합니다. '나는 결코 굴복하지 않을 것이다.'

"그러나 죄가 기회를 타서 계명으로 말미암아 내 속에서 온갖 탐심을 이루었나니 이는 율법이 없으면 죄가 죽은 것임이라. 전에 율법을 깨닫지 못했을 때에는 내가 살았더니 계명이 이르매 죄는 살아나고 나는 죽었도다."(롬 7:8,9)

그래서 전쟁이 시작됩니다. 그러면 그 사람의 안과 밖이 다 전쟁마당이 되는 것입니다.

"너희 중에 싸움이 어디로부터 다툼이 어디로부터 나느냐? 너희 지체 중에서 싸우는 정욕으로 부터 나는 것이 아니냐?"(약 4:1)

거룩하신 하나님께서 섭리를 통해서 거만한 사람들의 몫에 십자가의 무거운 것을 세우십니다. 그들의 성향과 배치되는 일들이 일어나도록 주장하신다는 말입니다. 어떤 때에는 가인의 경우처럼 하나님의 손이 직접 그 일을 합니다.

"아벨은 자기도 양의 첫 새끼와 그 기름으로 드렸더니 여호와께서 아벨과 그의 제물은 받으셨으나, 가인과 그의 제물은 받지 아니하신지라 가인이 몹시 분하여 안색이 변하니."(창 4:4,5)

십자가에 순응할 수 없고 또는 자신을 제어하는 일을 참아내지 못하는 교만한 마음과 의지를 가진 자는 그 십자가를 대적합니다. 그리고 하나님이 자기 몫에 주신 그 십자가를 부수어 버리려고 기를 쓰고 싸웁니다. 기죽지 않는 그 정욕의 힘 전체를 동원하여 그 짓을 합니다. 그 십자가를 벗어 던지려는 의도에서 그렇게 하는 것이지요. 심지어 그 '굽은 것'도 다 빼어 버리려고 합니다. 그렇게 하여 자기 마음에 맞게 일을 진행시키려 합니다.

이것이 바로 거룩하지 못한 그 싸움의 원인이 됩니다. 이런 싸움 속에 지옥 같은 정욕의 검은 손이 존재합니다. 그 손이 위를 쳐 받으며 하늘을 공격합니다. 불평, 불만, 원망, 인내하지 못하고 안달하는 마음으로 하나님을 대적하는 것입니다.

"사람이 미련하므로 자기 길을 굽게 하고 마음으로 여호와를 원망하느니라." (잠 19:3)

이런 것들로 말미암아 가슴에 불이 일어나고 안색이 변합니다.

"여호와께서 가인에게 이르시되 네가 분하여 함은 어찌 됨이며 안색이 변함은 어찌 됨이냐?" (창 4:6)

때로는 버릇없이 구는 원망의 말을 끊임없이 내뱉기도 합니다.

"이 사람들은 원망하는 자며 불만을 토하는 자며 그 정욕대로 행하는 자라 그 입으로 자랑하는 말을 하며 이익을 위하여 아첨하느니라." (유 16절)

또 어떤 때는 하나님을 참람하게 모독하는 말도 서슴없이 합니다.

"무리와 말을 할 때에 그 사자가 그에게 이르니라 왕이 이르되 이 재앙이 여호와께로부터 나왔으니 어찌 더 여호와를 기다리리요." (왕하 6:33)

지옥에서 올라온 것 같은 또 다른 검은 손이 있는데, 그 손은 십자가의 도구들을 공격합니다. 또한 그 손은 분노하고 성내며 복수심을 가지고 악을 뿜어냅니다(잠 27:4). 그리고 이러한 정욕이 그 사람을 가만히 있지 못하게 만듭니다.

"너희의 인내로 너희 영혼을 얻으리라."(눅 21:19)

주님의 그 말씀에도 불구하고 그들은 끓어오르는 분노로 마음을 채웁니다.

"내 마음이 내 속에서 뜨거워서 묵상할 때에 화가 발하니…"(시 39:3)

입은 악한 욕설로 가득 채웁니다.

"너희는 모든 악독과 노함과 분냄과 떠드는 것과 비방하는 것을 모든 악의와 함께 버리고."(엡 4:31)

또 살기등등한 모습을 보이기도 합니다.

"사울은 그가 죽임 당함을 마땅히 여기더라. 그 날에 예루살렘에 있는 교회에 큰 박해가 있어 사도 외에는 다 유대와 사마리아 모든 땅으로 흩어지니라."(행 9:1)

때로 아합이 나봇에게 행한 것처럼 정말 끔찍하기 짝이 없는 어떤 일을 꾸미기도 합니다.

그런 식으로 교만한 사람들은 싸움을 수행합니다. 그러나 그들은 헛수고를 하고 있는 것입니다. 그들이 할 수 있는 모든 일을 강구해 보아도 그 십자가는 여전히 요동치 않고 그대로 있습니다. 또 그들은 스스로 다투고 결국 자멸하고야 맙니다.

"원수가 말하기를 내가 뒤쫓아 따라잡아 탈취물을 나누리라, 내가 그들로 말미암아 내 욕망을 채우리라, 내가 내 칼을 빼리니 내 손이 그들을 멸하리라 하였으나 주께서 바람을 일으키시매 바다가 그들을 덮으니, 그들이 거센 물에 납 같이 잠겼나이다."(출 15:9-10)

3. 교만한 이들의 소원

전도서 7:14의 본문은 말하고 있습니다. "형통한 날에는 기뻐하고 곤고한 날에는 되돌아보아라 이 두 가지를 하나님이 병행하게 하사 사람이 그의 장래 일을 능히 헤아려 알지 못하게 하셨느니라."라고 말합니다. 이 본문은 믿음의 사람들이 취할 도리를 말하고 있습니다. 우리가 앞에서 언급한 교만한 자들은 자기들의 의지를 세우고 자기 원하는 대로 모든 것을 끌고 나가는 자들입니다. 이 점은 교만한 자들의 마음이 무엇을 원하는 것인지 보게 합니다.

첫째, 교만한 이들은 거룩한 섭리가 꺾을 수 없는 자기들의 의지에 굴복하기를 원합니다.

다시 말하면 하나님의 섭리가 자기들 원하는 대로 진행되어 나가기를 바랍니다.

"여호와께서 이르시되 나의 영이 영원히 사람과 함께 하지 아니하리니 이는 그들이 육신이 됨이라 그러나 그들의 날은 백이십 년이 되리라 하시니라."(창 6:3)

하나님께서는 사람과 다투는 일을 더 이상 안하는 것이 합당하다고 여기십니다. 왜냐하면 그래 보아도 사람들에게 아무런 유익이 없기 때문입니다.

"너희가 어찌하여 매를 더 맞으려고 패역을 거듭하느냐?"(사 1:5)

교만이 사람의 목에 고삐가 걸리게 하였습니다. 또 하나님께서는 그가 하고 싶은 대로 하게 내버려 두시기도 합니다.

"에브라임이 우상과 연합하였으니 버려두라."(호 4:17)

둘째, 그런 사람들에게는 육체의 욕심이 그 힘과 세력을 상실하지 않은 채 여전히 남아 있습니다.

"그러나 그들이 그들의 욕심을 버리지 아니하여 그들의 먹을 것이 아직 그들의 입에 있을 때에 하나님이 그들에게 노염을 나타내사 그들 중 강한 자를 죽이시며, 이스라엘의 청년을 쳐 엎드러뜨리셨도다."(시 78:30,31)

하나님께서는 때로 당신의 언약의 방식을 통해서 당신의 백성들이 원하는 대로 하게 허락하시기도 합니다. 그러나 그 경우에는 그 사람들의 욕심은 죽이십니다. 그래서 그 백성들이 파리한 어린아이들처럼 되었습니다.

"실로 내가 내 영혼으로 고요하고 평온하게 하기를 젖 뗀 아이가 그의 어머니 품에 있음 같게 하였나니 내 영혼이 젖 뗀 아이와 같도다."(시 131:2)

그러나 정욕은 여전히 남아 있습니다. 교만한 사람들은 남아있는 정욕의 배를 채우기 위해서 먹을 식물(食物)을 구하러 다닙니다.

셋째, 그들은 자기 몫에 주어진 십자가를 제거하고 그 멍에를 벗어나 버리기를 원합니다.

"그들이 먹고 심히 배불렀나니 하나님이 그들의 원대로 그들에게 주셨도다."
(시 78:29)

그들은 자기들의 몫에 무엇이 주어져 있는지 전혀 생각할 수 없습니다. 오직 그들은 자기들의 몫에 주어진 그 십자가를 제거하기 원하여 그것을 대항하여 싸웁니다. 그 십자가가 자기들의 마음에 맞게 조정될 때까지 그 일을 강행합니다. 그래서 그 시대가 이제 자기 시대가 되고 승리는 자기편에 있다는 생각을 합니다.

넷째, 그 교만한 사람은 자기가 원하는 것을 하였으면 그것으로 즐거워합니다.

탈취물을 나누는 자가 즐거워하듯이 합니다.

"너는 일어나 내려가서 사마리아에 있는 이스라엘의 아합 왕을 만나라. 그가 나봇의 포도원을 차지하러 그리로 내려갔나니, 너는 그에게 말하여 이르기를 여호와의 말씀이 네가 죽이고 또 빼앗았느냐고 하셨다 하고 또 그에게 이르기를 여호와의 말씀이 개들이 나봇의 피를 핥은 곳에서 개들이 네 피 곧 네 몸의 피도 핥으리라 하였다 하라."(왕상 21:18, 19)

11 겸손의 좋은 열매들

저는 이제 전도서 7:14 본문의 교리, 또는 판결을 확증하려 합니다. 곧 곤고한 몫 아래서 자신을 낮추고 겸손한 사람들이, 형통하여 번성하면서 교만한 자들 보다 나은 이유가 어디 있는지를 살펴보려 합니다.

다음의 요점들을 생각하면 그 점이 드러날 것이다.

1. 겸손이 교만보다 훨씬 더 나은 이유

겸손이 교만 보다 얼마나 더욱 나은지 어떤 환경에서도 그 우위성을 교만에게 빼앗기는 경우가 없을 정도입니다. 정말 겸손의 우위성이 무색해 질 수 없습니다. 세상에서 만나는 환난이 겸손한 마음을 가진 이들에게 닥쳐오고, 반면에 교만한 이들에게 모든 세상의 번영이 주어진다 가정하여 보십시오. 그런 경우라도 겸손이 더욱 낫습니다. 마치 거름더미 속에 있는 금이 금고 속에 빼곡히 쌓여 있는 납보다 나은 것과 같은 이치입니다.

첫째, 겸손은 하나님의 형상의 한 부분입니다.

반면에 교만은 마귀의 형상의 가장 두드러진 특징입니다. 성부 하나님의 완전한 형상이신 우리 주 예수님을 마음에 그리어 보십시오. 그러면 그분의 마음이 온유하고 겸손하심을 발견하게 될 것입니다.

"나는 마음이 온유하고 겸손하니 나의 멍에를 메고 내게 배우라. 그리하면 너희 마음이 쉼을 얻으리니."(마 11:28)

우리 주님 보다 많은 환난을 당한 이가 누구입니까? 그럼에도 불구하고 주님의 심령은 당신께 주어진 몫을 완전히 달게 받으셨습니다.

"그가 곤욕을 당하여 괴로울 때에도 그 입을 열지 아니하였음이여, 마치 도수장으로 끌려가는 어린양과 털 깎는 자 앞에 잠잠한 양 같이 그 입을 열지 아니하였도다."(사 53:7)

그것이 바로 하나님의 형상의 빛나는 부분입니다. 왜냐하면 하나님께서 당신의 상태와 조건으로 볼 때 결코 낮아질 수 없는 분이시지만 무한히 자신을 낮추시는 분이시기 때문입니다.

"지극히 존귀하며 영원히 거하시며 거룩하다 이름하는 이가 이같이 말씀하시되, 내가 높고 거룩한 곳에 있으며 또한 통회하고 마음이 겸손한 자와 함께 있나니, 이는 겸손한 자의 영을 소생시키며 통회하는 자의 마음을 소생시키려 함이라."(사 57:15)

아무도 주님처럼 자신의 뜻과 배치되는 상황을 감내하신 이가 없습니다. 하나님께서 우리에게 용기를 주시기 위해서 그 요점을 우리에게 제시하여 주셨습니다. 그 요점이 그리스도 안에서 비취어졌습니다.

"너희가 피곤하여 낙심치 않기 위하여 죄인들의 이같이 자기에게 거역한 일을 참으신 자를 생각하라."(히 12:3)

반면에 교만은 마귀의 형상 자체입니다.

"새로 입교한 자도 말지니 교만하여 마귀를 정죄하는 그 정죄에 빠질까 함이요."(딤전 3:6)

우리는 우리 심령을 가장 높은 자리에 올려놓고 자신을 평가할 것입니까? 사탄은 우리를 가장 높은 곳으로 올라가게 유도할 것입니다. 사탄은 전체 피조물 중에서 가장 비참한 존재임에도 불구하고 가장 거만하기 때문입니다. 그의 심령이 올라가 있는 높은 지점과 그의 현실로 주어진 몫 사이의 거리가 가장 멉니다. 그의 심령은 하나님의 보화처럼 높이 올라가 있습니다. 그러나 그에게 주어진 몫은 지옥만큼이나 낮습니다. 자기에게 주어진 몫을 단 마음으로 받아들이는 것이 불가능하기 때문에, 자기에게 주어진 몫에 자기를 순응시키는 일은 결코 일어나지 않을 것입니다. 그러므로 영원토록 자기에게 주어진 몫에 불만을 느끼고 전투를 벌일 것입니다. 바로 이 경우에도 사탄은 결코 안식을 찾지 못합니다. 이리저리 돌아다니면서 안식을 구하나 결코 아무런 쉼도 얻지 못합니다.

하나님을 닮는 것이 마귀를 닮는 것보다 좋지 않습니까? 모든 선(善)의 원천이신 하나님처럼 되는 것이, 모든 악의 원천이요 모든 악의 구렁인 마귀처럼 되는 것보다 더 낫지 않느냐는 말입니다. 거듭 강조하지만, "겸손한 자와 함께 하여 마음을 낮추는 것이 교만한 자와 함께하여 탈취물을 나누는 것보다 나으니라."

둘째, 심령의 겸손과 낮아짐은 우리로 하여금 그리스도 안에서 하나님과 친밀하게 교제하기에 합당한 자로 구비시켜 줍니다.

교만은 하나님을 우리의 원수로 만듭니다.

"하나님은 교만한 자를 대적하시되 겸손한 자들에게는 은혜를 주시느니라."(벧전 5:5)

이 세상에서나 영원세계에서 누리는 복락은 우리가 하나님과 얼마나 친밀하게 교제하느냐에 달려 있습니다. 만일 우리가 그 교제를 상실하고 있다면 그것을 보충할 것이 아무 것도 없습니다.

"그들이 다 자기를 유익하게 하지 못하는 민족으로 말미암아 수치를 당하리니 그 민족이 돕지도 못하며 유익하게도 못하고 수치가 되게 하며 수욕이 되게 할 뿐임이니라."(사 30:5)

만일 우리가 그리스도 안에 계신 하나님과의 그러한 교제를 누리고 있다면, 그 어느 것도 우리를 비참하게 만들 수 없습니다.

"만일 하나님이 우리를 위하시면 누가 우리를 대적하리요."(롬 8:31)

마음이 겸손하고 온유한 사람을 하나님께서 위하시지 않으면 누가 위하겠습니까? 그리스도 안에 있는 사람들은 그리스도를 닮도록 지음 받은 이들입니다. 그리스도께서 그들에게 복을 주십니다. 주님께서는 바로 그들이 영광의 면류관을 물려받을 후사(後嗣)들이라고 선언하십니다.

"심령이 가난한 자는 복이 있나니 천국이 저희 것임이라."(마 5:3)

우리의 조건이 아무리 낮고 천하고, 또 다른 이들이 우리를 돌아보지 않아도 하나님은 우리를 돌보실 것입니다.

"나 여호와가 말하노라 내 손이 이 모든 것을 지었으므로 그들이 생겼느니라 무릇 마음이 가난하고 심령에 통회하며 내 말을 듣고 떠는 자 그 사람은 내가 돌보려니와."(사 66:2)

사람들이 겸손하고 온유한 자들을 멸시하여도 하나님께서는 그들을 존중하실 것입니다.

"여호와께서 높이 계셔도 낮은 자를 하감하시며, 멀리서도 교만한 자를 아시나이다."(시 138:6)

그들이 아무리 비천한데 처하여도 하나님께서는 그들과 함께 거하실 것입니다.

"지극히 존귀하며 영원히 거하시며 거룩하다 이름하는 이가 이같이 말씀하시되 내가 높고 거룩한 곳에 있으며 또한 통회하고 마음이 겸손한 자와 함께 있나니 이는 겸손한 자의 영을 소생시키며 통회하는 자의 마음을 소생시키려 함이라."(사 57:15)

현재 그들의 조건이 아무리 낮다 할지라도, 때가 되면 하나님께서 그들을 분명히 높이실 것입니다.

"골짜기마다 돋우어지며 산마다, 언덕마다 낮아지며 고르지 아니한 곳이 평탄하게 되며 험한 곳이 평지가 될 것이요."(사 40:4)

하나님께서 누구를 대적하시고 거부하십니까?

"여호와께서 이와 같이 말씀하시니라 무릇 사람을 믿으며 육신으로 그의 힘을 삼고 마음이 여호와에게서 떠난 그 사람은 저주를 받을 것이라."(렘 17:5)

하나님의 저주는 결국 그들의 팔을 말려버릴 것입니다. 교만한 사람은 하나님을 경쟁하는 대적으로 삼습니다. 그는 스스로 자기를 신(神)으로 만들고, 자기 주위에 있는 사람들도 자기 소유로 만들고자 할 것입니다. 자기 주위에 있는 사람들이 자기 주위에 엎드리지 않으면 분을 내고 화를 벌컥 낼 것입니다. 그러나 하나님께서 그들을 내리치실 것입니다.

"골짜기마다 돋우어지며 산마다, 언덕마다 낮아지며 고르지 아니한 곳이 평탄하게 되며 험한 곳이 평지가 될 것이요."(사 40:4)

"주께서 곤고한 백성은 구원하시고 교만한 눈은 낮추시리이다."(시 18:27)

그러니 하나님과 교통하기에 합당한 자격을 갖추는 것이 하나님으로 우리를 대적하시게 만드는 것보다 낫지 않겠습니까?

셋째, 겸손은 하나님을 기쁘시게 하는 마땅한 도리나, 교만은 마귀를 기쁘게 하는 죄입니다.

"지극히 존귀하며 영원히 거하시며 거룩하다 이름하는 이가 이같이 말씀하시되, 내가 높고 거룩한 곳에 있으며 또한 통회하고 마음이 겸손한 자와 함께 있나니, 이는 겸손한 자의 영을 소생시키며 통회하는 자의 마음을 소생시키려 함이라."(사 57:15)

"새로 입교한 자도 말지니 교만하여 마귀를 정죄하는 그 정죄에 빠질까 함이요."(딤전 3:6)

하나님께서는 우리에게 겸손하라고 요구하십니다. 특별히 환난 가운데서 그리하라 하십니다.

"겸손으로 허리를 동이라. 하나님은 교만한 자를 대적하시되 겸손한 자들에게는 은혜를 주시느니라. 그러므로 하나님의 능하신 손아래에서 겸손하라 때가 되면 너희를 높이시리라."(벧전 5:5, 6)

그것이 우리에게 마땅한 의복입니다. 겸비한 세리는 하나님께서 받으시고 교만한 바리새인은 물리치셨습니다. 그러므로 교만한 자들의 세대에 대해서 성경은 말하고 있습니다.

"자기 죄를 항상 채우매 노하심이 끝까지 그들에게 임하였느니라."(살전 2:16)

저희는 하나님도, 사람도 기쁘게 하지 못합니다. 오직 자신들이나 사탄만 기쁘게 합니다. 그래서 교만한 이들이 그런 속에서 사탄을 닮아가는 것입니다. 그러므로 겸손은 어떤 경우에도 교만의 죄보다 더 나은 도리일 수밖에 없습니다.

2. 겸손과 마음의 평정

자기들의 고통스러운 몫에 순응하는 마음을 가진 자들은 고요하고 평정된 마음을 많이 가지고 있습니다. 반면에 자기들의 몫에 항상 불만을 품어 교만한 사람들은 불안과 고통과 혼란스러움을 많이 가지고 있습니다.

첫째, 마음의 고요와 내면의 평온은 겸손에 따라오는 복락입니다.

삶의 참된 위안이 바로 거기에 달려 있습니다. 이것이 없이는 그 어느 것도 삶을 행복하게 할 수 없습니다. 벨사살 왕이 마주 보는 벽에 사람의 손가락이 나타나 쓰는 글을 읽은 후 마음의 평정을 잃고 어찌하였습니까?

"이에 왕의 즐기던 얼굴빛이 변하고 그 생각이 번민하여 넓적다리 마디가 녹는 듯하고 그의 무릎이 서로 부딪친지라."(단 5:5)

그러나 마음의 평정만 유지되면 어느 것도 그 사람을 비참하게 만들 수 없습니다.

"이것을 **너희**에게 이르는 것은 **너희**로 내 안에서 평안을 누리게 하려 함이라 세상에서**는 너희**가 환난을 당하나 담대하라 내가 세상을 이기었노라."(요 16:33)

이 마음의 평정이 하나님 안에서 안전하게 지켜지면, 세상의 모든 고통에 대하여 단호하고 무시할 수 있는 자세를 가질 수 있습니다.

"나의 생전에 여호와를 찬양하며, 나의 평생에 내 하나님을 찬송하리로다. 귀인들을 의지하지 말며 도울 힘이 없는 인생도 의지하지 말지니라."(시 146:2,3)

마치 노도하는 파도 가운데서도 안전한 배를 타고 가는 어린아이 같은 심정이 되는 것입니다.

자기들의 몫에 합당한 마음은 이러한 내면적인 평정을 만들고 유지해 줍니다. 세상에서 우리가 받은 몫 속에서 당하는 모든 고통은 주어진 몫에 불만을 느끼는 마음에서 나오는 것입니다. 자기에게 주어진 몫에 순응해 보십시오. 그러면 모든 소란이 즉시로 잠잠해질 것입니다. 그러한 마음을 계속해서 유지하십시오. 그러면 환난을 만나도 평안한 자세로 서 있게 될 것입니다. 자기에게 늘 부딪혀 오는 물살에도 불구하고 끄덕하지 않는 반석처럼 말입니다.

"그리스도의 평강이 너희 마음을 주장하게 하라. 평강을 위하여 **너희**가 한 몸으로부르심을 받았나니."(골 3:15)

둘째, 교만은 항상 마음의 불안을 조장합니다.

자기들에게 주어진 몫을 생각하면서 교만한 사람들이 당하는 마음의 불안이 어떠합니까?

"그들은 각기 이웃을 속이며 진실을 말하지 아니하며 그들의 혀로 거짓말하기를 가르치며 악을 행하기에 지치거늘."(렘 9:5)

"너희는 욕심을 내어도 얻지 못하여 살인하며 시기하여도 능히 취하지 못하므로 다투고 싸우는도다 너희가 얻지 못함은 구하지 아니하기 때문이요."(약 4:2)

얼마나 무서운 슬픔의 화살이 교만한 이들의 마음에 박히는지요! 또 그들은 얼마나 염려하며 혼란스러워하면서 그 고통을 받아야 하는지요! 그들 속에서 서로 상반되는 정욕들이 얼마나 다투는지요! 또한 그들이 얼마나 엉뚱한 정욕들을 만들어내는지요! 하만이 모르드개에게 원수를 갚으려고 모략을 꾸미고 왕의 허가를 얻기 전에 그 마음의 불안이 어떠했겠습니까!

설령 일이 자기 원하는 대로 진행되어 간다 해도 그것이 교만한 그들의 고통을 상쇄시키지는 못할 것입니다. 그 일이 자기 마음에 맞게 진행됨으로 무엇인가를 누린다 하여도 만족과 즐거움을 가져오기보다는 거기에서도 부족함을 느껴 고통을 느끼게 되어 있습니다. 라헬이 자식을 낳는 문제와 관련하여 그 점을 분명하게 보여주었습니다. 시편 78편 30, 31절에도 그 경우를 보여줍니다.

"그러나 그들이 그들의 욕심을 버리지 아니하여 그들의 먹을 것이 아직 그들의 입에 있을 때에 하나님이 그들에게 노염을 나타내사 그들 중 강한 자를 죽이시며, 이스라엘의 청년을 쳐 엎드러뜨리셨도다."

그들은 자기들의 원하는 일이 이루어지면 누리길 기대하던 그 향기름 위에 악취가 나게 하는 죽은 파리 한 마리가 있음을 발견합니다. '섭리(攝理)의 나무'에서 익기 전에 떨어진 열매는 시어서 도저히 먹지 못할 것입니다. 그것들은 다음날 아침까지 남겨둔 만나처럼 상한 냄새를 풍길 것입니다.

"그들이 모세에게 순종하지 아니하고 더러는 아침까지 두었더니 벌레가 생기고 냄새가 난지라. 모세가 그들에게 노하니라."(출 16:20)

교만한 이들은 진행되는 그 일을 확신 없이 부여잡을 뿐입니다. 그리고 그 일은 그들에게 오랫동안 머물지 않을 것입니다. 자기들 마음에 맞게 되는 그 일에 금세 실증을 느끼게 되어 결국 이전의 마음 상태로 돌아가 버립니다.

"내가 분노하므로 네게 왕을 주고 진노하므로 폐하였노라."(호 13:11)

일이 진행되더라도 교만의 뿌리를 가지고 있으므로 그 일은 금방 말라 버리게 됩니다. 아니면 그들이 그 일을 누리도록 접근하지 못하게 될 수도 있습니다. 하만이 왕의 허가를 얻었지만 자기 모략을 집행할 날이 이르기 전에 죽었습니다.

3. 겸손과 영적 이득

자기들의 고통스러운 몫에 마음을 순응시킨 사람들은 교만으로 자기들의 몫에 불만을 느끼는 사람들보다 훨씬 가치 있는 이득을 얻습니다.

"노하기를 더디하는 자는 용사보다 낫고 자기의 마음을 다스리는 자는 성을

빼앗는 자보다 나으니라."(잠 16:32)

다음의 몇 가지 요점을 생각해 보면 그 진리가 드러날 것입니다.

첫째, 교만하여 자기 몫에 불만을 느끼는 사람은 외적인 조건의 상승을 꾀하나, 자기 몫에 순응하여 겸손한 사람은 자신이 더 선한 사람으로 세워지는 혜택을 입습니다.

생명이 음식보다 더 귀합니다. '그 사람 자신'이 그 사람에게 주어진 모든 외적인 편의(便宜) 보다 훨씬 더 귀합니다. 그러니 '그 사람 자신'을 더 낫게 만드는 것이 그 사람의 조건만 낫게 하는 것보다 우위에 있습니다.

두 병자의 경우를 생각해 봅시다. 더러운 침상을 사용하던 자가 조건이 바뀌어 아주 멋진 침대에서 잠을 자게 되었습니다. 그런데 문제는 병이 그 몸에서 떠나지 않고 있었습니다. 반면에 한 사람은 조건이 변하지 않아서 여전히 딱딱한 침상에서 자야 했습니다. 그런데 그 사람에게 있던 병이 물러갔습니다. 이런 경우 둘 중 누가 낫겠습니까? 딱딱한 침상에 있어도 병 나은 사람이지요. 누가 그것을 의심하겠습니까?

둘째, 자신의 정욕을 제어하는 사람이 온 세상을 자기 뜻대로 주장하는 사람 보다 훨씬 탁월합니다.

정욕을 제어하게 되면 우리가 우리 자신을 통제하는 주인이 되는 셈이지요.

"너희의 인내로 너희 영혼을 얻으리라."(눅 21:19)

그러나 온 세상을 자기 뜻대로 주장할 수 있으면 우리는 여전히 세상에서 가장 악한 상전에게 매여 있는 노예인 셈입니다. 우리를 구원하신 하나님의 의도는 우리가 그 정욕의 노예에서 벗어나게 하려 함이 아닙니까?

"우리가 알거니와 우리의 옛 사람이 예수와 함께 십자가에 못 박힌 것은 죄의 몸이 죽어 다시는 우리가 죄에게 종 노릇 하지 아니하려 함이니."(롬 6:6)

정욕을 제어하는 사람은 어떤 폭풍이 불어 닥쳐도 영적으로 안전합니다. 그러나 정욕의 노예는 수천의 위험에 노출당하여 있습니다.

"자기 마음을 제어하지 아니하는 자는 성읍이 무너지고 성벽이 없는 것 같으니라."(잠 25:28)

셋째, 겸손한 사람은 심판 날의 회계(會計) 결산장부에서 큰 이득이 확인될 것입니다.

예로 든 두 사람이 심판 날에 판단을 받게 될 때 다음과 같은 일이 일어날 것입니다. 한 경우는 자기에게 주어진 몫에 심령을 순응시킴으로써 그 사람에 관한 하나님의 '회계 장부'의 '선한 행실' 란에 총액(總額)이 증가되었음이 드러날 것입니다. 또 다른 종류의 사람은 자기 몫에 불만을 가짐으로 자기의 악행의 총합을 증가시켰음이 드러날 것입니다. 우리는 모든 것을 아시는 하나님과 상관해야 합니다. 하나님의 은혜는 마음에서 일어나는 모든 움직임이 악하든 선하든 하나의 행실로 계산이 되는 것입니다.

"곧 나의 복음에 이른 바와 같이 하나님이 예수 그리스도로 말미암아 사람들

의 은밀한 것을 심판하시는 그 날이라."(롬 2:16)

고통을 수반하는 '굽은 것'을 몫으로 받아 아픔을 느끼기는 하지만 그것을 잘 관리하면 좋은 열매를 맺게 됩니다. 그것이 그리스도 안에서 성령의 여러 은혜들을 작용하게 할 것입니다. 이 말은 '굽은 것'이 없었으면 나타나지 않을 은혜가 그것으로 인하여 작용하게 된다는 뜻입니다. 그런 것들이 하나님의 장부(帳簿)에는 '선한 일'로 기록될 것입니다.

"나 여호와는 변하지 아니하나니 그러므로 야곱의 자손들아 너희가 소멸되지 아니하느니라."(말 3:6)

환난으로 말미암아 기회를 얻어 '선한 일들'을 하게 된 셈이니 '선행의 총합'이 증가되는 셈이지요.

반면에, 교만한 마음으로 자기에게 주어진 몫에 불만을 드러내는 사람은 그 몫을 자신의 마음에 맞게 조정하려고 불충한 시도를 합니다. 그런 일이 하나님 앞에서 '악한 행실'로 치부됩니다. 그렇다면 탈취물을 나누는 싸움의 현장에서는 그런 '악행의 기록'이 얼마나 더 증가될까요!

12 '굽은 것'에 적응하는 겸손한 자에 관한 교훈의 적용

우리가 앞에서 자기 몫에 '굽은 것'에 순응하는 겸손한 사람의 영적인 복락에 대하여 배웠습니다. 이제 그 배운 교훈을 우리 자신에게 적용하고 실천하는 문제에 대하여 숙고해 봅시다. 그러기 위하여 적용을 위한 정보, 적용을 위한 권면, 적용을 위한 지침을 차례로 제시하겠습니다.

1. 적용을 위한 기본적인 지식

첫째, 자기 원하는 대로 일이 진행되는 것이 사람에게 최선은 아니라는 것을 알아야 합니다.

많은 사람들은 자기들을 향하신 하나님의 뜻을 기뻐하지 않습니다. 그래서 그들은 분노함으로 자기 뜻을 이루려 합니다.

"내 백성이 내 소리를 듣지 아니하며 이스라엘이 나를 원치 아니하였도다. 그러므로 내가 그의 마음을 완악한 대로 버려두어 임의대로 행케 하였도다."(시 81:10,11)

사람들이 바라는 것이 때에 맞는 가장 유쾌하고 은혜로운 일인 것 같이 보일 수도 있습니다. 그럼에도 불구하고 그것이 가장 안전한 것은 아닙니다. 그 사실이야말로 강한 손으로 자기들의 일을 처리해 나가는 교만한 이들이 반드시 깨달아야 할 요점입니다. 그러므로 그런 승리를 기뻐하여 개선가를 부르지 말아야 합니다. 훗날 눈이 열리면 그것이 무엇인지 알게 될 것입니다.

둘째, 낮은 몫을 부여받아 고통의 십자가를 지고 있는 사람이 손해를 보고 있는 것 같이 보이나 실은 이익을 보고 있습니다.

그의 심령이 자기에게 주어진 몫에 순응하기만 하면 그렇다는 말입니다. 하나님의 틀림없는 말씀의 빛에 사물들을 비추어 생각하기만 한다면, 모든 일이 자기들의 마음에 맞게 진행될 때 보다 더 유익한 상황에 처해 있는 셈입니다. 자신의 '굽은 것'에 마음을 두지 않고 그것과 계속 다투는 사람은 하나님의 진노의 그릇이요 멸망받기 위하여 예비된 자들입니다.

"사람이 힘센 자의 떡을 먹었으며 그가 음식을 그들에게 충족히 주셨도다. 그가 동풍을 하늘에서 일게 하시며 그의 권능으로 남풍을 인도하시고, 먼지처럼 많은 고기를 비 같이 내리시고, 나는 새를 바다의 모래 같이 내리셨도다. 그가 그것들을 그들의 진중에 떨어지게 하사 그들의 거처에 두르셨으므로 그들이 먹고 심히 배불렀나니 하나님이 그들의 원대로 그들에게 주셨도다. 그러나 그들이 그들의 욕심을 버리지 아니하여 그들의 먹을 것이 아직 그들의 입에 있을 때에, 하나님이 그들에게 노염을 나타내사 그들 중 강한 자를 죽이시며 이스라엘

의 청년을 쳐 엎드러뜨리셨도다."(시 78:25-31)

그래서 하나님께서는 당신의 백성들을 징계하시고 연단하시는 것입니다.

"사람은 젊었을 때에 멍에를 메는 것이 좋으니이다."(애 3:7)

셋째, 하나님의 거룩한 섭리를 거역하여 다투는 것 보다 그 섭리에 순응하는 것이 낫습니다.

하나님의 주권적인 뜻에 순응하는 것은 우리에게 주어진 마땅한 의무이며, 우리의 최대 관심거리이기도 합니다. 우리가 그 길을 취하면 가장 영예롭게 행동하고 있는 셈입니다. 피조물이 창조주와 겨루어 땅뺏기 싸움을 한들 무슨 영예가 되겠습니까? 하나님의 주권적인 뜻에 순응하는 것이 가장 지혜롭게 행동하는 것입니다. 하나님의 주권적인 뜻을 거슬러 승리를 거둔다 할지라도 결국 그 싸움의 승리는 하나님 편에 주어진다는 것을 확신해야 합니다.

"그가 그의 거룩한 자들의 발을 지키실 것이요 악인들을 흑암 중에서 잠잠하게 하시리니 힘으로는 이길 사람이 없음이로다."(삼상 2:9)

넷째, 우리의 외적인 조건을 높이는 것보다 우리의 심령을 낮추는 일에 훨씬 더 큰 관심을 기울여야 합니다.

그러나 누가 이것을 믿겠습니까? 모든 사람들은 자기의 외부적인 조건을 드높이려고 기를 쓰고 있습니다. 솔직히 거의 모든 사람들은 자기들의 심령을 낮추는 것을 생각지 않고 있습니다. 자기들에게 주어진 조건에 자신의 마음을 적응시키는 자들이 극소수에 불과합니다. 기갈(飢渴)들린 자들에게 마실 것을 공급하는 것에는 관심을 쓰나 그 병 자체를 치료하는 일에는 전혀 마음을 두지 않습니다. 그 병의 원인을 치료해야만 그 사람의 갈증이 사라지게 됩니다.

2. 적용을 위한 권면

세상에서 살 때 자기의 몫에서 십자가들을 발견하거든 그것들을 제거하려 하기 보다는 심령을 낮추고 거기에 순응하려는 마음의 소원을 가지십시오.

그렇다고 해서 하나님을 의지하여 자기로 아프게 하는 십자가를 제거하기 위한 모든 합법적인 방편들을 사용하지 말라는 뜻은 아닙니다. 다만 자신의 몫에 들어 있는 그 굽은 것을 곧게 펴려하기 보다는 먼저 자신의 심령을 숙이고 거기에 겸손히 순응하는 일에 더 큰 관심을 가지라는 말입니다.

그것을 실천하기 위한 동기 부여를 위하여 제안합니다.

첫째로, 십자가를 제거하기 보다는 그 아래서 심령의 겸손을 가지는 것이 우리에게 훨씬 더 긴요합니다.
십자가를 제거하는 것은 육체의 평안의 차원에서만 필요합니다. 우리 영혼의 유익을 위해서는 십자가의 제거보다 겸손해지는 것이 더 필요합니다. 영혼을 정결하게 하고 그 영혼을 건강한 상태에 들이려고 심령을 겸비케 하는 것이 무엇보다 긴요합니다.

둘째로, 그렇게 하는 것이 자기에게 주어진 고통의 십자가를 감내하는데 아주 좋은 효과를 보일 것입니다.

그러나 교만한 심령에는 그 십자가를 제거하는 것이 유익을 주지 못합니다. 심령을 겸비케 하는 것이 때에 맞추어 십자가의 무게를 가볍게 하여 그것을 능히 지고 가게 해줄 것입니다.

"이는 내 멍에는 쉽고 내 짐은 가벼움이라 하시니라."(마 11:30)

그러다가 때가 되면 그 십자가를 온전히 벗게 될 것입니다. 그러나 십자가를 제거하는 것이 겸손치 않은 심령을 낮추는 방편이 되지 못합니다. 십자가를 제거하면 그것이 주는 고통과 자극감은 없앨 수 있으나 그 근원이 되는 병은 여전히 남아 있게 될 것이기 때문입니다.

셋째로, 심령이 겸비케 되기 전에 그 십자가를 제거하는 것이 얼마나 위험하고 소망없는 경우인지를 생각해 보십시오.

질병의 세력이 아직도 남아 완치되지 않았는데도 불구하고 치료의 방편을 온전히 멀리 옮겨 떠나가게 하는 것은 정말 절망적인 경우입니다. 우리 자신이 좋은 증거를 보여주기 전에 그 연단의 시련을 제거하는 것, 그래서 우리를 치료하는 의사로부터 우리를 멀리 떨어지게 하는 것은 정말 절망적인 경우입니다.

"너희가 어찌하여 매를 더 맞으려고 패역을 거듭하느냐 온 머리는 병들었고 온 마음은 피곤하였으며."(사 1:5)

"에브라임이 우상과 연합하였으니 버려두라."(호 4:17)

3. 적용을 위한 지침

복음을 온전히 신뢰하십시오. 하나님을 우리의 하나님, 곧 그리스도 안에서 우리의 영원한 구원을 위하여 얼마나 큰 특심을 갖고 계신 분으로 여기십시오. 하나님의 위대하심과 거룩하심과 우리 자신의 죄악됨을 많이 생각하십시오. 그러면 하나님의 능하신 손아래서 겸손하게 될 것입니다. 그리고 때가 되면 우리를 높이실 것입니다.

"그러므로 하나님의 능하신 손아래서 겸손하라. 때가 되면 너희를 높이시리라."(벧전 5:6)

사도 베드로는 베드로전서 5장 앞부분에서 장로들이 교회 사람들에게 행할 마땅한 도리를 제시하였습니다. 그런 다음 그 교회 사람들이 자기들의 장로들에게, 그리고 서로 간에 행할 마땅한 도리를 제시합니다. 그러면서 사도 베드로는 그 도리를 한마디로 함축성 있게 표현하였습니다. 그리고 이어서 그런 도리들을 위하여 모든 이들이 취할 방편의 덕으로 '겸손'을 추천하고 있습니다. 그래서 사도는 주 하나님께서 교만한 자들과 겸손한 자들을 각각 다르게 다루시는 방식을 통해서 이 요점을 더욱 강력하게 논증하고 있습니다.

"하나님은 교만한 자를 대적하시되 겸손한 자들에게는 은혜를 주시느니라."
(벧전 5:5)

하나님께서는 교만한 자를 물리치시고 겸손한 자에게는 은혜를 베푸신다는 것입니다. 그런 것을 고려하여 사도는 권면하고 있는 것입니다.

4. 겸손의 도리를 권하는 벧전 5:6이 함축하는 내용

"그러므로 하나님의 능하신 손 아래에서 겸손하라 때가 되면 너희를 높이시리라."(벧전 5:6)

우리는 이 권면이 함축하고 있는 내용을 여러 각도에서 살펴보아야 합니다.

첫째, 그 권면을 받았던 자들의 상태에 대하여 생각해야 합니다.
그들은 하나님의 손에서 낮고 비천한 처지를 부여 받고 그 능하신 손 아래 있는 자들입니다. 이런 사람들 속에는 어떤 특별한 환난을 당하고 있는 이들도 있습니다. 다르게는 하나님의 섭리로 인하여 어떤 종류의 환경이든지 낮아진 사람들도 들어 있습니다. 사실 하나님의 모든 백성들은 어느 종류의 방식을 통해서든지 낮은 몫을 받기도 합니다. 어느 누구나 다 혼자 서지 못하고 다른 사람들과의 관계 속에 있습니다. 곧 다른 사람들을 의존하거나 복종하는 관계속에 있다는 말입니다. 하나님께서는 금생의 삶을 시련의 상태로 만드셨습니다. 그리고 바로 그 이유 때문에 하나님께서는 그 능하신 섭리로 사람들로 하여금 서로 복종하게 만들어 놓으셨습니다. 아내들은 남편들에게, 자녀들은 부모들에게, 종들은 상전들에게 복종하게 되어 있습니다. 상전들도 또 자기보다 더 높은 지위에 있는 사람들에게 복종해야 합니다. 그리고 그 높은 사람들 중에서도 복종 관계가 발생합니다. 가장 높은 자라도 자기 밑에 있는 사람을 의존해야 합니다. 백성들은 행정관들이나 장관들을 의뢰합니다. 그러나 가장 높은 행정관들도 백성들을 의존해야 합니다. 하나님께서는 세상의 이런 상태 속에서 사람들로 하여금 여러 위치에서 시련을 겪게 만들어 놓으신 것입니다. 그래서 이 세상에 사는 날 동안에는 이 시련이 끝나면 다른 시련이 기다리게 하십니다. 그래서 시련의 때가 끝나면 금생도 끝이 오는 것입니다.

"그 후에는 마지막이니 그가 모든 통치와 모든 권세와 능력을 멸하시고 나라를 아버지 하나님께 바칠 때라. 그가 모든 원수를 그 발아래에 둘 때까지 반드시 왕 노릇 하시리니 그 후에는 나중이니 저가 모든 정사와 모든 권세와 능력을 멸하시고."(고전 15:24, 25)

세상이 계속 존재하는 동안에는 시련이 주어지고, 그것이 모든 사람들에게 필요한 '겸손'을 만들어 줍니다. 그리고 그것이 모든 사람들로 하여금 자기보다 높은 자들에게 마땅한 도리를 감당하도록 다그치는 작용을 할 것입니다. 하나님께서는 그로 인해 사람들을 겸손하도록 하신 것입니다.

둘째, 주님께서 우리로 처하게 하신 낮은 처지에 순응하여 우리 자신의 심령을 겸비하게 가지는 도리 자체를 생각해야 합니다.

"그러므로 하나님의 능하신 손 아래서 겸손하라 때가 되면 너희를 높이시리라."

우리가 특별한 환난을 만나 높은 데서 아래로 떨어진 것과 같은 상황에 처할 수 있습니다. 아니면 이러저러한 인간관계들 속에서 우리가 낮은 자리에만 처할 수도 있습니다. 또는 가장 보편적으로 이러한 두 경우를 다 당하여 하나님의 능하신 손만 쳐다보아야 할 때가 있습니다. 하나님의 능하신 손이 우리를 거기로 데려 가셨기 때문에 그 몫을 받게 되고 그 가운데로 내려진 것입니다. 그러니 그러한 경우에 외경스러운 마음으로 우리 마음의 자세를 거기에 순응하여 낮추고, 우리에게 주어진 몫에 심령을 맞추어야 합니다. 그리고 우리의 낮은 영역에서 해야 할 도리를 조심스럽게 감당해야 합니다.

셋째, 이 도리를 행하게 하시는 하나님의 은혜의 원천(源泉)을 생각해야 합니다.

우리 가운데 여러 환난이나 여러 인간관계 속에서 하나님께서 있게 하신 그 자리를 조용하게 지키지 못하는 이들이 있습니다. 그들은 자기들 위에 드리워진 능하신 하나님의 손을 거스르고 치받습니다. 하나님께서는 그 능하신 손으로 그들을 내동댕이치셨습니다. 때로는 그 전보다 더 아래로 내던져 버리셨습니다. 물론 그런 경우에도 주님은 은혜와 호의를 베푸시어 그 상황에서도 자신들을 순응케 하는 방도를 주십니다. 그래서 주님의 은혜를 의지하면 그런 자리에서도 조용하게 자기들의 도리를 감당할 수 있습니다. 우리는 이 사실을 유념하면서 어떤 처지에서도 그에 걸맞게 마음을 낮추고 겸비하게 복종할 수 있어야 합니다.

넷째, 이 도리의 확실한 귀추(歸趨)를 유념해야 합니다.

그런 식으로 행하면 때가 되어 하나님의 높이심을 만날 수 있습니다. '그리하여'(that)라는 불변화사(不變化詞)는 그런 일을 하시는 분의 의도의 목적을 지시하는 것처럼 보입니다. 그러나 그것이 그런 행동을 지시하거나 그 행동의 결과를 가리키는 것으로도 이해할 수 있습니다. 그러니 여기서 뜻하는 것은 '하나님께서 너희를 높이실 뜻을 가지고 계시니 자신을 겸비하게 하라'는 것이 아닙니다. 도리어 '겸손한 것이 하나님께서 너희를 높이시는 일을 발생시킬 것이라'는 뜻입니다.

"주 앞에서 **낮추라** 그리하면 주께서 **너희**를 높이시리라."(약 4:10)

여기서 우리는 심령을 겸손하게 함으로 확실한 결과를 얻게 되는 복된 사례를 접하고 있는 셈입니다. 그러니 심령을 겸손하게 가지는 것이 하나님의 능력으로 높아지거나 올려지는 일을 불러옵니다. 하나님께서 여러분을 높이도록 자신을 낮추라는 것입니다. 심령의 겸손 뒤에 높아지는 일이 분명하게 따라올 것입니다. 자기에게 주어진 낮은 몫에 부합하게 되면 그런 일이 일어난다는 것입니다. 아침이 오면 반드시 밤이 오고, 새벽이 지나면 반드시 해가 뜨듯이 말입니다.

다섯째, 본문의 약속은 부패한 우리의 본성의 도발적인 반론들을 무마시키기에 적절합니다.

우리의 부패한 심령은 우리에게 주어진 낮은 몫에 심령을 순응시키는 것을 싫어합니다. 그러나 이 말씀은 반론을 제기하여 그런 심사를 무마시키는 데 알맞습니다. 물론 만만치 않은 반론이 제기되겠지요.

반론 1

'만일 우리가 심령을 낮추면 우리는 항상 사람들의 발밑에 들어가게 될 것이고 사람들은 우리를 밟을 것이다.'

답변

그에 대하여 우리는 단호하게 '아니라'고 답할 수 있습니다. '심령의 교만을 다스리지 못하면 다른 이들의 발밑에 영원히 있게 될 것이라.'고 말입니다.

"그들이 나가서 내게 패역한 자들의 시체들을 볼 것이라. 그 벌레가 죽지 아니하며, 그 불이 꺼지지 아니하여 모든 혈육에게 가증함이 되리라."(사 66:24)

그러나 심령을 낮추면 그것이 다른 이들의 발아래서 여러분을 틀림없이 끌어낼 것입니다.

"내 이름을 경외하는 너희에게는 공의로운 해가 떠올라서 치료하는 광선을 비추리니 너희가 나가서 외양간에서 나온 송아지 같이 뛰리라. 또 너희가 악인을 밟을 것이니 그들이 내가 정한 날에 너희 발바닥 밑에 재와 같으리라 만군의 여호와의 말이니라."(말 4:2,3)

지금 자신을 겸비케 하는 자들은 영원히 높임을 받을 것입니다. 그리고 낮은 상황과 처지에서 해방될 것입니다. 자신에게 주어진 낮은 몫에 부합하게 자신을 아래로 던지십시오. 그런 사람은 결코 낮은 자리에 눕지 않게 될 것입니다.

반론 2

'만일 우리가 자신을 높이지 않으면 아무도 우리를 높이지 않을 것이다. 그러므로 우리가 자신을 돌보고 우리의 권리를 지켜야 한다.'

답변

그런 반론은 그릇된 것입니다. 자신의 '심령의 영역'에서 자신을 겸비케 하시면, 하나님께서는 여러분의 '몫의 영역'에서 여러분들을 높이실 것입니다. 아니면 낮은 조건에서라도 여러분을 높이실 것입니다. 하나님으로 하여금 자기들을 높이도록 하는 사람들은, '우리를 위하여 그 일을 할 사람이 아무도 없다'고 말할 이유가 전혀 없습니다. 심령을 겸비케 하는 것이 우리가 행할 도리라면, 우리를 높여주시는 것은 하나님의 일입니다. 그러니 하나님께서 하셔야 할 일을 내가 스스로 하겠다고 하여 하나님의 손에서 그 일을 빼앗거나 하나님의 특권을 찬탈하는 일을 하지 마십시오.

반론 3

'만일 우리의 심령을 낮추어 떨어뜨린다면 다시는 높이 올라가지 못할게 틀림없다.'

답변

그러한 반론은 너무나 그릇된 것입니다. 하나님께서 겸손한 사람들을 일으켜 세워주실 뿐 아니라 높은 데로 들어 올리실 것입니다. 베드로전서의 말씀이 그것을 증명하기 때문입니다. 겸손한 자들은 그들이 낮아진 만큼 결국 높아질 것입니다. 아니 낮아짐에 비례하여 높아질 것입니다. 여기에 그 일이 끝날 행복의 사건 날짜가 기록되어 있습니다.

"우리가 선을 행하되 낙심하지 말지니 포기하지 아니하면 때가 이르매 거두리라."(갈 6:9)

적당한 때가 이를 것이란 말씀입니다. 그러나 우리를 낮추는 쓰디쓴 환경 속에서 피곤해지기 쉬우며, 재빨리 우리의 머리를 쳐들고 싶어집니다.

"예수께서 이르시되 내 때는 아직 이르지 아니하였거니와 너희 때는 늘 준비되어 있느니라."(요 7:6)

그러나 솔로몬은 이렇게 관찰했습니다. 만사에 최선의 때가 있으며, 지혜로운 자는 그것을 위해서 기다린다는 사실을 관찰한 것입니다.

"범사가 기한이 있고 천하 만사가 다 때가 있나니, 날 때가 있고 죽을 때가 있으며 심을 때가 있고 심은 것을 뽑을 때가 있으며…사랑할 때가 있고 미워할 때가 있으며 전쟁할 때가 있고 평화할 때가 있느니라."(전 3:1-8)

자신을 낮추는 자들을 높이시는 하나님의 때가 반드시 옵니다. 하나님께서 그 일을 친히 정하셨습니다. 모든 목적이 최선으로 이루어지는 적당한 때가 오면 겸손한 자들이 높아지는 일은 더 이상 연기되지 않고 즉각적으로 시행될 것입니다. 그 이전에 그런 일이 있었다면 아마도 여러분은 미숙한 상태로 남았을 것입니다.

5. 하나님의 뜻에 복종하는 것

이와 관련된 하나님의 뜻을 교리로 요약하면 이러합니다.

'자신을 낮추는 처지를 만나 그에 마땅하게 자신을 순응시켜 겸비한 마음의 자세를 가지는 것이 하나님의 뜻이다.'

우리는 이런 하나님의 뜻을 복종하는 문제와 관련하여 몇 가지 요점들을 상정해 봅시다.

첫째, 그 일이 하나님의 주도로 된 일임을 인정해야 합니다.

"들의 모든 나무가 나 여호와는 높은 나무를 낮추고 낮은 나무를 높이며 푸른 나무를 말리고 마른 나무를 무성케 하는 줄 알리라. 나 여호와는 말하고 이루느니라."(겔 17:24)

지상의 모든 이들의 마음에 교만의 뿌리가 있습니다. 그런 사람들이 하늘에 합당한 사람들이 되기 위해서는 먼저 그 뿌리를 억제해야 합니다. 그러므로 시련의 때에 그 어떤 사람도 자신의 자세를 굽힐 수 있는지 없는지를 드러내는 시금석 앞에 서지 않을 사람이 없습니다. 하나님께서는 그들을 겸비케 하는 환경 속에 이끌어 들이시는 목적이 바로 그것입니다.

"네 하나님 여호와께서 이 사십 년 동안에 네게 광야 길을 걷게 하신 것을 기억하라. 이는 너를 낮추시며 너를 시험하사 네 마음이 어떠한지 그 명령을 지키는지 지키지 않는지 알려 하심이라."(신 8:2)

둘째, 이러한 처지들은 하나의 무게로 마음을 짓눌러 시험합니다. 그래서 그 마음이 그 짐을 못 이겨 구부러지는 성향을 갖게 됩니다.
"그러므로 그가 고통을 주어 그들의 마음을 겸손하게 하셨으니 그들이 엎드러져도 돕는 자가 없었도다."(시 107:12)
그러한 처지에서 마음의 성질이 타격을 입고 그 사람의 본성적인 성향이 거스름을 당하게 됩니다. 그 사람이 그 하나님의 손에 굴복하는지 않는지를 드러내시려고 그런 시련을 주시는 것입니다. 따라서 그 사람이 하늘에 합당한 사람인지 아닌지가 그것을 통해서 드러나게 됩니다.

셋째, 사람의 마음의 본성은 자신을 낮추는 처지를 만나면 그것을 대적하여 일어나 싸우려는 성향을 가지고 있어, 꼼짝 못하게 붙잡으시는 그 전능하신 하나님의 손도 뿌리치려 합니다.
본성적으로 사람은 자기에게 주어진 그 무거운 짐을 벗어 던지려고 애를 씁니다. 그래서 머리를 쳐들고 하나님을 기쁘시게 하기 보다는 자기 자신을 기쁘게 하려는데 더 열심을 냅니다.
"사람은 학대가 많으므로 부르짖으며 군주들의 힘에 눌려 소리치나, 나를 지으신 하나님은 어디 계시냐고 하며 밤에 노래를 주시는 자가 어디 계시냐고 말하는 자가 없구나."(욥 35:9,10)

자기를 낮추는 처지를 만나서 사람의 마음이 달려 들어가는 첫 번째 관문이 그곳입니다. 제압당하지 않는 심령은 이런 방식으로 고집을 부립니다.

넷째, 그러나 하나님께서 요구하시는 것은 머리를 쳐드는 것이 아니라 마음을 낮추는 것입니다.

"주 앞에서 **낮추라** 그리하면 주께서 **너희를** 높이시리라."(약 4:10)

여기에서 그 사람이 하늘에 합당한지의 여부가 드러납니다. 그 사람이 자신의 머리를 쳐들기보다는 자신의 마음을 낮추려는데 더 많은 관심을 가지며, 자기의 짐을 벗어 던지기 보다는 자기의 짐을 공손히 조아려 내는데 더 애를 쓰고 능하신 손을 떨쳐 내려고 하기 보다는 그 손 아래 복종하려는데 더 많은 관심을 가진다면, 그 사람은 하늘로 향하는 길목에 서 있는 사람입니다.

다섯째, 자신을 낮추는 환경 속에 있다면 그 속에서 하나님의 손을 주목하는 일이 반드시 있어야 합니다.

"여호와께서 성읍을 향하여 외쳐 부르시나니 완전한 지혜는 주의 이름을 경외함이니라. 너희는 매를 순히 받고 그것을 정하신 자를 순종할지니라."(미 6:9)

하나님의 권세와 명령을 생각지 않고 오직 자신들을 가장 거칠게 다루는 이들의 뜻에 자신을 온전히 포기하는 비굴한 정신을 소유한 자들이 있습니다. 다른 이들을 기쁘게 할 양으로 말입니다. 그런 심령의 자세는 벌레같이 밟혀도 유순하게 순응하는 것과 같은 비굴한 자세입니다. 어떤 사람들은 자기 자신의 이익을 위하여 그런 비굴한 정신으로 기꺼이 뛰어들려고 합니다. 이런 이들은 사람들을 기쁘게 하는 자들입니다.

"눈가림만 하여 사람을 기쁘게 하는 자처럼 하지 말고 그리스도의 종들처럼 마음으로 하나님의 뜻을 행하고"(엡 6:6)

"이제 내가 사람들에게 좋게 하랴, 하나님께 좋게 하랴? 사람들에게 기쁨을 구하랴? 내가 지금까지 사람들의 기쁨을 구하였다면 그리스도의 종이 아니니라."(갈 1:10)

6. 겸비하게 하는 여러 상황

하나님의 능하신 손이 우리로 들어가게 하시는 그 겸비하게 하는 상황이 무엇인지 살펴봅시다. 우리가 앞에서 살펴본 하나님의 섭리로 그 사람의 몫에 주신 '굽은 것'에 관한 교훈에 비추어 생각해 봅시다.

첫째, 불완전한 처지로 우리를 들어가게 하십니다.

하나님께서는 모든 사람들로 하여금 여러 가지의 모자라고 불완전한 처지들로 들어가게 하셨습니다.

"내가 이미 얻었다 함도 아니요 온전히 이루었다 함도 아니라. 오직 내가 그리스도 예수께 잡힌 바 된 그것을 잡으려고 달려가노라."(빌 3:12)

그러한 우리의 모자람과 불완전 때문에 성가심을 겪지 않아도 될 만한 사람은 하나도 없습니다. 우리의 본성은 도덕적 불완전이 가득합니다. 우리의 몸과 영혼 그 모든 기능들이 다 같이 불완전한 상태입니다. 모든 자랑하는 영광에도 얼룩이 있습니다. 우리가 그런 부족함에도 겸손하지 않는 것은 우리의 수치입니다. 그것은 마치 거지가 더러운 옷을 입고 점잔을 빼며 걷는 것과 같은 모양새입니다.

둘째, 우리는 불완전한 인간관계들 속에 거하게 됩니다.

하나님께서는 그러한 인간관계들을 통해서 다른 자들이 그들 위에 서서 주관하게 하십니다. 그리하여 간접적으로 하나님의 권위와 명예에 어떠한 존중심을 가져야 할지를 발견하게 하십니다. 지배권, 또는 우월성은 사람들 속에서 여전히 비추고 있는 하나님의 형상의 한 부분입니다.

"남자는 하나님의 형상과 영광이니 그 머리에 마땅히 쓰지 않거니와 여자는 남자의 영광이니라."(고전 11:7)

그러므로 그들 속에서 비취고 있는 그 하나님의 형상의 광채를 외경스럽게 존중하는 것을 내용으로 하는 존중심이 반드시 필연적으로 요청되는 것입니다.

"이는 남편이 아내의 머리 됨이 그리스도께서 교회의 머리 됨과 같음이니 그가 바로 몸의 구주시니라."(엡 5:23)

"또 우리 육신의 아버지가 우리를 징계하여도 공경하였거든 하물며 모든 영의 아버지께 더욱 복종하여 살려 하지 않겠느냐."(히 12:9)

같은 요점이 다른 모든 관계들이나, 높고 낮은 지위의 상하관계 속에서도 해당이 됩니다. 그들 높은 지위에 있는 사람들은 그들과 관계하는 사람들에 대해서 하나님 대신하여 훨씬 더 높은 자리에 있습니다.

"내가 말하기를 너희는 신들이며 다 지존자의 아들들이라 하였으나."(시 82:6)

그들이나 그들의 주관을 받는 사람들 자체를 보면 쌍방이 모두 무가치합니다. 그럼에도 불구하고 낮은 지위에 있는 이들이 높은 지위에 있는 사람들을 통하여 은덕을 입게 하신 분이 하나님이시니 그 같은 요점이 해소되지 않습니다.

"곁에 선 사람들이 말하되 하나님의 대제사장을 네가 욕하느냐? 바울이 이르되 형제들아 나는 그가 대제사장인 줄 알지 못하였노라 기록하였으되 너의 백성의 관리를 비방하지 말라 하였느니라."(행 23:4,5)

높은 지위에 있는 사람들이 인격적 품격 때문이 아니라 그들이 지닌 지위의 성격 때문에 비방하지 말고 존경하고 복종해야할 근거가 있는 것입니다. 하나님께서 그런 경우에는 존경심 보다는 복종심을 가지고 있는지의 여부를 드러내시고자 합니다.

하나님께서 우리를 이러한 낮은 지위에 처하게 하셨으니, 하나님의 계명과 반하지 않는 모든 일에 고집을 부리고 굴복하지 않는 것은 하나님의 능하신 손을 대항하여 거스르는 행동입니다.

"그러므로 권세를 거스르는 자는 하나님의 명을 거스름이니 거스르는 자들은 심판을 자취하리라."(롬 13:2)

왜냐하면 직접 보이는 사람의 손을 매개로 하여 우리로 복종하도록 누르는 것이 하나님의 능하신 손이기 때문입니다.

셋째, 우리에게 주어진 그 낮은 조건, 곧 여러 거스르는 상황들로 인하여 우리의 뜻을 이루지 못하게 됩니다.

우리의 주님께서 낮아지신 상태 중 일부도 그러하였습니다. 사도는 그러한 일이 우리 자신의 몫도 될 것을 상정하였습니다.

"너희가 피곤하여 낙심하지 않기 위하여 죄인들이 이같이 자기에게 거역한 일을 참으신 이를 생각하라."(히 12:3)

하늘에는 완전한 조화가 있습니다. 거기는 서로 어긋나 충돌하는 일이 하나도 존재하지 않습니다. 왜냐하면 하늘에 있는 자들은 상급을 받고 높아진 상태에 있기 때문입니다. 그러나 우리는 이 지상에서 시련과 겸비케 하는 낮아지는 상태에 처하여 있습니다. 설령 높은 지위에 처해 있다 할지라도 우리의 뜻을 거스르는 여러 가지의 상황을 피할 수가 없는 것입니다.

이러한 충돌이 의로운 것이든 불의한 것이든 간에 하나님께서는 그러한 처지들로 사람들을 연단하사 겸비케 하십니다. 그리하여 우리 자신의 뜻에 밀착하여 있는데서 우리를 떼어내고 그 뜻을 포기하게 하고 자신을 부인하는 법을 배우게 하십니다. 우리의 뜻과 어긋나는 그 처지들은 그 자체 속에 겸비케 하는 것이 들어 있으며, 말(馬)이나 황소를 제어하거나 재갈을 물려 그들을 유순케 하는 것처럼 그러한 거스르는 상황들에 우리를 유순하게 길들이는 것이 들어 있습니다. 제가 믿기로는 많은 경우들에 있어 그 자체로는 아무런 의미도 없어 보입니다. 그러나 그런 용도에 비추어 생각해 보면 하나님께서는 그러한 것을 통해서 일하십니다.

넷째, 우리를 괴롭게 하는 상황을 상정해 볼 수 있습니다.

"겸손한 자와 함께하여 마음을 낮추는 것이 교만한 자와 함께하여 탈취물을 나누는 것보다 나으니라."(잠 16:19)

번영은 죄인들의 마음을 교만으로 부풀어 오르게 합니다. 왜냐하면 높은 지위와 번영을 함께 누리는 몫을 받은 사람이 마음을 낮추어 겸비해지는 것은 매우 어렵기 때문입니다. 그러나 하나님께서는 괴로움을 통해서 사람들을 그 높은 자리에서 내려와 먼지 가운데 앉도록 부르십니다. 스스로 뽐내고 자랑하던 그 윤기어린 깃털을 뽑아내시고, 그 존재를 화려하게 빛나게 하던 것들을 퇴색하게 하십니다. 그럼으로써 그 본래의 볼골사나운 모습을 더 드러내게 하십니다. 이러한 괴로움의 종류는 여러 가지입니다. 어떤 경우에는 정도가 심하고 어떤 경우에는 정도가 낮습니다. 그 모든 경우들이 다 사람의 마음을 낮춥니다.

그러므로 하나님께서 우리를 끌어 내리시어 괴로운데도 마음을 낮추지 않는 것은 자신을 곧추세우려는 시도입니다. 그런 일을 계속한다면 급기야는 주님의 노를 격동시켜 우리를 산산조각내도록 하시는 셈이 됩니다.

"너의 더러운 것들 중에 음란이 그 하나이니라. 내가 너를 깨끗하게 하나 네가 깨끗하여지지 아니하니 내가 네게 향한 분노를 풀기 전에는 네 더러움이 다시 깨끗하여지지 아니하리라."(겔 24:13)

왜냐하면 하나님의 괴롭게 하시는 손은 능하기 때문입니다.

다섯째, 죄의 징벌로 죄의 유혹에 내버려 두시는 경우도 상정해 볼 수 있습니다.

성경은 하나님께서 죄에 대한 징벌로 나쁜 상황을 부과하심을 말하고 있습니다. 우리는 죄에 유혹 당할 수 있습니다.

"하나님이 나를 진흙 가운데 던지셨고 나를 티끌과 재 같게 하셨구나."
(욥 30:19)

세상에 있는 모든 죄는 아담이 지은 첫 번째 죄에 대한 형벌입니다. 사람은 처음에 자신을 그 시궁창에 집어 던져 버렸습니다. 그러니 사람이 그 시궁창에서 지금 곤고하게 부르짖고 있는 것은 마땅한 일입니다. 사람은 고의적으로 첫 번째 거짓된 발걸음을 옮겼습니다. 그로 인해서 그 다음에 더 나쁜 쪽으로 걸어가게 내버림을 당하는 것은 마땅한 일입니다. 그래서 죄가 사방에 걸려 있습니다. 아무리 최선을 다한다 할지라도 말입니다. 이 일은 우리로 겸비케 하기 위해서 하나님께서 주관하시는 일입니다. 우리로 하여금 부끄러움을 느끼고 더 이상 우리의 입을 벌리지 못하도록 하신 것입니다. 그러므로 우리의 죄악성을 보고도 겸비해지지 않는 것은 하나님의 능하신 손을 대적하여 자신을 곧추세우는 것이며, 우리가 죄악적으로 하나님을 떠난 것을 정당화시키려는 악한 소행입니다. 모든 도리에 대한 지각을 상실하고 수치감을 전혀 느끼지 않는 행동입니다.

"밤에 여호와께서 솔로몬에게 나타나사 그에게 이르시되 내가 이미 네 기도를 듣고 이 곳을 택하여 내게 제사하는 성전을 삼았으니 혹 내가 하늘을 닫고 비를 내리지 아니하거나 혹 메뚜기들에게 토산을 먹게 하거나 혹 전염병이 내 백성 가운데에 유행하게 할 때에 내 이름으로 일컫는 내 백성이 그들의 악한 길 에서 떠나 스스로 낮추고 기도하여 내 얼굴을 찾으면 내가 하늘에서 듣고 그들 의 죄를 사하고 그들의 땅을 고칠지라."(대하 7:12-14)

"시삭이 유다의 견고한 성읍들을 빼앗고 예루살렘에 이르니 그 때에 유다 방 백들이 시삭의 일로 예루살렘에 모였는지라 선지자 스마야가 르호보암과 방백 들에게 나아와 이르되 여호와께서 이같이 말씀하시기를 너희가 나를 버렸으므 로 나도 너희를 버려 시삭의 손에 넘겼노라 하셨다 한지라 이에 이스라엘 방백 들과 왕이 스스로 겸비하여 이르되 여호와는 의로우시다 하매 여호와께서 그들 이 스스로 겸비함을 보신지라 여호와의 말씀이 스마야에게 임하여 이르시되 그 들이 스스로 겸비하였으니 내가 멸하지 아니하고 저희를 조금 구원하여 나의 노를 시삭의 손을 통하여 예루살렘에 쏟지 아니하리라."(대하 12:4-7)

슬퍼하며 애통하며 울지어다 너희 웃음을 애통으로, 너희 즐거움을 근심으로 바꿀지어다.
주 앞에서 낮추라 그리하면 주께서 너희를 높이시리라.
_ 약 4:9,10

3부

The Crook in the Lot

낮은 자리에서 높이시는 하나님

13 하나님의 능하신 손 아래서 목표해야 할 큰 일

"하나님께서 행하시는 일을 보라 하나님께서 굽게 하신 것을 누가 능히 곧게 하겠느냐"(전 7:13)

우리를 낮추는 여러 처지들 속에서 하나님의 능하신 손아래 우리 인격을 겸비케 하는 것이 무엇인지 알아봅시다. 우리에게 주어져 우리를 낮추게 하는 그 조건 속에서 우리가 목표해야 할 실로 큰일은 하나님의 능하신 손아래 겸손한 것입니다.

1. 겸손을 위하여 착안할 사항

하나님의 능하신 손 아래서 겸손하기 위하여 다음의 여덟 가지 사항을 착안해 두어야 합니다.

첫째, 하나님의 능하신 손 아래 겸손해지기 위하여 그 하나님의 능하신 손을 주목해야 합니다.

원인과 결과의 차원에서 우리가 낮은 처지에 처하든지, 아니면 하나님의 허용하심 속에서 그런 일이 일어났든 간에 우리와 관련된 모든 일은 하나님의 능하신 손의 행사입니다. 그러니 그 '손'을 주목해야 합니다.

"사무엘이 그것을 그에게 자세히 말하고 조금도 숨기지 아니하니 그가 이르되 이는 여호와이시니 선하신 대로 하실 것이니라 하니라."(삼상 3:18)

"왕이 이르되 스루야의 아들들아, 내가 너희와 무슨 상관이 있느냐? 그가 저주하는 것은 여호와께서 그에게 다윗을 저주하라 하심이니, 네가 어찌 그리하였느냐 할 자가 누구겠느냐?"(삼하 16:10)

하나님은 '모든 완전'의 샘 근원이십니다. 그러니 우리의 불완전함의 근원을 추적하여 하나님의 주권적인 의지(意志)까지 나아가야 합니다. 각 사람을 그 모든 인간관계 속에 넣으신 분이 섭리의 하나님이십니다. 하나님이 아니시고는 그런 어긋남을 만날 수가 없습니다.

"왕의 마음이 여호와의 손에 있음이여 보의 물과 같아서 임의로 인도하시느니라."(잠 21:1)

환난을 보내시는 분도 하나님이십니다. 어떤 죄에 대한 벌로 다른 죄를 짓도록 내버림을 받는 것도 하나님의 의로우신 처사입니다.

"이 백성의 마음을 둔하게 하며 그들의 귀가 막히고 그들의 눈이 감기게 하라. 염려하건대 그들이 눈으로 보고 귀로 듣고 마음으로 깨닫고 다시 돌아와 고침을 받을까 하노라."(사 6:10)

둘째, 우리가 스스로는 하나님 앞에서 무가치하며 아무것도 아니라는 의식을 가져야 합니다.

우리를 다루시는 능하신 하나님의 손의 무한한 엄위를 우러러보면 우리 자신에 대하여 무어라 해야 마땅할까요? 우리도 아브라함처럼 해야 마땅합니다.

"아브라함이 대답하여 이르되 나는 티끌이나 재와 같사오나 감히 주께 아뢰나이다."(창 18:27)

그리고 이사야 40:6에서 "모든 육체는 풀이요 그의 모든 아름다움은 들의 꽃과 같으니"라는 말씀에 아멘으로 화답해야 마땅합니다. 하나님의 능하신 손이 짓누르는 데도 자신이 탁월하다는 생각을 계속 견지하고 있다면, 그런 생각을 통해서 하나님의 영광을 촉범하는 있는 셈입니다. 그런 하나님의 영광의 눈앞에서 마땅히 겸비해지는 것이 도리입니다.

셋째, 우리 자신이 하나님 앞에서 죄를 지어 불결하다는 의식을 가져야 합니다.

능하신 하나님의 손이 우리를 내리 누르시는 것이 아닙니다. 우리 죄인들이 그 능하신 손 아래서 자신들의 죄악성을 보는 것이 마땅합니다. 우리가 지은 죄에 대한 책임 때문에 범죄자로 치부되어 고통받는 것이 정당한 것입니다. 우리의 추악성 때문에 우리 스스로도 자신에 대하여 염증을 느낄 수가 있습니다. 그런 경우에 우리가 받은 그 어떤 것도 그 추악성에 비하면 과분한 것이라고 생각해야 합니다. 거만하게 마음을 부풀어 오르게 하는 것은 자신의 죄악성을 간과하고 있기 때문입니다.

넷째, 하나님의 손 아래 조용히 복종하여야 마땅합니다.

하나님의 주권은 우리에 대해서 이렇게 도전합니다.

"이 사람아 네가 누구이기에 감히 하나님께 반문하느냐?"(롬 9:20)

하나님의 주권의 '손'을 항거하여 되받아 치는 식으로 말하는 것은 아직도 심령이 교만하다는 확실한 증거입니다. 감히 그런 일이 있다니요. 시편 기자는 하나님의 주권을 생각하자마자 겸비하고 경외어린 마음으로 복종하며 그 앞에 잠잠하였습니다.

"내가 잠잠하고 입을 열지 아니하옴은 주께서 이를 행하신 연고니이다." (시 39:9)

욥도 그리하였습니다.

"이르되 내가 모태에서 알몸으로 나왔사온즉 또한 알몸이 그리로 돌아가올지라. 주신 이도 여호와시오, 거두신 이도 여호와시오니 여호와의 이름이 찬송을 받으실지니이다."(욥 1:21)

욥기 40:4,5에는 이렇게 기록되어 있습니다.

"보소서 나는 비천하오니 무엇이라 주께 대답하리이까? 손으로 내 입을 가릴 뿐이로소이다. 내가 한 번 말하였사온즉 다시는 더 대답하지 아니하겠나이다."

엘리는 말했습니다.

"이는 여호와시니 선하신 소견대로 하실 것이니라 함이라."(삼상 3:18)

다섯째, 우리를 책하시는 하나님의 모든 행사 속에서도 우리를 향하신 하나님의 베푸시는 은혜가 있음을 잊지 말아야 합니다.

하나님께서 우리를 낮추셨다면, 하나님께서 마땅히 하실 일을 하신 것입니다. 우리는 우리를 더 이상 낮추지 않으신 것을 감사하게 여겨야 할 것입니다.

"우리의 악한 행실과 큰 죄로 말미암아 이 모든 일을 당하였사오나, 우리 하나님이 우리 죄악보다 형벌을 가볍게 하시고 이만큼 백성을 남겨 주셨사오니." (스 9:13)

아무리 낮고 비천한 자리에 처하게 된다 할지라도 우리의 죄의 크기를 생각하면 그 죄에 대한 공의가 요구하는 대로의 비천한 자리까지 내려가지 않았음을 알게 될 것입니다.

"여호와의 인자와 긍휼이 무궁하시므로 우리가 진멸되지 아니함이니이다." (애 3:22)

여섯째, 우리를 향하신 하나님의 뜻과 그 뜻을 이루시는 방식들의 측량할 수 없음을 생각하고 거룩하고 잠잠한 모습으로 감격해야 합니다.

마음의 교만은 자신이 아무리 높아져도 지나치지 않다고 여기게 만듭니다. 그러니 하나님의 행사들을 자신의 눈으로 보고 비판하고, 그 행사들을 다 꿰뚫어 본 것처럼 거침없이 비판하고 틀렸다고 단정합니다. 그러나 심령의 겸비함은 사람으로 하여금 자신이 통달할 수 없는 하나님의 섭리의 신비들을 외경스럽고 존귀하게 높이게 만듭니다.

일곱째, 다른 사람에 비해 우리에게 주어진 더 좋은 존귀한 것 모두를 주님 앞에서 잊고 내려놓아야 합니다.

교만은 자기가 가지고 있는 어떤 탁월하고 존귀한 것들을 실상보다 더 크게 부풀려 생각하게 만듭니다. 그래서 자신의 그 존귀함과 탁월함을 다른 사람들 앞에 공공연히 드러내려고 합니다. 그러다 보니 그 존귀함과 탁월함을 하나님 앞에서 잊고 내려놓는 법을 모릅니다.

"바리새인은 서서 따로 기도하여 이르되 하나님이여 나는 다른 사람들 곧 토색, 불의, 간음을 하는 자들과 같지 아니하고 이 세리와도 같지 아니함을 감사하나이다."(눅 18:11)

반면에 심령의 겸손은 자기의 탁월하고 존귀한 것들을 하나님 앞에서 아무 것도 아닌 것처럼 여기게 만듭니다. 마치 햇빛 앞에서 그림자가 사라지는 것과 같습니다. 그래서 겸손한 사람은 자기를 어느 누구보다 낮은 사람처럼 보려합니다.

"나는 다른 사람에게 비하면 짐승이라 내게는 사람의 총명이 있지 아니하니라."(잠 30:2)

여덟째, 겸손은 우리로 하여금 우리에게 주어진 처지가 요구하는 가장 작은 직책과 일에도 기꺼이 순응할 준비를 하게 합니다.

교만은 하나님께서 자기로 들어가게 하신 처지들로가 아닌 자기의 마음과 뜻대로 측량하여 무엇이 내게 굴복하나 보려고 사방을 두리번거립니다. 그러나 겸손은 자기가 처한 처지로 자신을 측정하여 그 처지에서 마땅하게 요구되는 것에 기꺼이 순응하게 합니다. 이에 대해서 우리 구주께서는 우리에게 본을 보여주셨습니다.

"그는 근본 하나님의 본체시나 하나님과 동등됨을 취할 것으로 여기지 아니하시고, 오히려 자기를 비워 종의 형체를 가지사 사람들과 같이 되셨고, 사람의

모양으로 나타나사 자기를 낮추시고 죽기까지 복종하셨으니 곧 십자가에 죽으심이라."(빌 2:6-8)

"내가 주와 또는 선생이 되어 너희 발을 씻었으니 너희도 서로 발을 씻어 주는 것이 옳으니라."(요 13:14)

2. 겸손을 위한 권면의 내용

우리를 겸비하게 하는 모든 환경에서 자신의 마음이 하나님의 능하신 손 아래서 겸손한 정신으로 기울어지게 하십시오. 이러기 위하여 두 가지 요점을 기억해야 합니다.

첫째, 자신을 겸비하게 하는 모든 처지들을 유의 깊게 살펴보고 그것들 중에 하나도 그냥 넘기지 마십시오.

자신의 불완전한 점들을 관찰하시오. 여러 인간관계들 중에서 자신이 낮은 위치에 처한 사실을 주목하십시오. 또 우리가 겪을 수 있는 부딪힐 만한 여러 가지의 요소들을 생각해 보십시오. 또한 여러 환난들을 생각하십시오. 자신의 주위의 모든 것이 불확실하다는 것도 생각하십시오. 우리 자신의 죄악성을 잊지 말아야 합니다. 그런 모든 사실들을 자세히 유의하십시오. 그럼에도 불구하고 그런 것들 중에서도 우리를 향하신 하나님의 섭리의 자취가 어떠하며 그 줄기가 어떠한지 생각하십시오. 그러면 자신이 처할 분명한 위치를 알게 되어 더 이상 방황을 하지 않게 될 것입니다. 그렇게 하여 자신의 진상과 자신이 처한 위치를 바르게 볼 수 있을 것입니다.

둘째, 이런 모든 환경들이 우리에게 요구하는 것이 무엇입니까?
곧 그런 처지들에게 경우에 합당하게 행할 것이 무엇인지 살펴보십시오. 그리고 그렇게 하려고 애를 쓰며 겸손한 마음을 항상 견지하여야 합니다. 자신에게 주어진 몫이 정말 낮다 해도 하나님의 능하신 손 아래서 자신을 낮추는 것을 최상의 목적으로 삼고 그를 위하여 매일 연습해야 합니다.

3. 겸손을 실천하도록 힘을 주는 동기들

첫째, 하나님께서는 우리 각자를 겸비하게 하시려고 일하고 계심을 항상 자신에게 상기시키십시오.
아무리 높은 위치로 사람을 들어 올리는 하나님의 섭리가 있다 해도, 그 섭리는 반드시 그로 하여금 겸손하지 않을 수 없게 하는 표지들을 달아 주십니다. 물론 그 표를 인식하지 못할 수도 있습니다. 그럴지라도 사람마다 자신을 낮추지 않으면 안되게 하는 표를 달고 있습니다. 그러니 하나님의 섭리의 의도에 자신을 순응시키는 것이 마땅한 도리입니다. 하나님께서 우리를 낮추시면 우리 자신도 겸비한 자세를 취해야 합니다. 우리를 낮추시는 하나님의 경륜을 받아들이면 결코 헛되지 않을 것입니다.

둘째, 우리의 인격 작용을 통하여 그 겸손을 실천하지 않고는 심령의 겸손이 효과를 보지 못할 것입니다.

하나님께서 우리에게 일하고 계시는 방향으로 순응하여 우리도 일해야 합니다. 하나님께서 이성적인 존재들로서의 우리를 향하여 일하고 계심을 잊지 말아야 합니다. 이성적인 존재들로서의 우리는 밖에서 들어오는 작용에 대하여 반응하여 활동하기도 하며 우리 스스로도 활동하는 존재들입니다.

"그러므로 나의 사랑하는 자들아 너희가 나 있을 때뿐 아니라 더욱 지금 나 없을 때에도 항상 복종하여 두렵고 떨림으로 너희 구원을 이루라. 너희 안에서 행하시는 이는 하나님이시니, 자기의 기쁘신 뜻을 위하여 너희에게 소원을 두고 행하게 하시나니."(빌 2:12,13)

하나님께서는 자신의 섭리를 통해서 우리 밖에서 우리의 몫과 조건을 낮추실 수도 있습니다. 그런 때에 거기에 순응하여 자원하는 마음으로 자신을 낮추는 것이 그런 경우에 우리가 취할 최상의 선택이라고 여겨야 합니다. 그렇지 않으면 우리는 아무것도 아닙니다. 그러므로 우리를 낮추시는 하나님의 섭리에 맞추어 자신을 낮추십시오. 바람이 불기 시작하면 선원들은 바람에 맞추어 돛대를 펴지 않습니까? 바람에 맞추어야 항해가 가능하니까 그렇게 하지요.

셋째, 우리가 그렇게 하지 않으면 하나님의 능하신 손을 거스르는 것이 되는 것입니다.

"목이 곧고 마음과 귀에 할례를 받지 못한 사람들아, 너희도 너희 조상과 같

이 항상 성령을 거스르는도다."(행 7:51)

우리가 저항하다가 굴복하게 되는 입장을 취하면, 우리를 낮추시는 그 조물주의 섭리를 대항하여 자신의 자리를 굳게 지키는 바위처럼 행세하고 있는 것입니다.

"여호와여 주의 눈이 성실을 돌아보지 아니하시나이까? 주께서 그들을 치셨을지라도 그들이 아픈 줄을 알지 못하며, 그들을 거의 멸하셨을지라도 그들이 징계를 받지 아니하고, 그 얼굴을 반석보다 굳게 하여 돌아오기를 싫어하므로…"(렘 5:3)

하나님께서 우리의 조건을 낮추실 뜻을 가지고 계신 것을 알면서도 자신의 조건을 끌어 올리려고 하는 것은 더욱 나쁜 일입니다.

그것이 얼마나 죄악적인지를 생각해보십시오. 그렇게 하는 것은 정말 악한 것입니다. 그것은 하나님을 정면으로 거스르는 행위이며, 주권적인 하나님께 복종하지 않으려고 안간힘을 쓰며 모반을 획책하는 악하기 그지 없는 처사입니다.

"질그릇 조각 중 한 조각 같은 자가 자기를 지으신 이와 더불어 다툴진대 화 있을진저. 진흙이 토기장이에게 너는 무엇을 만드느냐, 또는 네가 만든 것이 그는 손이 없다 말할 수 있겠느냐?"(사 45:9)

그리고 그것이 얼마나 어리석은지도 생각해 보십시오. 그런 다툼의 끝은 뻔하지 않습니까? 상대가 누구인지도 모르고 덤비는 무모함이지요.

"그는 마음이 지혜로우시고 힘이 강하시니, 그를 거슬러 스스로 완악하게 행하고도 형통할 자가 누구이랴."(욥 9:4)

만세 반석을 대항하여 흙으로 빚은 토기가 부딪히면 산산조각이 나는 것 외에 무슨 결말을 얻겠습니까? 어느 누구라도 하나님의 능하신 손 아래 엎드리든지, 아니면 대항하여 부서지든지 둘 중 하나가 될 것입니다.

"네 손을 그것에게 얹어 보라 다시는 싸울 생각을 못하리라."(욥 41:8)

넷째, 금생(今生)의 기간은 겸손의 때입니다.

어느 것이라도 때에 맞아야 아름답습니다. 봄에 밭을 갈고 씨를 뿌리는 것처럼 때에 맞게 자신의 심령을 낮추는 것은 아름다운 일입니다. 이와 관련하여 몇 가지의 사항을 생각해보십시오.

심령의 겸비함은 그 자체로도 정말 가치 있습니다.

"오직 마음에 숨은 사람을 온유하고 안정한 심령의 썩지 아니할 것으로 하라 이는 하나님 앞에 값진 것이니라."(벧전 3:4)

아무리 겸손하여도 지나칠 수 없습니다. 마음의 교만을 특별하게 싫어하시는 하나님께서는 마음의 겸손을 그만큼 특별하게 좋아하십니다.

"젊은 자들아 이와 같이 장로들에게 순종하고 다 서로 겸손으로 허리를 동이라. 하나님은 교만한 자를 대적하시되 겸손한 자들에게는 은혜를 주시느니라." (벧전 5:5)

본성의 부패로 말미암아 높아진 죄인들의 마음을 낮추고 겸비하게 하는 것이 하나님의 섭리와 말씀의 위대한 목적입니다.

사람들의 심령을 겸손하게 만드는 일은 쉬운 일이 아닙니다. 그리고 그 일을 해내는 일은 결코 작은 일이 아닙니다. 또 금방 해낼 수 있는 일도 아닙니다. 사람을 회심시킬 때에 철저한 겸비함을 가지게 하기 위해서는 깊이 파는 일이 필요합니다.

"집을 짓되 깊이 파고 주추를 반석 위에 놓은 사람과 같으니, 큰물이 나서 탁류가 그 집에 부딪치되 잘 지었기 때문에 능히 요동하지 못하게 하였거니와."
(눅 6:48)

본성적인 '마음의 교만 나무'를 넘어뜨리기 위해서는 그 뿌리를 수도 없이 쳐야 합니다. 어떤 때는 나무가 넘어진 것처럼 보이나, 그 나무가 다시 일어나곤 합니다. 심지어 교만의 성질을 죽이는 뿌리를 믿는 자들 속에 넣어 주셨는데도 교만의 싹이 다시 납니다. 그래서 거듭 다시 겸손하게 하는 일이 필요한 것입니다.

이생 전체는 그 겸손을 위해서 주어진 것입니다. 이스라엘 사람들이 광야에서 있었던 40년 동안의 의미가 바로 그것이었습니다.

"네 하나님 여호와께서 이 사십 년 동안에 네게 광야 길을 걷게 하신 것을 기억하라. 이는 너를 낮추시며 너를 시험하사 네 마음이 어떠한지 그 명령을 지키는지 지키지 않는지 알려 하심이라."(신 8:2)

그리스도께서도 지상 생애의 기간은 '낮아짐의 기간'이었습니다. 그러니 사람들에게는 더 더욱 그럴 것이 틀림없습니다.

"믿음의 주요 또 온전하게 하시는 이인 예수를 바라보자 그는 그 앞에 있는 기쁨을 위하여 십자가를 참으사 부끄러움을 개의치 아니하시더니 하나님 보좌 우편에 앉으셨느니라."(히 12:2)

사람들은 모두 평생 동안 그리스도의 형상을 본받아 닮아가든지, 아니면 어떤 방도로도 흉내 내지 못할 나쁜 패역자 같은 자의 모습으로 변해 가든지 둘 중 하나일 것입니다.

"하나님이 미리 아신 자들을 또한 그 아들의 형상을 본받게 하기 위하여 미리 정하셨으니 이는 그로 많은 형제 중에서 맏아들이 되게 하려 하심이니라."
(롬 8:29)

사람들은 살아가면서 이제나 저제나 언제 자신을 높이고 드러낼까 애를 쓰지만, 이생의 통상적인 과정은 여전히 사람들을 낮아지게 할 것입니다.

이생이 지나고 나면 다시는 낮아지는 일이 결코 존재할 수 없습니다. "불의를 행하는 자는 그대로 불의를 행하고 더러운 자는 그대로 더럽고 의로운 자는 그대로 의를 행하고 거룩한 자는 그대로 거룩하게 하라."(계 22:11)

이 세상에 있는 동안 마음의 교만을 다스리지 못하면 이후에는 결코 그런 기회가 주어지지 않을 것입니다. 다른 세계에서 온유하고 겸손하게 자신을 낮추는 기회가 주어질 것을 기대하지 말아야 합니다. 그 세계에서는 교만한 자들은 산산조각이 날 것이지 바람직한 어떤 상태로 변화되는 일은 없습니다. 그저 자기들에게 주어진 몫과 자기 마음의 부조화 때문에 영원히 괴로움을 당할 것입니다.

"또 무게가 한 달란트나 되는 큰 우박이 하늘로부터 사람들에게 내리매 사람들이 그 우박의 재앙 때문에 하나님을 비방하니 그 재앙이 심히 큼이러라."(계 16:21)

그러므로 겸손하게 될 기회를 놓치지 않도록 조심하십시오. 우리는 반드시 겸손해져야 합니다. 그렇지 않으면 영원토록 망하게 됩니다. 바로 지금 이 세상에 사는 기간이야말로 자신을 겸비케 하는 오직 유일한 기회입니다. 그러므로 해가 비취는 동안 그 기회를 놓치지 말고 활용하십시오. 우리 자신을 겸비하게 하는 섭리에 순응하고, 겸비케 하는 섭리가 주어졌다면 그 섭리를 거스르고 대항하지 마십시오.

"일렀으되 보라 멸시하는 사람들아 너희는 놀라고 멸망하라 내가 너희 때를 당하여 한 일을 행할 것이니, 사람이 너희에게 일러줄지라도 도무지 믿지 못할 일이라 하였느니라 하니라."(행 13:4)

이생이 영구하게 지속되지 않지요. 씨를 뿌려야 할 때 잠자고 있으면 추수 때에는 거지가 되는 법입니다.

다섯째, 우리를 겸비하게 하는 환경들을 활용하여 유익을 얻는 방식이 있습니다.

그런 환경들을 손실로 여기지 말고 그것들을 통해서 유익을 창출하여야 합니다.

"고난당하는 것이 내게 유익이라."(시 119:71)

그 '가시덩굴과 질려'에서 포도를 따려 한다면, 그 가시 덩굴과 질려를 통해 자신의 심령을 먼저 겸비하게 할 각오를 하십시오.

심령의 겸손은 그 자체로도 가장 존귀한 것입니다.

"노하기를 더디하는 자는 용사보다 낫고, 자기의 마음을 다스리는 자는 성을 빼앗는 자보다 나으니라."(잠 16:32)

그래서 그것을 아무리 비싼 값에 산다 할지라도 지나치지 않습니다. 어떤 사람이 무슨 고난을 만나게 되었어도 그로 말미암아 심령을 바르게 낮춘다면, 모든 고초를 참고 견딜만한 가치를 가지고 있는 셈입니다.

"오직 마음에 숨은 사람을 온유하고 안정한 심령의 썩지 아니할 것으로 하라 이는 하나님 앞에 값진 것이니라."(벧전 3:4)

심령의 겸손은 많은 유익들을 함께 불러옵니다. 심령이 겸손한 경우마다 열매를 가득 맺는 가지를 얻게 됩니다. 그것이 바로 그 사람의 몫에 주어진 그 십자가를 쉽게 지고 갈 수 있도록 합니다.

"이는 내 멍에는 쉽고 내 짐은 가벼움이라 하시니라."(마 11:30)

"사람은 젊었을 때에 멍에를 메는 것이 좋으니"(애 3:27)

그것은 하나님께서 특별하게 받음직한 제사입니다.

"하나님께서 구하시는 제사는 상한 심령이라. 하나님이여 상하고 통회하는 마음을 주께서 멸시하지 아니하시리이다."(시 51:17)

하나님의 눈은 그런 선한 사람들을 특별하게 주목하십니다.

"나 여호와가 말하노라 내 손이 이 모든 것을 지었으므로 그들이 생겼느니라. 무릇 마음이 가난하고 심령에 통회하며 내 말을 듣고 떠는 자 그 사람은 내가 돌보려니와."(사 66:2)

그렇습니다. 하나님께서 그런 이들과 함께 거하십니다.

"지극히 존귀하며 영원히 거하시며 거룩하다 이름하는 이가 이같이 말씀하시되 내가 높고 거룩한 곳에 있으며 또한 통회하고 마음이 겸손한 자와 함께 있나니, 이는 겸손한 자의 영을 소생시키며 통회하는 자의 마음을 소생시키려 함이라."(사 57:15)

심령의 겸손이야말로 그 사람 전체의 행실을 관통해 흐르는 지혜의 줄기입니다.

"겸손한 자에게는 지혜가 있느니라."(잠 11:2)

여섯째, 우리가 자신을 낮추기 위해 애쓰는 동안 함께 일하는 손이 있습니다.

바로 하나님의 능하신 손이 있다는 말입니다. 그러니 우리가 그 손에 순응하도록 우리의 마음을 다그쳐야 합니다. 그 손을 대적하여 씨름하려들지 마십시오. 이것을 생각해 보십시오.

우리는 반드시 전능하신 손아래 엎드려져야 합니다. 전능하신 손으로 우리를 누르시는 의도를 하나님께서 갖고 계신데 어떻게 그 손 앞에서 뻣뻣하게 서 있을 수가 있겠습니까? 왜냐하면 하나님의 능하신 손이 그 이루시려는 일을 포기하실 리가 없기 때문입니다.

"너희가 노년에 이르기까지 내가 그리하겠고, 백발이 되기까지 내가 너희를 품을 것이라. 내가 지었은즉 업을 것이요 내가 품고 구하여 내리라."(사 46:10)

그러니 우리는 반드시 그 하나님의 능하신 손 아래 부복하여야 합니다.

'마땅한 도리'의 입장에서 볼지라도 그리해야 합니다. 그리고 심판날에 반드시 우리는 그 앞에 부복하게 될 것입니다.

"왕의 살이 날카로워 왕의 원수의 염통을 뚫으니 만민이 왕의 앞에 엎드러지는도다."(시 45:5)

그러므로 지혜로운 사람은 하나님의 능하신 손 아래 겸손하게 엎드러지는 자입니다. 그런 이들이 아무리 낮아진다 할지라도, 그들을 낮추신 하나님의 손이 그들을 다시 일으켜 세우실 것입니다.

"주 앞에서 **낮추라**. 그리하면 주께서 **너희를 높이시리라**."(약 4:10)

또한 반대로 교만한 자들이 아무리 자신을 높인다 할지라도 하나님께서는 반드시 그들을 낮추실 것입니다.

14 겸손에 이르기 위한
실천 방안들

이 장에서는 이전까지에서 배운 겸손에 관한 교훈을 실천하기 위한 방안들을 집중적으로 살펴보기를 원합니다. 그러기 위하여 우리는 그 방안들을 보편적이고 일반적인 부분과, 구체적이고 특별한 방안들로 나누어 생각하는 것이 좋을 것입니다.

1. 보편적이고 일반적인 방안들

첫째, 자신을 향하신 하나님의 섭리가 어떤 형태로 나타나더라도 거기서 영적 유익을 반드시 얻어내야겠다는 다부진 마음의 결심을 하십시오.
"여호와께서 성읍을 향하여 외쳐 부르시나니 완전한 지혜는 주의 이름을 경외함이니라. 너희는 매를 순히 받고 그것을 정하신 자를 순종할지니라."(미 6:9)
마음을 일단 그런 방향으로 돌리지 않으면 겸손하게 되는 일은 기대하지 말아야 합니다.

"누가 지혜가 있어 이런 일을 깨달으며 누가 총명이 있어 이런 일을 알겠느냐? 여호와의 도는 정직하니 의인은 그 길로 다니거니와, 그러나 죄인은 그 길에 걸려 넘어지리라."(호 14:9)

육체적으로 심히 곤고한 일을 만나서 거기서 영적 유익을 도모하는 방향으로 마음을 돌리려고 목적하는 것보다 더 이치에 합당한 일은 없습니다. 우리가 보통 사람들처럼 행동하거나, 그리스도인답게 행동하거나 간에 그러합니다. 우리가 한쪽 면에서 손실을 당하게 되더라도 다른 면에서 유익을 얻으려고 목표해야 할 것입니다.

둘째, 그리스도를 향하여 마음을 철저하게 집중시킴으로 자신의 '영원한 구원' 문제를 정립하며, 복음이 제시하는 바에 따라 그리스도 안에서 하나님을 자신의 하나님으로 받아들이십시오.

"내가 네게 장가들어 영원히 살되 의와 공변됨과 은총과 긍휼히 여김으로 네게 장가들며."(호 2:19)

"또 주께서 이르시되 그 날 후에 내가 이스라엘 집과 맺을 언약은 이것이니, 내 법을 그들의 생각에 두고 그들의 마음에 이것을 기록하리라. 나는 그들에게 하나님이 되고, 그들은 내게 백성이 되리라."(히 8:10)

자신을 겸비하게 하는 환경들이 자신에게 진실로 유익한 방식으로 작용하게 하십시오. 곧 피조물은 말라 가더라도 그 피조물의 '샘 근원'이신 창조주 하나님께 나아가는 방식으로 작용하게 하라는 말입니다. 왜냐하면 하나님을 자신의 친구, 또는 '나의 하나님'으로 믿지 않고서는 그 하나님의 능하신 손 아래서 그에 상응하는 마땅한 겸손에 이르기가 불가능하기 때문입니다.

"믿음이 없이는 하나님을 기쁘시게 하지 못하나니 하나님께 나아가는 자는 반드시 그가 계신 것과 또한 그가 자기를 찾는 자들에게 상주시는 이심을 믿어야 할지니라."(히 11:6)

"우리가 사랑함은 그가 먼저 우리를 사랑하셨음이라."(요일 4:19)

셋째, 약속을 의뢰하는 믿음 안에서 영혼을 겸비케 하는 방편들을 활용하십시오.

모세는 약속을 믿음으로 반석을 쳐서 물이 솟구쳐 오르게 하였습니다. 만일 그렇게 하지 않았다면 그런 일이 전혀 일어나지 않았을 것입니다. 돌 같은 마음을 다룰 때에도 그와 같이 하십시오. 우리의 돌 같은 마음이 '복음의 보드라운 도마' 위에 놓여져 두들겨 맞아야 합니다.

"너희는 옷을 찢지 말고 마음을 찢고 너희 하나님 여호와께로 돌아올지어다. 그는 은혜로우시며 자비로우시며 노하기를 더디하시며 인애가 크시사 뜻을 돌이켜 재앙을 내리지 아니하시나니."(욜 2:13)

그렇지 않으면 그런 돌 같은 마음이 겸손하게 잘게 부서지는 일이 결코 없을 것입니다.

2. 특별한 방안들

첫째, 어떠한 처지 속에서라도 우리가 저절로 겸손해지지 않는다는

것을 스스로에게 확인시켜야 합니다.

다만 여러분의 심령을 그 처지에 마땅하게 순응시킬 수는 있습니다.

"사람이 감당할 시험 밖에는 너희가 당한 것이 없나니, 오직 하나님은 미쁘사 너희가 감당하지 못할 시험 당함을 허락하지 아니하시고, 시험 당할 즈음에 또한 피할 길을 내사 너희로 능히 감당하게 하시느니라."(고전 10:13)

그것이 진리입니다.

"내 은혜가 네게 족하도다. 이는 내 능력이 약한데서 온전하여짐이라."(고후 12:9)

우리가 그 목적에 도달하고 싶으면, 그 말씀을 확신하고 자신을 그 말씀에 적용시켜야 합니다.

"내게 능력주시는 자 안에서 내가 모든 것을 할 수 있느니라."(빌 4:13)

우리가 아무리 연약하고, 우리가 감당할 일이 아무리 어렵다 할지라도 하나님께서는 우리에게 그 진리를 확신할 은혜를 베푸십니다.

"오로지 우리를 위하여 말씀하심이 아니냐? 과연 우리를 위하여 기록된 것이니 밭가는 자는 소망을 가지고 갈며, 곡식 떠는 자는 함께 얻을 소망을 가지고 떠는 것이라."(고전 9:10)

그러니 그것을 믿는 것이 믿음 생활의 한 부분입니다.

"내 아들아 그러므로 너는 그리스도 예수 안에 있는 은혜 가운데서 강하고."(딤후 2:1)

만일 성공하리라는 기대를 전혀 하지 않는다면, 여러분이 노력을 기울여도 마음은 없을 테니 헛수고를 하는 셈입니다.

"그러므로 피곤한 손과 연약한 무릎을 일으켜 세우고."(히 12:12)

둘째, 우리를 겸비하게 하는 환경 속에서 어떤 모양의 손이 우리를 짓누르는 것 같이 보여도 하나님을 우리 편으로 받아들이십시오.

우리가 어떤 처지에서도 하나님의 능하신 손아래의 범주 안에 있다는 생각을 하십시오.

"여호와께서 성읍을 향하여 외쳐 부르시나니, 완전한 지혜는 주의 이름을 경외함이니라. 너희는 매를 순히 받고 그것을 정하신 자를 순종할지니라."(미 6:9)

사람들은 자신들을 겸비케 하는 환경 속에서 하나님을 응시하지 않습니다. 그래서 그 환경 아래서 자신을 겸비케 하시는 하나님의 부르심을 받고 있음을 알지 못합니다. 그저 우리 시선을 방편적인 피조물에만 두며, 겸손하려 노력하는 대신 오히려 마음을 높입니다. 그러나 그 전투의 양상을 기억할 수 있기 위해서 하나님을 자신의 편으로 받아들이십시오. 그리고 그 이상의 일은 하지 마십시오.

"네 손을 그것에게 얹어 보라. 다시는 싸울 생각을 못하리라."(욥 41:8)

셋째, 하나님의 무한하신 광대하심에 대한 생각들을 더 많이 하십시오.

하나님의 거룩하심과 엄위하심을 생각하여 그러한 외경심 속에서 가장 깊은 겸손으로 들어가도록 애쓰십시오.

"서로 불러 이르되 거룩하다 거룩하다 거룩하다 만군의 여호와여 그의 영광이 온 땅에 충만하도다 하더라. 이같이 화답하는 자의 소리로 말미암아 문지방의 터가 요동하며 성전에 연기가 충만한지라. 그 때에 내가 말하되 화로다 나여 망하게 되었도다. 나는 입술이 부정한 사람이요 나는 입술이 부정한 백성 중에

거주하면서 만군의 여호와이신 왕을 뵈었음이로다 하였더라."(사 6:3-5)

욥은 자신을 낮추시는 하나님의 많은 섭리를 만났습니다. 그러나 그런 많은 섭리들 속에 겸비케 된 일은 그 무한하신 엄위하심과 광대하심 속에 계시는 주님께서 당신 자신을 그 욥에게 깨닫게 하시는 기회였습니다. 주님께서 욥에게 그 방식을 쓰시기 전까지는 욥은 자기 친구들에 대하여 자기의 입지를 지켰으며 자기의 주장을 고집하였습니다. 그런 일은 뇌성벽력과 함께 시작되었습니다.

"이로 말미암아 내 마음이 떨며 그 자리에서 흔들렸도다. 하나님의 음성 곧 그의 입에서 나오는 소리를 똑똑히 들으라."(욥 37:1,2)

그 때 욥이 엎드러졌습니다.

"보소서 나는 비천하오니 무엇이라 주께 대답하리이까? 손으로 내 입을 가릴 뿐이로소이다. 내가 한 번 말하였사온즉 다시는 더 대답하지 아니하겠나이다."(욥 40:4,5)

넷째, 우리를 향하신 하나님의 섭리의 신비들을 인정하도록 자신을 조용하게 설득하십시오.

우리가 그 하나님의 섭리의 비밀을 다 이해할 수는 없지만 그 섭리가 가져다준 상황에 순응해야 할 것입니다.

"깊도다 하나님의 지혜와 지식의 부요함이요, 그의 판단은 측량치 못할 것이며, 그의 길은 찾지 못할 것이로다."(롬 11:33)

하나님께서 욥에게 하신 첫 번째 말씀이 그것이었습니다.

"무지한 말로 이치를 어둡게 하는 자가 누구냐?"(욥 38:2)

이 말씀이 그의 마음에 깊숙이 들어갔고 그를 넘어뜨렸습니다. 하나님께서는 다시 그 점을 강조하십니다.

"무지한 말로 이치를 가리는 자가 누구니이까? 나는 깨닫지도 못한 일을 말하였고 스스로 알 수도 없고 헤아리기도 어려운 일을 말하였나이다."(욥 42:3)

그 말씀이 그로 하여금 무릎을 꿇게 하였고 재(災) 아래 앉게 하였습니다. 우리가 훤히 들여다 볼 것 같은 하나님의 섭리의 조처들 속에서 마저 우리의 지각을 초월하는 어떤 신비들이 있음을 인정해야 할 것입니다. 우리를 당혹케 하고 어리둥절하게 하는 그 신비들을 통해서 주권적인 하나님께서 우리를 침묵시키십니다. 하나님의 무한하신 지혜를 우리가 다 알 수는 없지만 우리를 만족시키기에는 충분합니다.

다섯째, 우리 자신의 죄악성에 대한 생각을 많이 하십시오.

"나는 미천하오니 무엇이라 주께 대답하리이까? 손으로 내 입을 가릴 뿐이로소이다."(욥 40:4)

그들의 눈이 감겨져 있어 죄를 보지 못할 때에는 마음은 교만하여 들뜹니다. 그러나 눈이 열리게 되어 그 죄를 알게 될 때에는 마음이 주저앉습니다. 그러므로 하나님께서 우리 자신을 낮추시는 경륜을 통하여 우리를 다루고 계실 때마다 자신의 본성이나 마음이나 삶의 죄악성을 응시하여야 합니다. 그러면 우리가 겸손으로 나아가는데 도움을 입을 것입니다.

여섯째, 우리 자신을 겸비케 하는 모든 조건들이 우리에게 필요하여 주어졌음을 항상 잊지 않고 있어야 합니다.

그것이 진리입니다.

"그러므로 너희가 이제 여러 가지 시험을 인하여 잠간 근심하게 되지 않을 수 없었으나."(벧전 1:6)

하나님께서는 불필요한 시련이나 고통을 우리에게 부과하지 않으십니다. 필요한 것만 부과하십니다.

"주께서 인생으로 고생하게 하시며 근심하게 하심은 본심이 아니시로다."(애 3:33)

이것이 바로 육신의 아버지와 하나님 아버지의 징계 방식의 주목할 만한 차이입니다.

"저희는 잠시 자기 뜻대로 우리를 징계하였거니와 오직 하나님은 우리의 유익을 위하여 그의 거룩하심에 참여케 하시느니라."(히 12:10)

자신의 마음과 본성의 성질을 살펴보아야 합니다. 그러면 그것이 얼마나 자신을 잘 드러내며, 하나님을 잊고 세상의 헛된 것에 사로잡혀 몰려 나가는 성향이 얼마나 큰지를 발견할 것입니다. 우리의 마음이 얼마나 큰 어리석음에 얽혀 있습니까! 마음의 안정을 위해서 우리 자신을 낮추는 환경들이 필요합니다. 어리석은 자의 등에 채찍이 필요한 것 같이 말입니다. 만일 어느 때에라도 그 필요를 이해하지 못하겠거든, 헛된 일은 전혀 하지 아니하시는 하나님의 무한한 지혜에 근거해서 그 필요성을 믿으십시오.

일곱째, 우리를 겸비케 하는 환경을 통해서 하나님께서 가지고 계신 자비하신 뜻을 이루시려고 섭리하심을 굳게 믿으십시오.

그러한 처지를 통해서 마음을 여는 열쇠로 그 같은 환경을 사용하시려고 하나님께서는 우리를 부르십니다.

"무릇 내가 사랑하는 자를 책망하여 징계하노니 그러므로 네가 열심을 내라 회개하라."(계 3:19)

사탄은 정반대의 의심을 불어넣어 마음을 막아 닫아놓으려 합니다.

"이 재앙이 여호와께로부터 나왔으니 어찌 더 여호와를 기다리리요."(왕하 6:33)

우리를 겸비케 하는 환경 속에 악한 의도가 있다는 식의 의심이 우리를 사로잡는 동안에는 사람의 발밑에 있는 벌레처럼 시도할 것입니다. 그 불쌍한 벌레처럼 자기가 취할 수 있는 최선의 방어책을 강구합니다. 슬픔 가운데 자신의 마음을 굳게 할 것입니다. 우리를 낮추시는 환경 속에 하나님의 선하신 의도가 있다는 믿음을 가지게 되면 하나님 앞에 겸손하게 자신을 드러내는 것을 부끄러워하지 않을 것입니다.

이런 논리에 대하여 반론을 제기할 수도 있을 것입니다. 그 점을 다루어 보겠습니다.

반론

'그런 처지 속에 하나님의 자비하신 의도가 있음을 알기만 한다면 기꺼이 그것을 감내해낼 것이다. 그 처지 속에 그보다 더 많은 것이 있어도 참아낼 것이다. 그러나 그런 처지 속에 나를 망하게 하시는 하나님의 섭리의 의도가 있을까 두렵도다.'

답변

하나님의 어떤 말씀, 또는 하나님이 계신 하늘로부터 온 어떤 깨달음이 그대로 하여금 그런 두려움을 갖게 하였습니까? 그런 두려움을 가질 만한 근거가 하나도 없습니다. 지옥에서 나오는 것 말고는.

"사람이 감당할 시험 밖에는 너희가 당한 것이 없나니, 오직 하나님은 미쁘사 너희가 감당하지 못할 시험 당함을 허락하지 아니하시고, 시험 당할 즈음에 또한 피할 길을 내사 너희로 능히 감당하게 하시느니라."(고전 10:13)

복음 가운데에서 그대를 향하여 가진 어떠한 의도도 그러합니다. 복음 안에 쌓아 놓은 은혜의 말씀 전체 속에 그런 하나님의 자비하심 말고 다른 것이 있다고 믿을 수 있습니까? 정말 내가 간절하게 말하고 싶은 바가 그것입니다. 하나님의 진리의 면전에서 그런 거짓말을 하게 만들다니, 불신앙 속에 있는 저 검은 지옥의 성향이 아니면 무엇이 그렇게 생각하도록 만들겠습니까?

"오호라 너희 모든 목마른 자들아 물로 나아오라 돈 없는 자도 오라. 너희는 와서 사 먹되 돈 없이, 값없이 와서 포도주와 젖을 사라."(사 55:1)

"하나님의 아들을 믿는 자는 자기 안에 증거가 있고 하나님을 믿지 아니하는 자는 하나님을 거짓말하는 자로 만드나니 이는 하나님께서 그 아들에 대하여 증언하신 증거를 믿지 아니하였음이라. 또 증거는 이것이니 하나님이 우리에게 영생을 주신 것과 이 생명이 그의 아들 안에 있는 그것이라."(요일 5:10,11)

복음은 죄인들의 세상을 향한 하나님의 사랑과 선하심의 호흡입니다.

"모든 사람에게 구원을 주시는 하나님의 은혜가 나타나."(딛 2:11)

"우리도 전에는 어리석은 자요 순종하지 아니한 자요, 속은 자요, 여러가지

정욕과 행락에 종노릇 한 자요, 악독과 투기를 일삼은 자요, 가증스러운 자요, 피차 미워한 자였으나, 우리 구주 하나님의 자비와 사람 사랑하심이 나타날 때에, 우리를 구원하시되 우리의 행한 바 의로운 행위로 말미암지 아니하고 오직 그의 긍휼하심을 따라 중생의 씻음과 성령의 새롭게 하심으로 하셨나니."(딛 3:3-5)

"아버지가 아들을 세상의 구주로 보내신 것을 우리가 보았고 또 증언하노니."(요일 4:14)

"하나님이 그 아들을 세상에 보내신 것은 세상을 심판하려 하심이 아니요 그로 말미암아 세상이 구원을 받게 하려 하심이라."(요일 3:17)

그러니 그런 식으로 생각하는 것은 마귀가 믿는 수준 이상을 넘어서지 못하는 것입니다. 만일 복음 안에 하나님의 자비하신 의도가 있음을 믿을 수만 있다면, 자신을 낮추는 처지 속에서도 그 점을 믿어야 합니다. 섭리의 의도와 복음의 의도가 서로 상충될 수 없기 때문입니다. 오히려 그 둘은 서로 보완관계에 있습니다.

여덟째, 이 세상은 하늘을 준비하기 위한 시련의 때임을 자신에게 늘 상기시키십시오.

"시험을 참는 자는 복이 있도다. 이것에 옳다 인정하심을 받은 후에 주께서 자기를 사랑하는 자들에게 약속하신 생명의 면류관을 얻을 것임이니라."(약 1:12)

그러므로 그러한 관점으로 여러분 자신을 낮추는 일을 기쁘게 받아들여야 합니다.

"내 형제들아 너희가 여러 가지 시험을 만나거든 온전히 기쁘게 여기라."

(약 1:2)

사람에게 부여될 수 있는 존귀한 직무나 유익하게 하는 소임이 있다 해도, 그것을 얻기까지는 시련을 무릅써야 합니다. 그런 소망 중에서 그런 것들이 합법적으로 자기에게 주어질 수 있다는 의식으로 참아낼 수 있는 것입니다. 성경 전체가 가르치듯이, 하나님께서는 하늘나라에서의 영원한 삶을 위하여 사람을 낮추는 그 환경을 통해서 사람들을 단련하십니다. 그런데 사람들이 그런 처지에서 더디게 순응하다니 실로 안타까운 일이 아닐 수 없습니다.

이와 관련하여 여러분에게 몇 가지의 질문을 던지고 싶습니다.

첫째로, 하늘을 위해 연단 받는다는 것이 그 소망의 영광을 누릴 후보자로 서 있는 우리에게 아무것도 아니겠습니까? 벌써 그 속에 영예가 존재하지 않습니까? 모든 성도들이 바로 그 영예를 가지고 있습니다.

"보라 인내하는 자를 우리가 복되다 하나니."(약 5:11)

그 속에 이미 아름다운 전망이 있습니다.

"우리의 잠시 받는 환난의 경(輕)한 것이 지극히 크고 영원한 영광의 중(重)한 것을 우리에게 이루게 함이니."(고후 4:17)

이런 경우를 상정해 봅시다. 그 영광을 위해 연단받을 필요가 전혀 없는 자로 여러분을 제쳐놓으시고 대신 이 세상에서나 온전한 평안을 몫으로 받도록 하나님께서 뜻을 정하셨다면 어떻게 되겠습니까? 하나님께서 여러분에게 더 이상 기대하지 않으시어 그렇게 하셨다 합시다. 그런 경우라면 어떻게 되겠습니까?

둘째로, 여러분이 당하는 시련과 장차 여러분에게 주어질 영광을 족히 비교할 수 있겠습니까? 여러분이 아무리 비천한 처지에 처한다 할지라도, 장차 받을 영광에 비한다면 정말 가볍기 짝이 없습니다. 여러분이 그 낮은 처지 속에서 아무리 오래 견딘다고 해도 그 영원한 무게에 비하면 한 순간에 불과합니다. 안타깝습니다! 우리를 낮추는 처지 아래에서 우리가 불편해 하는 심기(心氣)의 근원으로 내려가 보면 많은 불신앙이 존재하고 있습니다. 진정 오는 세계에 대한 더 분명한 관점을 가졌다면, 이생에서 우리를 웃게 하거나 울게 하는 것들에 대하여 그렇게 큰 중요성을 두지 말아야 합니다.

셋째로, 여러분을 낮추는 환경의 시련 속에서 끝내 어리석은 자로 드러난다면 우리가 대체 어떤 사람이겠습니까?

"풀무를 맹렬히 불면 그 불에 납이 살아져서 단련하는 자의 일이 헛되게 되느니라. 이와 같이 악한 자가 제하여지지 아니하나니 사람들이 그들을 내어버린 은이라 칭하게 될 것은 나 여호와가 그들을 버렸음이니라."(렘 6:29, 30)

그 결말은 오직 그것뿐입니다. 여러분의 마음이 결단코 그 어떤 것으로도 더 낮추어지지 않는 어리석은 자로 판명나게 되는 것입니다. 그러므로 여러분을 낮추는 그런 환경들을 벗어나게 되는 경우에도 여러분의 마음의 겸비함이 전혀 보이지 않게 됩니다. 그러한 하나님의 경륜(經綸)의 섬뜩함을 생각하면, '우리의 마음이 겸비해지기 전에는 우리를 높이 들어 그 낮은 환경에서 벗어나지 못하게 하옵소서.'라고 하나님께 무릎을 꿇고 간청해야 마땅합니다.

"너희가 어찌하여 매를 더 맞으려고 패역을 거듭하느냐 온 머리는 병들었고

온 마음은 피곤하였으며."(사 1:5)

"너의 더러운 것들 중에 음란이 그 하나이니라. 내가 너를 깨끗하게 하나 네가 깨끗하여지지 아니하니 내가 네게 향한 분노를 풀기 전에는 네 더러움이 다시 깨끗하여지지 아니하리라."(겔 24:13)

아홉째, 우리를 낮추는 환경들을 통하여 하늘에 합당한 자로 우리를 예비하시는 주님의 방식을 항상 상기해야 합니다.

"우리로 하여금 빛 가운데서 성도의 기업의 부분을 얻기에 합당하게 하신 아버지께 감사하게 하시기를 원하노라."(골 1:12)

"곧 이것을 우리에게 이루게 하시고 보증으로 성령을 우리에게 주신 이는 하나님이시니라."(고후 5:5)

건물을 짓기 위해 필요한 돌과 재목들을 그 건물에 맞게 조정하는 과정이 있기 마련입니다. 그것들을 놓고 이리 저리 깎아내고 켜고 부수기도 합니다. 채석장에서 채취한 상태로나 벌목장에서 베어낸 상태로는 집을 짓는 재료로 바로 사용될 수 없습니다. 아무리 좋은 것이라 여겨 선택되었다 할지라도 철 연장이 먹혀들지 않으면 건물의 재료로 쓰임을 받지 못합니다. 그러므로 간청하노니, 세상적 안위(安慰)의 따사로운 햇살이나 자신의 뜻대로 하늘에 합당한 자가 되리라는 생각을 어떻게 할 수 있다는 말입니까? 그런 식으로는 오는 세계의 즐거움의 맛을 미리 맛보지 못할 것이 뻔합니다. 그런 방식으로 멸망을 위해서 예비되는 자들이 바로 하나님의 진노(震怒)의 그릇들입니다. 그러나 영광을 받기로 되어있는 존귀한 그릇들은 자기들을 낮추는 처지로 말미암아 그에 합당하게 예비함을 받고 있는 것입니다.

여기서 저는 이와 관련하여 두 가지의 요점에 대하여 말하고 싶습니다.

첫째로, 지상에서나 내세에서나 여러분을 기쁘게 하는 것은 오직 하늘 밖에 없습니까? 하나님께서는 성도를 위해서 하늘을 확보해 놓으셨습니다. 거기서 그 성도들은 자기들이 원하고 바라고 뜻하던 모든 것을 얻을 것입니다. 거기서는 그들을 내리 누르는 무거운 것을 하나도 만나지 않을 것입니다. 그 하늘이 저 다른 세계 속에 있습니다. 그러나 여기 지상에서도 역시 그리스도인들은 바로 그 하늘을 누려야 합니다. 그렇지 않으면 여러분이 내세에서 맞이하는 그 하늘을 어떻게 소화해낼 수 있겠습니까? 일 년에 여름이 두 번 없고, 24시간 내에 이틀이 지나가 버리는 일은 없는 이치만큼이나 그 하늘의 질서가 확고합니다. 그 이치를 엎을 수 없습니다. 그러므로 밤을 택할 것인지, 아니면 낮을 택할 것인지, 겨울을 택할 것인지 여름을 택할 것인지 둘 중 하나여야 합니다. 우리는 이 세상에서나 내세에서도 오직 하늘만 택할 것인지 아닌지의 여부를 결정해야 합니다.

둘째로, 이생에서 낮아지게 하는 처지와 맞추어 겸비해지지 않으면 하늘을 소유할 수 없습니다.

"곧 이것을 우리에게 이루게 하시고 보증으로 성령을 우리에게 주신 이는 하나님이시라."(고후 5:5)

여러분이 지상의 '게으름의 침상'에서 하늘을 꿈꾸며 평안히 누워 있을 수도 있습니다. 아니면 '어리석은 자의 낙원'을 소망하고 마음이 부풀어 올라서 여러분 자신을 들릴라의 무릎에서 벗어나 아브라함의 품으로 던지고 싶은 꿈을 꿀 수도 있습니다. 그러나 겸비케 되지 않으면 '하나님께서 예비하신 그 하늘'을 감당할 수 없습니다. 하나님께서 예비하신 하늘을 세 가지로 나누어 보면 다음과 같습니다.

하나님께서는 성경으로 그 하늘을 계시하셨습니다. '성경이 말하는 그 하늘'이 때가 되면 높이 들려 올려지는 것이 아니겠어요? 그러나 내려간 적이 없는 여러분이 어떻게 들려 올려지겠습니까? 여러분에게 닦을 눈물이 어디 있겠습니까? 선한 싸움을 싸우지 않았는데 어디서 승리를 얻겠습니까? 복종의 수고가 없었는데 어떻게 안식이 주어질 수 있겠습니까?

그 다음으로 '성도들의 하늘'에 대하여 생각하여 봅시다.

"그가 나더러 이르되 이는 큰 환난에서 나오는 자들인데 어린 양의 피에 그 옷을 씻어 희게 하였느니라."(계 7:14)

이는 아브라함과 이삭과 야곱과 함께 거기 하늘에 있는 모든 성도들에 대해 묻는 요한의 질문에 대한 천사의 대답입니다. 그들은 자신을 낮추는 처지를 통해서 먼지에까지 낮아졌던 이들입니다. 이제 그들은 그 먼지로부터 일어나서 보좌 앞에 이르렀습니다. 그들과 함께 아래로 내려뜨리움 당할 것을 전혀 생각할 수 없는 여러분이 어떻게 높이 들려 올려질 것을 생각한다는 말입니까?

'그리스도의 하늘'은 어떠합니까?

"믿음의 주요 또 온전케 하시는 이인 예수를 바라보자 저는 그 앞에 있는 즐거움을 위하여 십자가를 참으사 부끄러움을 개의치 아니하시더니 하나님 보좌 우편에 앉으셨느니라."(히 12:2)

우리 앞서 가신 주님께서 자신의 길을 어떻게 닦으셨는지 생각해 보십시오.

"그리스도가 이런 고난을 받고 자기의 영광에 들어가야 할 것이 아니냐 하시고."(눅 24:26)

여러분이 그분이 계신 곳에 이르기를 간절하게 소원한다면 앉아서 계산해 보십시오. 그분이 가셨던 방식대로 가야한다는 결론이 나올 것입니다.

"무리와 제자들을 불러 이르시되 아무든지 나를 따라오려거든 자기를 부인하고 자기 십자가를 지고 나를 좇을 것이니라."(막 8:34)

열째, 결국 우리가 오매불망 고대하는 그 소망들이 이 세상에서 오리라는 기대감을 끊어야 합니다.

그런 일은 오는 세상에서나 가능하다고 생각하십시오. 여기 지상에서는 나그네와 행인처럼 하늘에서 얻을 안식을 바라 보아야 합니다. 거기에 이르기까지는 안식이 없다고 생각하십시오. 그럼에도 불구하고 하나의 득세하는 악이 존재합니다.

"네가 길이 멀어서 피곤할지라도 헛되다 말하지 아니함은 네 힘이 살아났으므로 쇠약하여지지 아니함이라."(사 57:10)

그처럼 바벨탑을 건설하는 일이 여전히 계속되고 있습니다. 그것이 결국에는 거듭해서 무너졌음에도 말입니다.

"벽돌이 무너졌으나 우리는 다듬은 돌로 쌓고 뽕나무들이 찍혔으나 우리는 백향목으로 그것을 대신 하리라 하도다."(사 9:10)

이런 일들이 겸비케 하는 일을 매우 길게 연장시킵니다. 그리고 우리는 어찌나 안달하면서 피조물을 부여잡고 있는지, 그 피조물의 가슴팍에 달라 붙어 젖을 계속 빨고 있어 떼어낼 수가 없습니다. 그러나 우리가 해야 할 일은 저 다른 세계를 꽉 붙잡고 이 세상을 붙잡은 손은 놓는 것입니다. 그래서 하나님의 능하신 손 아래서 겸비하게 되어야 합니다. 저 세상의 행복을 더 굳게 잡으면 잡을수록 여기 이 지상에서 여러분을 낮추는 그 처지에 자신을 순응시키기가 더 쉬워질 것입니다.

3. 겸손을 실천하기 위하여 그리스도의 세 직무(職務)를 활용하는 방안

우리 자신을 낮추는 처지에서 겸손해지기 위하여 그리스도의 세 직무(職務), 대제사장과 선지자와 왕으로서의 직무를 활용하는 방안을 생각해 볼 수 있습니다. 그리스도의 세 직무는 참된 겸손이 무엇임을 보여줍니다. 그 겸손은 이런 식으로 왔습니다.

"내가 다윗의 집과 예루살렘 주민에게 은총과 간구하는 심령을 부어 주리니, 그들이 그 찌른 바 그를 바라보고 그를 위하여 애통하기를 독자를 위하여 애통하듯 하며, 그를 위하여 통곡하기를 장자를 위하여 통곡하듯 하리로다."(슥 12:10)

참된 겸손은 그러하신 그리스도를 의뢰함으로써만 가능합니다.

첫째, 그리스도께서 제사장이 되시어 우리를 위하신다는 사실을 생

각하십시오.

우리의 양심은 죄책감으로 가득차 있습니다. 그래서 어떤 처지에서도 우리가 불안합니다. 우리를 겸비케 하는 환경들 속에서는 훨씬 더 그러합니다. 마치 어깨에 가시가 박혀 있는 데 거기에 짐을 올려놓은 것 같은 형국입니다. 그러니 찌르는 아픔이 오죽하겠습니까? 그러나 그리스도의 피는 양심을 깨끗하게 할 것이고, 그 가시를 빼내고 평안을 줄 것입니다.

"그 거주민은 내가 병들었노라 하지 아니할 것이라 거기에 사는 백성이 사죄함을 받으리라."(사 33:24)

그리고 그 양심으로 섬김과 선행이나 고난을 위하여 예비하게 할 것입니다.

"그리스도의 피가 어찌 너희 양심으로 죽은 행실에서 깨끗하게 하고 살아계신 하나님을 섬기게 못하겠느뇨?"(히 9:14)

둘째, 우리를 가르치시는 선지자로서의 그리스도를 생각하고, 거기서 우리가 겸손할 이유를 배우십시오.

우리는 우리를 낮추는 그 겸비케 하는 처지를 바르게 분별하는 법을 배울 필요가 있습니다. 왜냐하면 우리는 그런 처지들에서 실수를 잘하며, 억압적인 짐이 우리에게 부과된 것으로 여길 때가 많기 때문입니다. 반면에 하나님께서 우리에게 그런 것들을 부과하신 뜻을 바르게 이해할 수만 있다면, 그 처지들에서 우리가 겸손해질 것입니다. 그리하여 그런 처지들이 우리를 억압적인 무게로 누르는 것 같이 여겨지지 않을 것입니다. 실로 우리는 그런 상황 속에서 그리스도와 그 말씀의 빛과 성령님의 감동하심을 필요로 합니다. 우리가 마땅하게 할 도리를 위해서만이 아닙니다. 우리에게 지워진 십자가와 그 시련을 바로 이해할 수 있기 위해서는 그런 신적 은혜와 감동이 절실합니다.

"온유한 자를 정의로 지도하심이여 온유한 자에게 그의 도를 가르치시리로다. 여호와의 모든 길은 그의 언약과 증거를 지키는 자에게 인자와 진리로다."
(시 25:9,10)

셋째, 우리의 임금으로서의 그리스도를 생각하고 그 앞에 어떤 자세를 취하는 것이 옳은지를 생각해 보십시오.

우리는 우리를 비천하게 만드는 환경 속에서마저 목이 곧은 자세를 버리지 않고 겸비하게 자신을 낮추기를 마다합니다. 모세에게서 교훈을 배우십시오. 모세가 처한 조건들에서 우리가 어떻게 했을까 미루어 생각해 보세요.

"주여 내가 주께 은총을 입었거든 원하건대 주는 우리와 동행하옵소서. 이는 목이 뻣뻣한 백성이니이다. 우리의 악과 죄를 사하시고 우리를 주의 기업으로 삼으소서."(출 34:9)

그 문제를 그분의 강하고 능한 손에다 놓으십시오.

"영광의 왕이 누구시냐? 강하고 능한 여호와시오, 전쟁에 능한 여호와시로다."
(시 24:8)

그분께서는 그것을 능히 높이실 수 있습니다. 왁스를 불 앞에 놓으면 누굴누굴 해지고, 그 위에 도장을 찍으면 그 도장에 새겨있는 문양(紋樣)

이 그 왁스 위에 생성이 됩니다. 하나님께서는 마치 그와 같게 하실 수 있습니다.

4. 실천 방안들과 함께 기억해야 할 일

이런 방안들을 실천에 옮기려 할 때 다음과 같은 요점들을 자신에게 상기시키면 도움이 될 것입니다.

이런 것들을 알고 행한다면 우리가 행복할 것이라는 점입니다. 우리로 겸비하게 하는 일은 세상에서 사는 날 동안 우리 손을 가득 채우는 일이 될 것입니다. 물론 죽기 전에는 우리를 겸비하게 하는 일이 끝나지 않을 것입니다. 우리를 낮추는 일이 이 세상에 사는 날 동안에 계속 따라 다닐 것입니다. 물론 그 일의 종류는 바뀔 수 있습니다. 그러나 세상에서 사는 날 동안에는 우리를 겸비하게 하는 조건에서 우리가 자유하게 되는 일은 결코 없을 것입니다. 그것이 집요하게 우리를 따라 다닐 것입니다. 우리가 죽어 세상을 떠나 하늘에 가게 될 때에 그 모든 것에서 자유하게 될 것입니다. 그러니 우리의 불완전, 여러 관계들, 어긋남들, 고통들, 불확실성, 죄악성 등 우리를 낮추는 조건들이 지상에 있는 우리에게 경건의 연습 소재를 제공할 것입니다.

"하나님께서 행하시는 일을 보라 하나님께서 굽게 하신 것을 누가 능히 곧게 하겠느냐?"(전 7:13)

15 환난 중에 겸비한 자들에게 주어진 약속의 때

이 본문의 의도 중에 아직 다루지 않은 남은 부분을 다음의 교리로 함축하고 싶습니다.
'때가 되면 분명히 하나님의 능하신 손 아래서 자신을 낮추는 사람들이 높임을 받을 것이다.'

1. 약속의 때에 대한 일반 사항

첫째, 높여주심을 누리게 될 사람들은 무엇보다 먼저 내려 뜨려지는 아픔을 지불해야 합니다.
"내가 말하기를 내 주여 당신이 아시나이다 하니, 그가 나에게 이르되 이는 큰 환난에서 나오는 자들인데 어린 양의 피에 그 옷을 씻어 희게 하였느니라." (계 7:14)
"세상에서는 너희가 환난을 당하나 담대하라."(요 16:33)

약속의 땅에 이르기 위해서는 고정된 은혜의 방편만으로는 안되고 광야를 통과해야만 했습니다. 내던져지는 아픔을 견뎌낼 수 없다면 높이 들리움을 받는 달콤함도 맛보지 못할 것입니다.

둘째, 하나님의 능하신 손에 의하여 내던져짐을 당하였으면 그 손 아래서 잠잠히 고요하게 누워 있는 법을 배워야 합니다.

우리를 던지신 그 하나님의 손이 우리를 다시 일으키시고 높이시기까지 그리하고 있어야 합니다. '높여 주신다.' 는 약속에 참여할 자는 바로 그 점을 배워야 합니다.

"사람은 젊었을 때에 멍에를 메는 것이 좋으니."(애 3:27)

우리를 그 복된 약속의 영역 안으로 이끌어 들이는 것은 하나님의 섭리로 말미암아 겸비케 하는 처지로 내던져지는 것 자체가 아닙니다. 오히려 하나님의 은혜를 따라서 우리 심령을 그 처지에 순응시키는 것으로 말미암습니다.

셋째, 비천한 처지에서 겸비해지지 않는 사람들은 결단코 이 약속의 방식대로 높이 들려 올리우심을 받지 못할 것입니다.

사람이 자신을 낮추어야 하는 처지에 있으면서도 마음은 높은데 두고 겸손해지지 않을 수 있습니다. 그러한 경우에도 높이 들리움 받는 영예를 만날 수 있습니다. 그러나 그런 영예는 결국 심각하게 떨어지는 것으로 결말을 맞습니다.

"겸손한 자와 함께 하여 마음을 낮추는 것이 교만한 자와 함께 하여 탈취물을

나누는 것보다 나으니라."(잠 16:19)

"주께서 참으로 저희를 미끄러운 곳에 두시며 파멸에 던지시니."(시 73:18)

자신을 낮추는 처지에서도 자신을 낮추어 겸손하지 않는 사람들은 자기들의 고집 때문에 치료책이 없는 비참한 상태에 자신을 묶어 놓는 자로 발견될 것입니다.

넷째, 자신을 낮추는 환경과 처지 속에서 심령을 낮추어 겸손하게 되면 그 사람이 반드시 그 처지에서 높여지는 때가 올 것입니다.

하늘에 계신 하나님의 선한 의도를 따라서 그런 일이 일어나는 것입니다.

"내가 너희에게 이르노니 이에 저 바리새인이 아니고 이 사람이 의롭다 하심을 받고 그의 집으로 내려갔느니라. 무릇 자기를 높이는 자는 낮아지고 자기를 낮추는 자는 높아지리라 하시니라."(눅 18:14)

솔로몬은 관찰을 통하여 다음의 사실을 깨닫고 이렇게 말하였습니다.

"유순한 대답은 분노를 쉬게 하여도 과격한 말은 노를 격동하느니라."(잠 15:1)

거만한 사람들은 자기 고집으로 자기 목에 메인 멍에를 더 단단히 조여 맬 뿐입니다. 반면에 겸손한 사람들은 복종함으로 그 목에 메인 멍에의 무게를 반드시 풀게 됩니다.

"가난한 자를 진토에서 일으키시며 빈핍한 자를 거름더미에서 드사 귀족들과 함께 앉게 하시며 영광의 위를 차지하게 하시는도다 … 그가 그 거룩한 자들의 발을 지키실 것이요 악인으로 흑암 중에서 잠잠케 하시리니 힘으로는 이길 사람이 없음이로다. 여호와를 대적하는 자는 산산이 깨어질 것이라."(삼상 2:8-10)

대포가 돌 성벽을 무너뜨릴 것이지만, 탄력 있는 솜뭉치는 그 대포의 힘을 빼버릴 것입니다.

다섯째, 겸비케 하는 처지에서 자신을 겸손케 하는 자들을 들어 올리시기 위하여 하나님께서 정하신 때가 있습니다.
"이 묵시는 정한 때가 있나니 그 종말이 속히 이르겠고 결코 거짓되지 아니하리라 비록 더딜지라도 기다리라 지체되지 않고 정녕 응하리라."(합 2:3)
범사에 때가 있듯이 겸손한 자가 높아지는 때가 있다는 말입니다.
"죽일 때가 있고 치료시킬 때가 있으며 헐 때가 있고 세울 때가 있으며."(전 3:3)
우리는 그때를 알지 못하나 그때를 정하신 하나님께서는 아십니다. 겸손한 자가 "나는 결코 높여짐을 받지 못할 것이다."고 말하지 않아야 합니다. 길고 어두운 밤이 지나면 여명이 밝아 오고 태양이 떠오르는 아침이 옵니다. 칼같이 살을 에는 것같은 추운 겨울이 지나면 반드시 봄이 오듯이 그 때도 오기 마련입니다.

여섯째, 자신을 겸비하게 낮추면 '내가 높여지는 때가 금방 이어진다.'고 생각은 하지 않아야 합니다.
결코 그렇게 생각해서는 안 됩니다. 다만 능하신 하나님의 손안에서 그냥 누워있는 모습을 취하며 정한 때를 기다리세요. 사람을 겸손하게 하는 일은 시간이 걸리는 작업입니다. 이스라엘 사람들을 겸비하게 하시려고 광야에서 40년 동안 있게 하신 분이 하나님이십니다. 하나님의 백성들은 그때에 관하여 하나님께 맡기는 법을 배워야 합니다. 어둠의 긴 밤을 걸었는데 아직 밤이 물러가지 않았어도 그렇게 믿어야 합니다.

"**너희 중에 여호와를 경외하며 그 종의 목소리를 청종하는 자가 누구냐? 혹 암 중에 행하여 빛이 없는 자라도 여호와의 이름을 의뢰하며 자기 하나님께 의지할지어다.**"(사 50:10)

일곱째, 겸손한 자를 높이시려고 하나님이 정하신 때가 가장 마땅한 때요 그 일을 위해서 가장 적합한 때임을 믿으십시오.

"**우리가 선을 행하되 낙심하지 말지니 피곤하지 아니하면 때가 이르매 거두리라.**"(갈 6:9)

그때는 하나님의 정하신 때이니 때가 이르기까지 인내해야 합니다. 그때는 하나님께서 무한하신 지혜로 정하신 것이 분명하니 진정 최선의 때입니다. 그러므로 믿음은 바로 그때를 기다리며 서 있는 것입니다. "그것을 믿는 자는 급절하게 되지 아니하리로다." 어느 것이든지 최상의 아름다움을 보이려면 그 정한 때가 되어야 합니다. 그래서 하나님께서 행하시는 모든 일을 그 정한 때와 맞추셨습니다.

"**하나님이 모든 것을 지으시되 때를 따라 아름답게 하셨고.**"(전 3:11)

여덟째, 겸손한 자가 높이 들려지는 일은 정한 마땅한 때가 되면 반드시 일어나게 되어 있습니다.

"**이 묵시는 정한 때가 있나니 그 종말이 속히 이르겠고 결코 거짓되지 아니하리라 비록 더딜지라도 기다리라 지체되지 않고 정녕 응하리라.**"(합 2:3)

시간은 머뭇거리지 않습니다. 시간은 밤낮으로 달려가고 있습니다. 그러므로 정한 때는 확실히 오고 있습니다. 그때가 오면 겸손한 자를 높이 드시는 일이 반드시 있습니다. 여러분 자신을 낮추는 처지가 아무리 심하여 소망이 전혀 없어 보이는 상황이라도 그 겸비한 처지로부터 들려 올려지는 일이 반드시 일어나게 될 것입니다.

2. 겸손한 자들을 높이시는 하나님의 두 방식

하나님께서 겸손한 자들을 높이 드시는 방식이 둘 있습니다. 부분적으로 높이시는 일과 전체적으로 높이시는 일입니다.

첫째, 하나님께서는 겸손한 자들을 이 세상에서는 때에 맞게 부분적으로만 높이십니다.

겸손한 자들을 높이시는 하나님의 섭리가 있더라도 그 높이심은 부분적입니다.

"여호와여 내가 주를 높일 것은 주께서 나를 끌어 내사 내 대적으로 나를 인하여 기뻐하지 못하게 하심이니이다."(시 30:1)

이 높이심은 전체적인 것이 아니라 부분적인 것입니다. 겸손한 자들은 자기들이 이 세상에서 사는 동안에 부분적으로만 높여지기를 바라야 합니다. 이는 피곤한 자에게 생기를 주시고 짐을 가볍게 하시는 은택을 허락하신다는 말입니다. 그러나 하나님께서는 이 세상에서는 그들로 완전하게 편히 쉬게 하시지는 않으실 것입니다. 광야에서 이스라엘이 여러 차례 애통하는 일을 겪으면서도 여전히 노래를 부르는 때도 만나게 된 일을 생각해 보세요.

"이 때에 모세와 이스라엘 자손이 이 노래로 여호와께 노래하니, 일렀으되 여호와를 찬송하리니 그는 높고 영화로우심이요, 말과 그 탄 자를 바다에 던지셨음이로다."(출 15:1)

"그 때에 이스라엘이 노래하여 이르되 우물물아 솟아나라 너희는 그것을 노래하라."(민 21:17)

그런데 이렇게 부분적으로 높이시는 일이 아무 때에나 일어날 수 있는 것은 아닙니다. 그를 위하여 하나님께서 정하신 때가 있는 것입니다. 우리 원하는 대로 우리 식으로 위안과 쉼을 얻는 것이 반드시 우리에게 유익한 것은 아닙니다. 하나님께서는 당신의 백성들로 하여금 언제 '무거움'을 느끼게 할 필요가 있는지 너무나 적확하게 아십니다.

"그러므로 너희가 이제 여러 가지 시험으로 말미암아 잠깐 근심하게 되지 않을 수 없으나 오히려 크게 기뻐하는도다."(벧전 1:6)

또한 '수고로 저희 마음을 낮추실' 필요가 있을 때가 언제인지 아시는 분이 하나님이십니다.

"그러므로 그가 고통을 주어 그들의 마음을 겸손하게 하셨으니 그들이 엎드러져도 돕는 자가 없었도다."(시 107:12)

그들을 언제 낮추는 것이 좋은지를 아시는 분이 하나님이듯이, 그들을 높여야 할 적확한 때를 아시는 분도 하나님이십니다.

"그런즉 너희는 차라리 그를 용서하고 위로할 것이니 그가 너무 많은 근심에 잠길까 두려워하노라."(고후 2:7)

그 경우에도 우리는 하나님의 손안에 있습니다. 의사가 환자에게 고약(膏藥)을 붙이고 있을 기간을 정하는 것과 같은 이치입니다. 의사이신 하나님께서 환자된 우리 마음대로 하게 내버려 두지 않으십니다.

둘째, 하나님께서 그들을 전체로 높이시는 때는 바로 그들이 죽어 세상을 떠나 하늘에 갈 때입니다.

"이에 그 거지가 죽어 천사들에게 받들려 아브라함의 품에 들어가고."(눅 16:22)

그때 주님께서는 그 사람들을 더 이상은 부분적으로 다루지 않으실 것입니다. 이제는 완전하게 소성케 하십니다.

"그러나 너희가 이른 곳은 시온 산과 살아 계신 하나님의 도성인 하늘의 예루살렘과, 천만 천사와, 하늘에 기록된 장자들의 모임과, 교회와 만민의 심판자이신 하나님과 및 온전하게 된 의인의 영들과, 새 언약의 중보자이신 예수와 및 아벨의 피보다 더 나은 것을 말하는 뿌린 피니라."(히 12:22-24)

그때 주 하나님께서는 짐을 벗기시며 무거웠던 모든 것을 내려놓게 하십니다. 이제는 영원토록 짐을 지는 일은 더 이상 없습니다. 그래서 그들은 이전에 한 번도 도달해 보지 못했던 고지로 끌어올리시는 하나님의 은혜를 맛보게 될 것입니다. 지상에서 최상으로 올라갔을 경우에도 그 정도에 이른 적은 없었습니다. 주 하나님께서는 죽어 이 세상을 떠나는 성도들을 높이시되, 땅에 있는 어떤 이들도 오른 적이 없는 지대에 높이실 것입니다. 그들을 그 높은 자리에 계속 두시고 다시는 아래로 내려오지 못하게 하십니다.

우리를 전체로 높이시는 그 때에 대하여 잠간 더 생각해 볼 문제가 있습니다. 그것은 우리가 진 짐의 무게에 짓눌려 견딜 수 없다는 생각을 하기 쉽다는 사실입니다. '이 고생스런 때야 어서 지나가거라. 때가 되면 이 모든 짐을 벗어 버리게 될 것이다. 그 때여, 어서 오너라.'

"종은 저녁 그늘을 몹시 바라고 품꾼은 그의 삯을 기다리나니, 이와 같이 내가 여러 달째 고통을 받으니 고달픈 밤이 내게 작정되었구나."(욥 7:2,3)

"그러나 내가 육신에 거하는 것이 너희를 위하여 더 유익하리라. 내가 살 것과 너희 믿음의 진보와 기쁨을 위하여 너희 무리와 함께 거할 이것을 확실히 아노니."(빌 1:24,25)

욥과 바울의 고백처럼 우리 모두 우리의 진 무거운 짐으로 말미암아 잠시 시련을 받으나, 그것이 하나님 보시기에 더 합당할 수 있습니다. 이스라엘도 애굽에서 나와 며칠 만에 가나안 땅에 이를 수도 있었습니다. 그러나 며칠 만에 바로 그곳에 도착하는 것은 그들을 낮추시려 하시는 하나님의 보시기에 너무 성급한 일이었습니다. 그래서 적당한 때에 가나안 땅에 들어가도록 하기 위해서 광야에서 40년을 지내게 하셨습니다. 우리 역시 하늘에 들어가는 일이 확실하지만, 그 일은 가장 최선의 때에 있을 것입니다. 더도 덜도 아닌 '바로 그 때'가 가장 아름다운 때입니다. 겸손한 자들이 그런 식으로 높이 들려지는 것은 하나님의 방식으로 보장됩니다.

16 환난 중에 있는 성도가 높여질 소망의 근거

우리가 궁핍한 처지에 있을 때에 어떤 이가 와서 '당신은 분명 때가 되면 부요해질 것이다.'고 말하여 우리에게 확신을 주었다 합시다. 또는 우리가 심한 질병에 걸려 고생하고 있는데, '당신은 그 병으로 결코 죽지 않고 결국 회복할 것이다.'고 확증하며 위로했다 합시다. 그런 경우 그 확증적인 말이 우리로 하여금 그 궁핍이나 질병을 더 잘 참아내는 데 도움을 줄 것입니다. 그러한 전망이 우리 자신을 위로할 것입니다. 그러나 그러한 위로의 말이 구속력이 없어 궁핍이 계속되거나 질병이 더욱 악화되어 생명을 잃을 수도 있습니다.

그러나 자신을 낮추는 처지에서 자신의 마음을 낮추어 겸손한 사람은 주님의 말씀으로 확신을 가지고 인내할 수 있습니다. 현재의 낮은 자리에서 구원을 받아 높이 들림받을 것이라는 확신을 가질 수 있습니다. 그들은 분명 참된 안식과 무거운 짐의 압박에서 벗어나는 날을 보게 될 것입니다. 그 때에 그들은 자기들이 졌던 짐을 흘러간 물처럼 추억하게 될 것입니다. 다음의 사항을 숙고해 보면 그 점을 확신할 수 있습니다.

1. 하나님의 성품과 우리의 소망

하나님의 성품을 유의 깊게 숙고하면 우리가 낮은 자리에서 소망을 버리지 않을 분명한 근거를 발견하게 됩니다.

"여호와는 자비로우시며 은혜로우시며 노하기를 더디 하시며 인자하심이 풍부하시도다. 항상 경책치 아니하시며 노를 영원히 품지 아니하시리로다."(시 103:8)

겸손해진 영혼이 그리스도 안에서 하나님을 우러르며 그 성품을 숙고하면 다음의 세 가지의 보장을 주목하게 될 것입니다.

첫째, 하나님의 무한하신 능력을 숙고하십시오.

하나님께서는 무한한 전능자십니다. 그러니 모든 것을 하실 수 있습니다. 우리가 아무리 낮은 처지에 처하여 있을지라도, 거기서 우리를 끌어 올리실 수 있습니다. 우리가 어느 것에 아무리 얽매여 꼼짝 못할 처지에 있어도 하나님께서는 거기서 우리를 풀어내실 수 있습니다. 아무리 절망적인 경우라 할지라도 우리를 치료하실 수 있습니다.

"여호와께 능하지 못한 일이 있겠느냐?"(창 18:14)

우리의 상황이 어떠하다 할지라도 하나님께서 손대지 못하실 정도인 경우는 있을 수 없습니다. 우리 자신을 포함한 다른 모든 자들이 더 이상 손을 대지 못할 바로 그 때가 하나님께서 그 일에 손을 대시기에 아주 좋은 때입니다.

"여호와께서 자기 백성을 판단하시고 그 종들을 인하여 후회하시리니, 곧 그들의 무력함과 갇힌 자나 놓인 자가 없음을 보시는 때에로다."(신 32:36)

둘째, 하나님의 한없는 선하심은 우리의 처지를 보고 도와주는 쪽으로 작용합니다.

하나님은 그 성품상 선하시고 은혜로우십니다.

"여호와께서 그의 앞으로 지나시며 선포하시되 여호와라 여호와라 자비롭고 은혜롭고 노하기를 더디하고 인자와 진실이 많은 하나님이라. 인자를 천대까지 베풀며 악과 과실과 죄를 용서하리라. 그러나 벌을 면제하지는 아니하고 아버지의 악행을 자손 삼사 대까지 보응하리라."(출 34:6,7)

그래서 하나님의 능력은 그들에게 마르지 않는 위로의 샘입니다.

"남의 하인을 비판하는 너는 누구냐? 그가 서 있는 것이나 넘어지는 것이 자기 주인에게 있으매 그가 세움을 받으리니 이는 그를 세우시는 권능이 주께 있음이라."(롬 14:4)

그러나 하나님께서는 무한한 선하심과 무한한 능력이 함께 있으니 적당한 때에 겸비케 된 자들을 분명하게 들어 올리실 수 있는 것입니다. 그것이 바로 이루 말할 수 없이 달콤한 말씀의 뜻입니다.

"하나님이 우리를 사랑하시는 사랑을 우리가 알고 믿었노니 하나님은 사랑이시라. 사랑 안에 거하는 자는 하나님 안에 거하고, 하나님도 그의 안에 거하시느니라."(요일 4:16)

하나님께서는 겸손한 자들을 향하여 부성애적인 사랑으로 불쌍히 여기십니다.

"아버지가 자식을 긍휼히 여김 같이 여호와께서는 자기를 경외하는 자를 긍휼히 여기시나니."(시 103:13)

어머니가 젖 먹는 자식을 불쌍히 여기는 것 보다 더 큰 긍휼을 가지고 계신 분이 하나님이십니다.

"여인이 어찌 그 젖 먹는 자식을 잊겠으며 자기 태에서 난 아들을 긍휼히 여기지 않겠느냐? 그들은 혹시 잊을지라도 나는 너를 잊지 아니할 것이라."(사 49:15)

셋째, 하나님의 지혜로우심을 생각해 보세요.

하나님께서 지혜로우시어 그 사람이 어느 기간 동안 어떤 분량으로 비천에 처하는 것이 필요함을 아십니다. 헛되게 어려운 처지에 있게 하시지 않으십니다. 또 그 자리에 마냥 머물러 있게 내버려 두시지도 않으실 것입니다.

"그가 비록 근심하게 하시나 그의 풍부한 인자하심에 따라 긍휼히 여기실 것임이라. 주께서 인생으로 고생하게 하시며 근심하게 하심은 본심이 아니시로다."(애 3:32,33)

하나님께서는 그 사람에게 환난을 보내시어 낮추시려 하실 때에 그 환난을 통하여 이루실 목적이 있기 때문입니다. 그러니 그 목적이 이루어지고 더 이상 그 환난 속에 있게 하실 필요가 없다고 여기실 때 그 환난에서 벗어나게 하십니다. 그 점을 우리 자신에게 늘 확증하여 말해 줄 수 있습니다.

2. 하나님의 섭리와 우리의 소망

첫째, 일을 이루시는 하나님의 섭리를 주목해 보세요.

하나님께서는 그 세우신 목적을 이루기 위하여 여러 방편들을 지정하여 주셨습니다. 그러니 하나님의 섭리로 말미암아 어떤 어려운 길에 들어섰을 때에 그 길의 험악한 것만 바라보지 마십시오. 적당한 때가 되면 그 자리에서 겸비한 자들을 들어 올리시는 하나님의 섭리의 손길이 나타날 것입니다. 하나님의 섭리를 자연의 전체 과정의 변화와 관련하여 살펴보십시오. 낮이 지나면 아주 긴 밤이 이어집니다. 여름이 지나면 겨울이 오고, 보름달이 점점 기울어져 초승달이 되며, 바다의 밀물 뒤에는 썰물이 있습니다. 비천한 자리에서 자신을 낮추고 겸비케 된 자들은 바로 이런 것들을 자세하게 살펴봄으로 확신을 더할 수 있습니다.

"여호와께서 이와 같이 말씀하셨느니라. 그는 해를 낮의 빛으로 주셨고 달과 별들을 밤의 빛으로 정하였고 바다를 뒤흔들어 그 파도로 소리치게 하나니, 그의 이름은 만군의 여호와니라. 이 법도가 내 앞에서 폐할진대 이스라엘 자손도 내 앞에서 끊어져 영원히 나라가 되지 못하리라. 여호와의 말씀이니라. 여호와께서 이와 같이 말씀하시니라. 위에 있는 하늘을 측량할 수 있으며 밑에 있는 땅의 기초를 탐지할 수 있다면, 내가 이스라엘 자손이 행한 모든 일로 말미암아 그들을 다 버리리라. 여호와의 말씀이니라."(렘 31:35-37)

주 하나님의 손이 땅과 바다와 눈에 보이는 하늘에 그렇게 견고한 법칙을 세우시고 지켜 나가십니다. 곧 끌어내려 던지시는가 하면 뒤이어 다시 그들을 다시 높이 드시는 일을 하십니다. 그런데 어떻게 겸비케 하신 당신의 사람들만 모른 체 하시겠습니까?

둘째, 그 일을 주장하시는 하나님의 섭리를 주목해 보세요.

특히 사람이신 그리스도를 주목해 보세요. 하나님의 섭리의 가장 존귀한 목적이시요 천(千)의 세계 보다 더 존귀하신 그리스도에 관한 경륜을 생각하여 보십시오. 하나님의 섭리가 처음에는 그리스도를 낮추시고 그 다음에는 높이시고 영원히 들어 올리지 않으셨습니까? 그 섭리가 처음에는 그리스도를 사막의 먼지로 끌어 내렸습니다. 33년의 고난의 길이 그런 양식이었습니다. 그런 과정이 끝나고 나서 그리스도는 높아지시어 아버지 하나님의 보좌 우편으로 올리시어 영원토록 영광을 누리게 되지 않았습니까?

"믿음의 주요 또 온전케 하시는 이인 예수를 바라보자. 저는 그 앞에 있는 즐거움을 위하여 십자가를 참으사 부끄러움을 개의치 아니하시더니 하나님 보좌 우편에 앉으셨느니라."(히 12:2)

"사람의 모양으로 나타나셨으매 자기를 낮추시고 죽기까지 복종하셨으니 곧 십자가에 죽으심이라. 이러므로 하나님이 그를 지극히 높여 모든 이름 위에 뛰어난 이름을 주사…"(빌 2:8,9)

그리스도의 낮아지심 다음에는 당연한 순서로 높아지심이 뒤따랐습니다.

"그리스도가 이런 고난을 받고 자기의 영광에 들어가야 할 것이 아니냐 하시고."(눅 24:26)

씨를 심으면 그 씨가 싹을 틔우는 것처럼 그 일이 반드시 그리 될 줄을 그리스도께서는 아시고 믿으셨습니다.

"내가 진실로 진실로 너희에게 이르노니 한 알의 밀이 땅에 떨어져 죽지 아니하면 한 알 그대로 있고 죽으면 많은 열매를 맺느니라."(요 12:24)

겸비케 하는 상황 속에서 자신을 낮추고 겸손케 된 사람들이 관심을 기울여야 할 점이 바로 거기에 있는 것입니다.

셋째, 그리스도께 적용된 하나님의 섭리의 양식이 우리에게도 적용됨을 기억해야 합니다.

하나님 아버지께서 당신 자신의 아들의 경우에 그 방식을 적용하시기를 너무나 좋아하셨습니다. 그러니 그리스도와 함께 영광을 물려받은 모든 후사들의 경우에도 다시 그 방식을 따라 쓰시기로 작정하신 것입니다.

"하나님이 미리 아신 자들을 또한 그 아들의 형상을 본받게 하기 위하여 미리 정하셨으니, 이는 그로 많은 형제 중에서 맏아들이 되게 하려 하심이니라." (롬 8:29)

우리가 가장 어두운 골짜기로 다니게 되었다 할지라도 그리스도의 자취를 따라 나아가는 것이라 생각하면 어찌 기쁘지 않을 수 있겠습니까?

이것이 바로 우리가 높이 들려질 것에 대한 가장 확실한 표증입니다. 그리스도께서 낮아지신 상태에 계실 때 공적인 사람과 대표로 그리하신 것으로 여겨야 합니다. 높아지심의 경우도 마찬가지입니다. 그리스도의 높아지심은 우리를 낮추는 그 비천한 처지에서 우리가 높아질 것을 확증해주는 보증입니다.

"주의 죽은 자들은 살아나고 그들의 시체들은 일어나리이다. 티끌에 누운 자들아 너희는 깨어 노래하라. 주의 이슬은 빛난 이슬이니 땅이 죽은 자를 내어 놓으리로다."(사 26:19)

"오라 우리가 여호와께로 돌아가자. 여호와께서 우리를 찢으셨으나 도로 낫게 하실 것이요, 우리를 치셨으나 싸매어 주실 것임이라. 여호와께서 이틀 후에 우리를 살리시며 제 삼일에 우리를 일으키시리니 우리가 그 앞에서 살리라."(호 6:1,2)

"또 함께 일으키사 그리스도 예수 안에서 함께 하늘에 앉히시니."(엡 2:6)

그렇습니다. 그리스도께서는 우리보다 앞선 자로서 우리를 위하여 영광의 상태에 들어가셨습니다.

"그리로 앞서 가신 예수께서 멜기세덱의 반차를 좇아 영원히 대제사장이 되어 우리를 위하여 들어 가셨느니라."(히 6:20)

넷째, 그리스도의 낮아지심과 높아지심이 우리의 높아짐을 위한 대가였음을 기억해야 합니다.

그리스도의 낮아지심은 우리의 높아짐을 위해 치르신 대가였고, 그리스도의 높아지심은 우리의 높아짐을 위해 필요한 대가가 완불(完拂)되었음을 보여주는 증거입니다. 그리스도께서 친히 낮아지심으로 비천한 조건에 처한 우리가 높아지기 위한 완벽한 근거를 확보한 셈입니다. 만일 그것이 아니었다면 우리가 어떤 비천한 자리에 들어가서도 망하였을 것입니다.

"주의 죽은 자들은 살아나고 그들의 시체들은 일어나리이다. 티끌에 누운 자

들아 너희는 깨어 노래하라 주의 이슬은 빛난 이슬이니 땅이 죽은 자를 내어 놓으리로다."(사 26:19)

자, 이제 우리로 겸손하게 하시는 그리스도의 은혜는 우리를 높이시기 위해 자신을 낮추신 것이 아버지 하나님께 받아들여졌음을 보여주는 한 증거입니다.

다섯째, 모든 시대의 교회를 향하신 하나님의 섭리를 주목해 보세요.
주 하나님께서 교회를 위해서 항상 고수(固守)하신 섭리의 양식이 그러하였습니다.

"이스라엘은 이제 말하기를 그들이 내가 어릴 때부터 여러 번 나를 괴롭혔도다. 그들이 내가 어릴 때부터 여러 번 나를 괴롭혔으나 나를 이기지 못하였도다. 밭가는 자들이 내 등을 갈아 그 고랑을 길게 지었도다. 여호와께서는 의로우사 악인들의 줄을 끊으셨도다."(시 129:1-4)

아벨이 악한 가인에게 살해당한 것이 아담과 하와에게 큰 슬픔이었습니다. 또한 그들의 경건한 자녀들에게도 그러하였을 것입니다. 그러나 하나님께서는 아벨 대신 다른 씨를 일으키셨습니다.

"아담이 다시 자기 아내와 동침하매 그가 아들을 낳아 그의 이름을 셋이라 하였으니, 이는 하나님이 내게 가인이 죽인 아벨 대신에 다른 씨를 주셨다 함이며."(창 4:25)

노아와 그 아들들은 일 년 이상 방주 안에 갇혀 있었습니다. 그러나 그런 연유로 그들은 새로운 세계로 이끌림을 받고 복을 받았습니다. 아브라함은 나이가 많을 때까지 자녀 없이 지냈습니다. 그러나 결국 이삭이 태어났습니다. 이스라엘이 애굽에서 오랜 기간 동안 비참하게 종노릇하였습니다. 그러나 결국 약속의 땅에 정착하였습니다. 우리는 양떼들의 걸음에 맞추어 옆에서 천천히 걸어가는 것을 만족하게 여겨야 합니다. 양떼들이 겸비케 하는 조건 속에서 처할 때에 그리하면, 그 양떼들이 높아지는 경우에도 그 높아짐에 함께 참여할 것입니다.

여섯째, 하나님께서 자녀들에게 은혜 베푸시는 섭리를 주목해 보십시오.

그 경우에 해당되는 보편적인 법칙이 있습니다.

"하나님께서 교만한 자는 대적하시고 겸손한 자들에게 은혜를 베푸시는도다."(벧전 5:5)

어떻게 그들이 은혜의 상태에 들어가게 되는가요? 높아지기 전에 낮아지는 일이 먼저 오지 않습니까?

"집을 짓되 깊이 파고 주추를 반석 위에 놓은 사람과 같으니 큰 물이 나서 탁류가 그 집에 부딪치되 잘 지었기 때문에 능히 요동하지 못하게 하였거니와."(눅 6:48)

하나님께서 어떤 사람에게 은혜의 분량을 크게 하시려 할 때 그것이 크면 클수록 먼저 그 만큼 더 낮아지게 하십니다. 바울의 경우가 그러하였습니다. 낙심한 상태에서 회복되기 전에 먼저 깊이 낮아지는 시간이 있고, 그 다음에 큰 위로의 길이 주어진다는 것입니다. 의(義)의 태양이 솟아오르기 전에 먼저 가장 깊은 어둠의 시간이 있게 하시는 하나님의 섭리가 있습니다.

"여호와의 말씀으로 말미암아 떠는 자들아 그의 말씀을 들을지어다. 이르시되 너희 형제가 너희를 미워하며 내 이름으로 말미암아 너희를 쫓아내며 이르기를 여호와께서는 영광을 나타내사 너희 기쁨을 우리에게 보이시기를 원하노라 하였으나 그들은 수치를 당하리라 하셨느니라. 떠드는 소리가 성읍에서부터 들려 오며 목소리가 성전에서부터 들리니 이는 여호와께서 그의 원수에게 보응하시는 목소리로다. 시온은 진통을 하기 전에 해산하며 고통을 당하기 전에 남자를 낳았으니, 이러한 일을 들은 자가 누구이며 이러한 일을 본 자가 누구이냐 나라가 어찌 하루에 생기겠으며 민족이 어찌 순식간에 태어나겠느냐 그러나 시온은 진통하는 즉시 그 아들을 순산하였도다. 여호와께서 이르시되 내가 아이를 갖도록 하였은즉 해산하게 하지 아니하겠느냐 네 하나님이 이르시되 나는 해산하게 하는 이인즉 어찌 태를 닫겠느냐 하시니라. 예루살렘을 사랑하는 자들이여 다 그 성읍과 함께 기뻐하라 다 그 성읍과 함께 즐거워하라 그 성을 위하여 슬퍼하는 자들이여 그 성의 기쁨으로 말미암아 그 성과 함께 기뻐하라. 너희가 젖을 빠는 것 같이 그 위로하는 품에서 만족하겠고 젖을 넉넉히 빤 것 같이 그 영광의 풍성함으로 말미암아 즐거워하리라. 여호와께서 이와 같이 말씀하시되 보라 내가 그에게 평강을 강 같이, 그에게 뭇 나라의 영광을 넘치는 시내 같이 주리니 너희가 그 성읍의 젖을 빨 것이며 너희가 옆에 안기며 그 무릎에서 놀 것이라. 어머니가 자식을 위로함 같이 내가 너희를 위로할 것인즉 너희가 예루살렘에서 위로를 받으리나."(사 66:5-13)

일곱째, 악인이 아무리 오랫동안 번영한다 하여도 결국 내어 던져 버리시는 하나님의 섭리를 주목하십시오.

"내가 악인의 큰 세력을 본즉 그 본래의 땅에 서 있는 나무 잎이 무성함과 같으나, 내가 지나갈 때에 그는 없어졌나니 내가 찾아도 발견하지 못하였도다."
(시 37:35,36)

그들은 햇빛을 받으며 자라는 풀과 같이 오랫동안 번성하였습니다. 그러나 결국 동풍(東風)에 갑자기 꺾어지고 말라지게 되었다는 말입니다. 또한 그들의 뿌리는 썩어 악취를 발하게 되며, 희미한 어두움 속에 버려짐을 당합니다. 그러므로 교만한 자들이 겸손한 자들을 깔보는 것을 마음에 두어 교만한 자들을 높이 생각하고, 반면에 겸손한 자들을 망각하는 것은 하나님의 자비하신 성품과는 맞지 않게 행동하는 것입니다. 하나님의 말씀은 모든 염려를 불식시킵니다. 하나님의 말씀은 처음부터 끝까지 낮은 자리에 처한 성도가 결국 높임을 받게 될 것을 보증하고 있습니다.

"주의 종에게 하신 말씀을 기억하소서. 주께서 나로 소망이 있게 하셨나이다. 이 말씀은 나의 곤란 중에 위로라. 주의 말씀이 나를 살리셨음이나이다."
(시 119:49,50)

하나님의 말씀은 하나님의 이름을 표현하는 '큰 글자' 입니다. 하나님께서는 그 글자를 분명히 빛나게 하실 것입니다.

"이는 주께서 주의 말씀을 주의 모든 이름 위에 높게 하셨음이라."(시 138:2)

주님께서는 모든 세대의 사람들이 당신의 말씀을 안전하게 의지하게 하셨습니다.

"여호와의 말씀은 순결함이여 흙 도가니에 일곱 번 단련한 은 같도다."(시 12:6)

3. 겸손한 자의 소망을 위해 착안할 요점들

첫째, 말씀의 교리들을 숙고해 보십시오.

그 교리들은 겸손한 자들로 하여금 자기들이 높아질 때를 위한 믿음과 소망을 견지하게 가르칩니다. 또한 이 은혜의 행사들이 가져올 행복한 결과를 말해 줍니다. 성경 전체의 흐름은 겸비한 처지에 있는 사람들의 확신을 약화시키지 않고 끝까지 그 소망을 견지하도록 고무시키고 있습니다. 그리고 바로 이 선한 이유 때문에 그 확신이 결단코 헛되지 않을 것임을 확증해 줍니다.

"너는 여호와를 기다릴지어다 강하고 담대하며 여호와를 기다릴지어다."(시 27:14)

"또한 영광 받기로 예비하신 바 긍휼의 그릇에 대하여 그 영광의 풍성함을 알게 하고자 하셨을지라도 무슨 말 하리요."(롬 9:23)

"왕들은 네 양부가 되며 왕비들은 네 유모가 될 것이며, 그들이 얼굴을 땅에 대고 네게 절하고 네 발의 티끌을 핥을 것이니 네가 나를 여호와인 줄을 알리라. 나를 바라는 자는 수치를 당하지 아니하리라."(사 49:23)

둘째, 말씀의 약속들을 숙고해 보십시오.

말씀의 약속들은 비천한 처지에서 자신을 겸비하게 낮추는 자들은 '하늘에서' 반드시 높임을 받을 것이라고 확약하고 있습니다.

"주 앞에서 낮추라 그리하면 주께서 너희를 높이시리라."(약 4:10)

"누구든지 자기를 낮추는 자는 높아지리라."(마 23:12)

물론 그들이 높아지기 위한 준비단계로 긴 세월이 소요될 수 있습니다. 그러나 그 기한이 차면 반드시 그들이 높여질 것입니다.

"여호와여 주는 겸손한 자의 소원을 들으셨으니, 저희 마음을 예비하시며 귀를 기울여 들으시고."(시 10:17)

그들은 구원해 주신다는 하나님의 말씀을 가지고 있습니다.

"환난 날에 나를 부르라 내가 너를 건지리니 네가 나를 영화롭게 하리로다."(시 50:15)

비록 그들을 하나님께서 잊으신 것같이 보일지라도, 하나님께서 그들을 항상 그런 처지에 머물러 있게 하지 않을 것입니다. 그들이 건짐받을 때가 반드시 오게 되어 있습니다.

"궁핍한 자가 항상 잊어버림을 보지 아니함이여 가난한 자가 영영히 실망치 아니하리로다."(시 9:18)

셋째, 성경의 사례들이 그 교리와 약속의 진실성을 충분하게 확증하고 있음을 주목하십시오.

"무엇이든지 전에 기록된 바는 우리의 교훈을 위하여 기록된 것이니 우리로 하여금 인내로 또는 성경의 위로로 소망을 가지게 함이니라."(롬 15:4)

그러니 성경의 교리들과 약속들은 우리가 높이 들려질 소망을 믿음의 기반으로 삼게 하였습니다. 다시 말하면 하나님의 말씀의 신빙성 때문에 틀림없이 우리가 들려 올려질 것임을 믿을 수 있다는 것입니다. 또한 성경은 다른 사람들의 체험을 기록하여 우리의 예증이 되게 하셨습니다.

"보라 인내하는 자를 우리가 복되다 하나니, 너희가 욥의 인내를 들었고 주께서 주신 결말을 보았거니와, 주는 가장 자비하시고 긍휼히 여기는 자시니라." (약 5:11)

아브라함과 욥과 다윗과 바울의 경우에서 그 점을 명백하게 볼 수 있습니다. 또한 다른 성도들의 경우에서도 그러합니다. 그러나 무엇보다도 사람이 되어 이 땅에 오신 그리스도의 경우에서 우리는 그 진리를 분명하게 볼 수 있습니다.

넷째, 그리스도의 '중보기도'를 생각해 보십시오.

그 기도와 함께 비천한 처지에서 겸비한 사람들이 드리는 기도와 부르짖음을 생각해 보십시오. 그리스도의 중보 기도와 그들의 간구가 결국 그들을 높이 들어 올릴 것입니다. 교만한 자들은 부르짖으라는 주님의 명령을 듣고도 그렇게 하지 않습니다. 그러나 겸손해진 그리스도의 백성들은 분명히 하나님께 울부짖을 것입니다.

"주의 폭포 소리에 깊은 바다가 서로 부르며 주의 모든 파도와 물결이 나를 휩쓸었나이다. 낮에는 여호와께서 그의 인자하심을 베푸시고 밤에는 그의 찬송이 내게 있어 생명의 하나님께 기도하리로다."(시 42:7,8)

불신자들이 금방 피곤에 지쳐 그 모든 것을 포기한다 할지라도 신자들은 분명히 그렇게 하지 않을 것입니다. 비록 믿는 사람들이 시험의 구덩이에서 힘이 없어 주저앉는다 하여도 결국 그들은 다시 믿음을 추스르고 일어나지 않을 수 없습니다. 예레미야의 말을 들어 보세요.

"내가 다시는 여호와를 선포하지 아니하며 그의 이름으로 말하지 아니하리라

하면 나의 마음이 불붙는 것 같아서 골수에 사무치며 답답하여 견딜 수 없나이다."(렘 20:9)

신자들은 밤낮 하나님께 부르짖을 것입니다.

"하물며 하나님께서 그 밤낮 부르짖는 택하신 자들의 원한을 풀어 주지 아니하시겠느냐 그들에게 오래 참으시겠느냐?"(눅 18:9)

자기들이 높이 들려질 때까지 그 믿음을 포기해서는 안 된다는 것을 믿는 자들은 잘 알고 있습니다.

"내 눈에 흐르는 눈물이 그치지 아니하고 쉬지 아니함이여, 여호와께서 하늘에서 살피시고 돌아보실 때까지니라."(애 3:49,50)

이제 우리 주 그리스도의 중보기도와 겸손한 그들 자신의 이런 부르짖음이 합해져 있습니다. 그러니 그들이 높아지는 일이 무산될 수 없습니다. 그리스도의 중보기도와 겸비케 된 처지에서 마음을 낮추는 겸손한 자들의 부르짖음과 기도가 분명히 하나로 어우러집니다.

"또 다른 천사가 와서 제단 곁에 서서 금향로를 가지고 많은 향을 받았으니 이는 모든 성도의 기도들과 합하여 보좌 앞 금단에 드리고자 함이라."(계 8:3)

다섯째, 겸손한 자들을 도우시는 성령님께서 친히 그들을 위하여 간구하심을 생각해 보십시오.

그 겸손한 자들은 성령의 도우심을 받아서 그 연약한 데서 구원해 달라고 탄식합니다.

"이와 같이 성령도 우리의 연약함을 도우시나니 우리는 마땅히 기도할 바를 알지 못하나, 오직 성령이 말할 수 없는 탄식으로 우리를 위하여 친히 간구하시

느니라."(롬 8:26)

그 성령의 기도와 탄식들이 분명히 하나님 아들 되신 그리스도의 중보기도와 함께 효력을 얻게 되어 있습니다.

"그러므로 너희 죄를 서로 고백하며 병 낫기를 위하여 서로 기도하라 의인의 간구는 역사하는 힘이 큼이니라."(약 5:16)

만일 우리가 하나님의 성령의 도우심을 받아 기도하기를 그치지 않는다면, 우리의 그 탄식과 기도는 하나님의 약속의 말씀에 근거하여 성령으로 말미암아 결국 합당한 소망을 이루는 통로가 될 것입니다. 사람의 본성에서 나오는 기도는 오랜 가뭄에 말라버린 연못과 같습니다. 기도의 성령께서는 그치지 않고 생수를 솟구치는 '샘 근원'입니다.

"내가 주는 물을 마시는 자는 영원히 목마르지 아니하리니 내가 주는 물은 그 속에서 영생하도록 솟아나는 샘물이 되리라."(요 4:14)

"내가 간구하는 날에 주께서 응답하시고 내 영혼에 힘을 주어 나를 강하게 하셨나이다."(시 138:3)

진정 하늘에는 겸손한 자들이 당한 그 비천한 처지 때문에 그들을 위해 드려지는 중보기도가 있습니다.

"여호와의 사자가 응하여 가로되 만군의 여호와여 여호와께서 언제까지 예루살렘과 유다 성읍들을 긍휼히 여기지 아니하시려나이까 이를 노하신 지 칠십 년이 되었나이다 하매."(슥 1:12)

그러니 그 겸손한 자들이 때가 되면 높이 들려지게 될 그 영광이 어떻게 비켜 가겠습니까?

여섯째, 그리스도의 중보기도의 간절함을 깊이 더 생각해 보세요.

그리스도께서 비천한 처지에 있는 당신의 백성들을 위한 중보기도에 정말 간절함을 가지고 계십니다. 어떤 이들은 도울 이 없는 이들을 불쌍하게 여겨 선한 일을 행하자고 말할 수도 있습니다. 그러나 그들의 말이 씨가 먹힐지 아닐지에 대하여는 크게 관심을 두지 않습니다. 그러나 우리의 중보자께서는 당신의 겸손한 자들을 위하여 간절함을 가지고 계십니다. 왜냐하면 주님께서는 그들의 상황과 처지를 정말 딱하게 여기시기 때문입니다.

"그들의 모든 환난에 동참하사 자기 앞의 사자로 하여금 그들을 구원하시며…" (사 63:9)

예수님은 정말 자애로운 동정심을 갖고 계십니다.

"만군의 여호와께서 이같이 말씀하시되 영광을 위하여 나를 너희를 노략한 여러 나라로 보내셨나니 너희를 범하는 자는 그의 눈동자를 범하는 것이라."(슥 2:8)

이처럼 하나님께서는 그들이 처한 상황을 늘 마음에 두고 계십니다. 그래서 하늘 가장 높은 거룩한 곳에서 좌정하고 계신 하나님께서는 그들을 향하여 마음을 기울이십니다.

"아론이 성소에 들어갈 때에는 이스라엘 아들들의 이름을 기록한 이 판결 흉패를 가슴에 붙여 여호와 앞에 영원한 기념을 삼을 것이니라."(출 28:29)

그들을 비천하게 낮추는 처지가 아무리 오래 계속된다 할지라도 그 시기를 정확하게 계산해 내시고 마음에 두시는 분이 하나님이십니다.

"여호와의 천사가 대답하여 이르되 만군의 여호와여 여호와께서 언제까지 예루살렘과 유다 성읍들을 불쌍히 여기지 아니하시려하나이까? 이를 노하신 지

칠십 년이 되었나이다 하매."(슥 1:12)

그 비천한 처지에 있는 백성들을 높이시는 일이야말로 하나님의 일이십니다. 그 일은 그들을 위해서 흘리신 그 아들의 피를 근거로 하여 그들과 맺으신 약속으로 보장된 일입니다. 그러니 그 비천에 처한 백성들이 땅만 쳐다보고 있을 일이 전혀 아닙니다. 하나님과 그 아들, 곧 인자(人子)이신 그리스도께서 하늘에서 그 약속 성취를 고대하고 계십니다.

"오직 그리스도는 죄를 위하여 한 영원한 제사를 드리시고 하나님 우편에 앉으사 그 후에 자기 원수들로 자기 발등상이 되게 하실 때까지 기다리시나니."(히 10:12,13)

그러니 그분이 뜻을 이루지 못하여 실망하시는 일이 어떻게 가능하겠습니까?

일곱째, 자기 백성들의 비천한 처지는 여전히 주님 자신의 고난이기도 합니다.

당신이 직접 그 고난을 받지는 않아도 그 지체들이 당하면 그것을 당신 자신의 것으로 여기십니다.

"나는 이제 너희를 위하여 받는 괴로움을 기뻐하고 그리스도의 남은 고난을 그의 몸 된 교회를 위하여 내 육체에 채우노라."(골 1:24)

그러므로 주님께서 정말 깊은 열심을 가지고 계시다는 결론을 내릴 충분한 근거가 되는 것입니다.

정말 예수님의 중보기도는 항상 효력이 있습니다.

"항상 내 말을 들으시는 줄을 내가 알았나이다."(요 11:42)

주님께서는 아버지의 정말 사랑하시는 아들이시기 때문에 그렇지 않을 수 없습니다. 그래서 주님의 중보기도는 마땅히 드려질 정당한 구실을 가지고 있는 기도입니다.

"아버지 앞에서 우리에게 대언자가 있으니 곧 의로우신 예수 그리스도시라." (요일 2:1)

더 나아가 주님께서는 하늘과 땅에 있는 모든 권세를 걸머지신 분입니다.

"예수께서 나아와 말씀하여 이르시되 하늘과 땅의 모든 권세를 내게 주셨으니."(마 28:18)

결국 주님과 그 아버지께서는 하나이십니다. 그리고 이전과 이제와 앞으로도 영원히 그러합니다. 그러므로 그리스도와 그 아버지께서 비천한 처지에서 자신을 낮추는 사람들을 높이시는 일을 반드시 하실 것입니다. 그러나 가장 적당한 때에 그리하실 것입니다.

17 겸손한 자기 백성을 높이시는 하나님의 주권의 다양성과 관련된 여러 의문들

이제 보다 더 특별한 요점으로 나아가 보려 합니다. 다시 말하면 그 백성들을 때에 맞게 반드시 높여 주시는 하나님의 일과 관련하여 더 깊이 숙고해 보자는 말씀입니다.

1. 사람의 눈에 공평하지 않아 보이는 하나님의 처사

하나님께서 비천한 처지에서 자신을 낮추는 겸비한 백성들을 높여주시는 방식이 사람의 눈으로 보기에 평등하지 않은 것처럼 보일 수 있습니다.

이 높여주심이 하나님의 자녀들이 처할 수 있는 여러 경우들마다에 똑같은 양상으로 나타나지 않습니다. 여러 사람들이 비천하게 하는 같은 처지에서 같은 겸비한 마음을 가질 수 있어도, 어떤 이는 지상의 시간세계 속에서는 높여주시는 일을 만나지 못할 수도 있습니다.

다르게 표현하여, 앞에서 다룬 그 약속의 말씀들을 가지고 이런 결론을 내리지 말아야 한다는 것입니다. '우리를 겸비케 하는 그 낮은 처지에서 우리가 겸손한 마음을 가지게 되었으니 틀림없이 거기에서 벗어나게 해주시고 자애함을 얻게 해주시되, 우리의 순례길이 끝나기 전에 그리하실 것이라.' 그런 식의 결론은 내리지 말아야 합니다. 어떤 사람에게는 주님께서 이런 비천한 처지로 들어가게 하시고, 바로 그 자리에서 계속 머물게 하시다가 죽음을 맞게 하실 수도 있습니다. 반면에 어떤 사람의 경우에는 똑같은 처지에 있더라도 금방 높여 주실 수도 있습니다. 헤만은 어릴 때부터 내리 누름을 당하였습니다.

"내가 어릴 적부터 고난을 당하여 죽게 되었사오며, 주께서 두렵게 하실 때에 당황하였나이다."(시 88:15)

어떤 사람들은 평생 악재(惡材)를 당하기도 합니다.

"또 죽기를 무서워하므로 한평생 매여 종 노릇 하는 모든 자들을 놓아 주려 하심이니."(히 2:15)

2. 제기될 수 있는 반론에 대한 답변

반론 1

'경우가 그러하다면 높아진다는 약속의 열매는 무엇이란 말인가? 무거운 압박을 받다가 결국 무덤으로 가버린다면 그 높여지는 것은 어디서 이루어진다는 말인가?'

답변

'이생이 끝나고 더 이상의 생은 존재하지 않는다면 그런 반론이 제기될 만하다. 그러나 금생 말고 또 다른 내생(來生)이 있으니 그런 반론을 제기할 정당한 근거가 없는 것이다. 저 세상의 삶 속에서 그 약속이 완전하게 성취될 것이다.'

나사로의 경우를 보십시오.

"이에 그 거지가 죽어 천사들에게 받들려 아브라함의 품에 들어가고 부자도 죽어 장사되매."(눅 16:22)

그 약속의 성취를 보장하는 위대한 조약(條約)은 이 세상에서의 삶이 아니라 저 세상에서의 삶에 걸려 있습니다.

"이 사람들은 다 믿음을 따라 죽었으며 약속을 받지 못하였으되 그것들을 멀리서 보고 환영하며, 또 땅에서는 외국인과 나그네로라 증거하였으니." (히 11:13)

이 세상에서 살 때 그 약속의 성취가 어떤 형식으로 이루어지든지 그것은 그 약속의 완전 성취는 아닙니다. 그 약속의 한 표징이나 하나의 예(例)에 불과합니다.

반론 2

'그렇다면 우리가 그런 경우에 처해 있을 때 높여주시기를 위하여 기도하는 일을 포기할 필요가 있지 않은가?'

답변

'우리는 우리가 높아질 때를 전혀 알 수가 없다. 어떤 경우에는 우리 눈에 보이는 모든 소망을 다 앗아간 것 같아 보이기도 한다. 다른 사람들이 볼 때도 그러해 보일 수도 있다. 그러나 실상 그런 경우라 할지라도 우리는 결단코 높여주시기를 위하여 드리는 기도를 포기하지 말아야 한다. 그것을 위해서 믿음으로 기도한 모든 것이 확실한 결실을 얻을 때가 반드시 올 것이기 때문이다.'

하나님께서는 욥의 경우에서는 시간세계 속에서 높여주실 뜻을 가지셨습니다. 욥은 "내가 무슨 기력이 있기에 기다리겠느냐 내 마지막이 어떠하겠기에 그저 참겠느냐?"(욥 6:11)라고 말했었습니다. 어떤 경우에도 우리를 높여주시는 하나님의 긍휼을 위하여 기도하는 일을 포기하지 말아야 합니다. 그것을 위하여 우리가 믿음으로 기도한 일이 응답될 때가 반드시 오게될 것이기 때문입니다. 이 세상에서가 아니면 내세에라도 그 약속은 이루어질 것입니다. 그것을 믿고 기도하라는 것이 하나님의 명령입니다. 그러니 그러한 기도가 결국 행복한 결말을 얻어내지 못할 수가 없습니다.

"환난 날에 나를 부르라 내가 너를 건지리니 네가 나를 영화롭게 하리로다." (시 50:15)

그리스도인의 산 정신은 기뻐하며 기다리는 것입니다. 이 세상에서 잠정적으로 주어지는 모든 구원은 앞으로 올 위대한 구원의 한 표징임을 유념하면서 말입니다.

"이뿐 아니라 또한 우리 곧 성령의 처음 익은 열매를 받은 우리까지도 속으로 탄식하여 양자 될 것, 곧 우리 몸의 구속(救贖)을 기다리느니라."(롬 8:23)

이 세상에서가 아니더라도 죽을 때 자신이 완전히 높임을 받게 될 것을 주목하는 사람은 누구든지 비천한 그 자리에서 확실히 일어나게 될 것입니다. 자신의 경우는 절망적이라고 생각하여 이 세상에서의 영광은 더 이상 바라지 말자고 포기하게 될 경우라도 그렇습니다.

그러나 어떤 경우에는 높여 주시는 일을 이 세상에서 허락하시기도 합니다. 하나님께서 당신의 백성들 중 어떤 이들은 주목할만하게 높여 주시기도 합니다. 곧 이 시간 속에서마저 현저하게 비천하게 만드는 처지로부터 그들을 끌어 올리시는 것입니다. 그래서 그들 삶에 일었던 폭풍이 잠잠케 됩니다. 그들에게 있어서 그 폭풍은 '기가 막힌 웅덩이와 수렁' 과 같은 것이었습니다.

"나를 기가 막힐 웅덩이와 수렁에서 끌어올리시고 내 발을 반석 위에 두사 내 걸음을 견고하게 하셨도다."(시 40:1)

어떤 사람들은 그 비천한 처지에서 매우 오랫동안 아주 지독하고 절망스럽게 지낼 수도 있습니다. 그렇지만 그 후에 높여지는 일들이 일어나게 되고, 그 결과 그들이 처했던 그 비천한 처지의 기간이나 정도들보다 훨씬 더 오래 그 높아진 상태에 있을 수도 있습니다. 때로 이런 일은 젊을 때 멍에를 메고 잘 참았던 하나님의 자녀들에게 일어나기도 합니다. 요셉과 다윗의 경우가 그러하였고, 욥처럼 중년기에 그 무거운 짐을 짊어졌던 자들의 경우도 그러하였습니다. 욥은 40세 남짓하여 고난의 때를 맞았습니다. 그러나 그 일을 겪고 나서 140년을 더 살았습니다.

"그 후에 욥이 백사십 년을 살며 아들과 손자 사 대를 보았고."(욥 42:16)

하나님께서는 그러한 방식을 통해서 사람을 더 특별하게 쓰실 준비를 하시기도 합니다. 그들처럼 인생의 순례 길이 끝나기 전에 거기서 높여지는 일을 만날 수 있습니다.

어떤 하나님의 자녀들의 삶은 마치 구름이 끼고 비가 오다가 그치고 오후 중간에 구름 사이에 빛나는 해가 보여 아름답고 선명한 빛을 비취는 것과 같기도 합니다.

"그날에는 빛이 없겠고 광명한 자들이 떠날 것이라. 여호와의 아시는 한 날이 있으리니 낮도 아니요 밤도 아니라. 어두워 갈 때에 빛이 있으리로다."(슥 14:67)

야곱이 나이 많을 때에 바로 그런 경우를 만났습니다. 애굽에서 가장 사랑했던 아들을 만나 위로를 받았고 명예로워졌으며, 거기서 평안한 죽음을 맞았습니다.

그럼에도 불구하고 이 세상에서 그들이 어떤 높임을 받았든지 간에 그들을 겸비케 하려고 걸려 있는 무거운 짐이 아주 떠난 것은 결코 아니었습니다. 그들은 노래하는 때를 누릴 수도 있습니다. 그러나 그들의 노래는 이 세상에 있을 때에는 탄식이 함께 섞인 노래입니다.

"이 장막에 있는 우리가 짐 진 것 같이 탄식하는 것은…"(고후 5:4)

그런 고통이 섞이지 않는 때는 오직 저 다른 세계에서만 가능하며, 고통에서의 '완전한 자유함'은 '그 때'를 위해서 유보되어 있습니다. 이 세상의 삶은 끝날 때까지 회리바람이 이는 광야와 같을 것입니다. 아무리 기쁜 순간들을 맞아도 여전히 그 회리바람은 언제라도 일어날 수 있습니다.

혹 겸손한 사람들이 지금 만나게 될 수 있는 그 모든 높여주심의 은혜는 저 다른 세계에서 만나서 늘 누리게 될 그 위대한 높여주심의 표징들입니다.

"거기서 비로소 그의 포도원을 그에게 주고 아골 골짜기로 소망의 문을 삼아 주리니 그가 거기서 응대하기를 어렸을 때와 애굽 땅에서 올라오던 날과 같이 하리라."(호 2:1)

우리 주님께서는 지금 당신의 백성들을 광야 길로 인도하십니다. 만나와 반석의 물은 약속된 땅에서 흘러넘치는 젖과 꿀의 보증들입니다. 그들은 아직 아버지의 집에 당도하지 않았습니다. 그래서 계속 그 순례 길을 가야 합니다. 그러나 홀로 가는 것이 아니라 그리스도께서 그들의 맏형으로 함께 길을 가시고, 그들의 노중(路中)에 필요한 여비를 지불하시어 편안한 곳에서 잠시 쉬게도 하십니다.

이같이 이 세상에 있을 때에는 부분적인 높여주심을 허락하시어 그들을 유쾌하게 하십니다. 그런 후에 그들은 다시 일어나 순례길을 가야 합니다. 길가는 도중에 만나는 즐거운 일들은 본향에 이를 때 그리스도께서 그들에게 제공하실 완전한 즐거움을 예표하는 표징입니다.

반론 3

'그러나 사람들이 시간 세계 속에서 높여짐을 받는다 할지라도 그것이 오는 세계 속에서 높여지는 표징이 전혀 아닐 수도 있지 않은가? 시간 세계 속에서 높여지는 일이 오는 세계 속에서도 높여짐을 보여주는 표징이란 것을 어떻게 알겠는가?'

답변

'약속들로 말미암아 주어지는 그 높여짐은 분명히 내세에서 만나는 완전한 높여짐에 대한 표징임에 틀림없다. 왜냐하면 저 세상에서의 삶은 약속들이 때에 맞게 완전하게 성취된 것이기 때문이다.'

또 하나님께서 약정하신 것을 일단 이루시기 시작하시면 그 약정이 완전히 성취될 때까지 그 일을 계속 지속해 나가실 것임을 확신할 수 있다는 말입니다.

"여호와께서 내게 관계된 것을 완전케 하실지라. 여호와여 주의 인자하심이 영원하오니 주의 손으로 지으신 것을 버리지 마옵소서."(시 133:8)

나오미는 룻이 보아스에게서 받은 보리 여섯 되를 받고 나서 이렇게 말합니다.

"내 딸아 이 사건이 어떻게 될지 알기까지 앉아 있으라. 그 사람이 오늘 이 일을 성취하기 전에는 쉬지 아니 하리라 하니라."(룻 3:18)

나오미가 룻에게 말한 것처럼 우리도 말할 수 있습니다. 일반적인 섭리를 통해서 우리를 높여주시는 일이 있습니다. 그러나 그런 경우들은 그 자체로 끝나버리고 마는 것이지 앞으로 올 더 충만한 높아짐의 표징은 아닐 수 있습니다. 그러나 하나님의 약속은 하나님의 긍휼들과 함께 연결되어 있습니다. 그래서 이 약속을 따라서 이 세상에서 높여주시는 일이 장차 올 것을 예표하는 것입니다. 그래서 이 하나는 다음의 올 또 다른 것의 표징이 되고, 그것은 또 그 다음에 이어지게 될 것의 표징이 됩니다. 그러니 처음의 하나는 그런 식으로 끝까지 이어지는 사슬 전체의 표징이 되는 것입니다.

"다윗이 여호와께서 자기를 세우사 이스라엘 왕으로 삼으신 것과 그의 백성 이스라엘을 위하여 그 나라를 높이신 것을 알았더라."(삼하 5:12)

반론 4

'그러나 그 높여짐이 약속의 방식을 통해서 온 것인지 어떻게 알 수 있는가?'

답변

'약속의 방식으로 오는 높여짐은 비천한 처지와 이어지는 낮은 길을 통해서 온다. 믿음의 고가도로(high-way)를 통해서가 아니라, 다만 약속을 믿고 소망하며 기다리는 인내의 긴 경로를 통하여 그 일이 온다.'

"그러므로 형제들아 주의 강림하시기까지 길이 참으라. 보라 농부가 땅에서 나는 귀한 열매를 바라고 길이 참아 이른 비와 늦은 비를 기다리나니."(약 5:7)

'겸손'은 '약속 성취'를 예비하며, '믿음'은 그 약속의 젖가슴에서 젖을 빨아먹습니다. '인내'는 그 젖가슴에서 젖이 풍성하게 나올 때까지 매달려 기다립니다. 하나님의 자녀들이 이 지상에서 어떤 방식으로 높여지든지 앞으로 내세에서 높여질 것을 보여주는 표징들입니다. 하나님께서 세상 사람들에게는 이 지상에서 자기의 몫을 다 차지하게 주십니다. 그러나 하나님의 자녀들은 이 지상에서 자기들이 앞으로 완전하게 누릴 것에 대한 작은 표징 밖에는 누리지 못합니다.

"여호와여 이 세상에 살아 있는 동안 그들의 분깃을 받은 사람들에게서 주의 손으로 나를 구하소서 그들은 주의 재물로 배를 채우고 자녀로 만족하고 그들의 남은 산업을 그들의 어린 아이들에게 물려주는 자니이다."(시 17:14)

종은 약조대로 품삯 전체를 다 받지만, 어린 상속자는 적은 액수의 용돈 밖에는 받지 못하는 것과 같습니다. 사실상 이 '적은 용돈'은 세상이 쌓아놓은 재산보다도 훨씬 더 가치가 있는 것입니다.

"주께서 내 마음에 두신 기쁨은 저희의 곡식과 새 포도주의 풍성한 때보다 더 하니이다."(시 4:7)

그 기쁨이 사람들이 곡식과 포도주가 풍성함으로 얻는 것 보다 낫고, 그 기쁨이 그 세상 사람들이 우리를 섬겨주는 것 보다 낫고, 우리를 시중들어 주는 것 보다 훨씬 더 가치가 있습니다. 그럴지라도 그것을 구실로 세상에서 살 의욕을 상실하는 것은 하나님의 영예에 걸맞지 않은 처사입니다. 다만 이것을 기억하십시오.

"저희가 이제는 더 나은 본향을 사모하니 곧 하늘에 있는 것이라. 그러므로 하나님이 저희 하나님이라 일컬음 받으심을 부끄러워 아니하시고 저희를 위하여 한 성을 예비하셨느니라."(히 11:16)

18 겸손한 자들이 높아지는 내용

겸손한 자들이 하나님의 약속을 따라서 반드시 높여질 것임을 알았습니다. 이제는 그들이 하나님의 약속을 따라서 구체적으로 어떤 차원으로 높아질 것인지를 생각하여 보는 것이 좋을 것입니다.

1. 하나님께서 높이시는 구체적인 내용

첫째, 그들을 겸비하게 했던 처지에서 벗어나게 하실 것입니다.

하나님께서 잠시 그들을 연단하시고 그들을 겸비케 하시려고 그 마음을 낮추셨습니다. 그러나 이제 결국 하나님께서는 그들의 짐을 벗기실 것입니다. 오랫동안 그들을 짓눌렀던 무거운 짐을 벗게 하시고, 오랫동안 '구부렸던 허리'를 펴게 하실 것입니다.

그 짐을 완전하게 벗기심으로 일어나는 사항들 중에 한 가지가 욥에게 나타났습니다. 주 하나님께서 욥에게 다시 그 능력을 부여하시고 그

황폐해졌던 가족과 재산을 다시 부요하게 하셨습니다. 다윗도 마찬가지였습니다. 그를 핍박하던 사울이 전투에서 쓰러지고, 많은 곤고한 날들이 지나고 이제는 그 나라의 왕으로 받아 드려졌습니다. 사실 사울의 손에 꼭 죽게 될 것이라고 예측하고 있었는데 죽지 않고 살았습니다. 아무리 비천한 처지라도 그러한 반전(反轉)을 이루는 것이 하나님께는 너무나 쉬운 일입니다.

아니면 그 짐을 능히 감당할 힘을 주시는 방식을 취하기도 하십니다. 짐은 여전히 그 어깨 위에 메어 있으나 그 짐으로 말미암은 괴로움을 능히 이기게 하시는 은혜를 주시는 경우입니다.

"나에게 이르시기를 내 은혜가 네게 족하도다 이는 내 능력이 약한 데서 온전하여짐이라 하신지라. 그러므로 도리어 크게 기뻐함으로 나의 여러 약한 것들에 대하여 자랑하리니 이는 그리스도의 능력이 내게 머물게 하려 함이라. 그러므로 내가 그리스도를 위하여 약한 것들과 능욕과 궁핍과 박해와 곤고를 기뻐하노니 이는 내가 약한 그 때에 강함이라."(고후 12:9,10)

말하자면 그들이 해변 위로 옮겨진 것은 아니라도 더 이상 머리가 물의 침범을 받지 않을 정도로는 머리가 높여진 것입니다. 다윗은 그런 식의 높여주심을 감동적으로 노래하였습니다.

"여호와께서 환난 날에 나를 그 초막속에 비밀히 지키시고 그 장막 은밀한 곳에 나를 숨기시며 바위 위에 높이 두시리로다. 이제 내 머리가 나를 두른 내 원수 위에 들리리니, 내가 그 장막에서 즐거운 제사를 드리겠고 노래하여 여호와를 찬송하리로다."(시 27:5-8)

다니엘의 세 친구들이 용광로 불 속에 들어갔을 때에도 그런 일이 일어났습니다. 뜨거운 불이 사방에서 타고 있었지만 그들 중 아무도 불에 그슬리지 않았고 다만 그들을 묶은 결박만 불에 탔습니다. 그들은 뜨거운 열기를 어느 정도 느끼고 불빛에 눈이 부셨겠지만 불에 델 정도의 열기는 느끼지 못하였습니다.

둘째, 그들이 비천한 처지에서 드린 기도가 응답받는 위로의 정경이 벌어질 것입니다.

그들이 드린 기도가 오랫동안 응답 받지 못하여 낙담하기도 하였던 적이 있었을 것입니다. 그 기도가 하늘에서 열납되지 않거나 귀중히 여김을 받지 못한 것은 아닌지 하고 의아하게 생각된 적도 있었습니다. 왜냐하면 자기들의 사정을 아뢰어도 그 일을 신원해주시는 기미가 전혀 보이지 않았었기 때문입니다.

"가령 내가 의로울지라도 대답하지 못하겠고 나를 심판하실 그에게 간구할 뿐이며, 가령 내가 그를 부르므로 그가 내게 대답하셨을지라도 내 음성을 들으셨다고는 내가 믿지 아니하리라."(욥 9:15,16)

그러나 욥이 한 때 그렇게 생각한 것은 실수였습니다. 그 기도가 반드시 응답받게 되어 있었습니다. 물론 그 기도가 금방 응답되지는 않았습니다. 그러나 "그를 향하여 우리가 가진 바 담대함이 이것이니 그의 뜻대로 무엇을 구하면 들으심이라. 우리가 무엇이든지 구하는 바를 들으시는 줄을 안즉 우리가 그에게 구한 그것을 얻은 줄을 또한 아느니라."(요일 5:15,16)

해외에 나간 아들이 사연이 빼곡하게 적힌 편지를 본국에 있는 아버지에게 보냈다 합시다. 그러면 그 아버지는 그 편지 하나하나를 기쁘게 읽습니다. 그리고 가장 좋은 때에 답장을 하겠다 마음 먹고 그 편지의 사연들을 잘 유념합니다. 한 동안의 시간이 흐른 뒤에 아버지가 아들에게 답장을 썼고, 아들은 그 답장을 읽고 알았습니다. 아버지께서 자기가 드렸던 편지와 그 사연들을 아주 기쁘게 읽으신 사실을 말입니다. 마치 하나님께서 그와 같이 하시는 분이십니다. 가나안 여인에 대한 예수님의 응답을 생각해 보십시오.

"여자가 와서 예수께 절하며 이르되 주여 저를 도우소서. 대답하여 이르시되 자녀의 떡을 취하여 개들에게 던짐이 마땅하지 아니하니라. 여자가 이르되 주여 옳소이다마는 개들도 제 주인의 상에서 떨어지는 부스러기를 먹나이다 하니, 이에 예수께서 대답하여 이르시되 여자여 네 믿음이 크도다 네 소원대로 되리라 하시니 그 때로부터 그의 딸이 나으니라."(마 15:25-28)

셋째, 그들의 기도가 아주 흡족하게 응답되는 영예를 안게 될 것입니다.

그 때에 그들은 자기들의 기도가 정말 흡족하게 응답된 사실을 알게 된다는 것입니다. 그래서 하나님의 자비하심을 두 배로 더 존중하게 될 것입니다.

"한나가 기도하여 이르되, 내 마음이 여호와로 말미암아 즐거워하며 내 뿔이 여호와로 말미암아 높아졌으며, 내 입이 내 원수들을 향하여 크게 열렸으니 이는 내가 주의 구원으로 말미암아 기뻐함이니이다."(삼상 2:1)

하나님께서 기쁘게 받으신 기도가 여러 해 후에 응답될 수도 있습니다. 아브라함의 경우가 그랬습니다. 그러나 그 기도가 결국 응답받고야 말았습니다.

"궁핍한 자가 항상 잊어버림을 당하지 아니함이여 가난한 자들이 영원히 실망하지 아니하리로다."(시 19:8)

약속에 따라 하나님께서 그들에게 모든 것을 밝히 보여주실 때가 옵니다. 그래서 그들은 이렇게 고백하게 됩니다.

"여호와께서 내 음성과 내 간구를 들으시므로 내가 그를 사랑하는도다."(시 116:1)

그들은 자기들이 높여진 것이 그 기도의 응답의 한 표징이라고 여기는 것입니다.

넷째, 우리를 겸손케 한 경우의 모든 단계들마다 하나님께서 취하신 섭리적 조처는 정말 완전하였음을 알고 만족해 할 것입니다.

자기들을 하나님께서 높이시는 일은 더디어 보이나, 결국 저들은 그렇게 한 섭리에 대해서 만족하게 여기게 될 것입니다. 전에는 하나님의 섭리의 조처들이 너무나 당혹스러워 보였습니다. 그러나 이제는 그 지체하신 중에서 취하신 하나님의 섭리의 조처들이 완전하였음을 보고 흡족하게 여기게 될 것입니다.

"하나님의 종 모세의 노래, 어린 양의 노래를 불러 이르되 주 하나님 곧 전능하신 이시여 하시는 일이 크고 놀라우시도다. 만국의 왕이시여 주의 길이 의롭고 참되시도다."(계 15:3)

홍해 가운데 난 길로 건너가 저편 해변에 선 이스라엘 백성들은 자기들이 지나온 바다의 경로를 되돌아보며 하나님께 찬미를 올렸습니다.

"그가 모든 일을 잘 하였도다"(막 7:37)

그리스도인들이 그 모든 것을 겪어나갈 때에는 쓰디쓴 고통이었으나, 그 날에는 그런 것들을 추억하는 것이 달콤한 일이 되었습니다. 그 날에는 그들의 체험 속에서 풀리지 않던 삼손의 수수께끼가 풀리는 것 같을 것입니다.

다섯째, 하나님의 높여주심에 대한 소망을 더 이상 견지하는 것이 옳지 않다고 생각하는 바로 그 시점에서 높여주심의 은택을 얻게 되는 일이 일어날 수도 있습니다.

하나님께서는 약속의 조항을 이루어주실 때 본전(本錢)과 함께 이자(利子)도 같이 넣어주십니다. 기다린 시간에 따라서 그 이자도 증가될 것입니다. 그 과정을 겪어 나가는 동안 들였던 수고와 역경에 비례하여 그 자비도 많아집니다. 일반적 섭리의 열매들은 금방 잊고 금방 썩습니다. 그러나 흔히 약속의 열매는 익기까지 오랜 시간이 걸립니다. 하지만 그 열매는 오래도록 달콤합니다. 열매가 익을 때까지 기다린 시간이 길수록 그 익은 열매는 더욱 보배롭습니다. 아브라함과 사라는 10년 이상 자식에 대한 하나님의 약속을 기다렸습니다. 그러나 약속이 이루어지지 않자 결국 자기들 편에서 그 약속을 빨리 이루기 위해서 어떤 방법을 써야 한다고 생각하였습니다(창세기 16장 참조). 그들의 생각대로 이스마엘의 탄생을 통해 약속이 성취되는 것 같아 보였습니다. 그러나 이스마엘은 '약속된 아들'이 아니었습니다. 약속 성취를 위해서 하나님께서는 먼저 아브라함과 사라가 노경에 들어가게 하셨습니다. 그런 후에 하나님께서는 그로 아이를 낳게 하셨고, 그 하나님의 약속 성취의 놀라운 기쁨을 누리게 하셨습니다. 그 때에 육체의 기력이 새롭게 되는 부가적인 은혜도 함께 받았습니다.

"또 이르되 사라가 자식들을 젖먹이겠다고 누가 아브라함에게 말하였으리요마는 아브라함의 노경에 내가 아들을 낳았도다 하니라."(창 21:9)

"아브라함이 후처를 맞이하였으니 그의 이름은 그두라라."(창 25:1)

모든 약속 중에서 가장 보배로운 것은 그리스도 탄생에 대한 약속입니다. 그런데 그 약속이 이루어지는 데 4천년이 걸렸습니다.

여섯째, 우리가 낮추는 어두운 상황에 있을 때 우리를 찔러대던 원수들이 약속대로 우리를 높여주시는 하나님의 행사 앞에서 힘을 잃고 흩어지게 될 것입니다.

"한나가 기도하여 이르되, 내 마음이 여호와로 말미암아 즐거워하며, 내 뿔이 여호와로 말미암아 높아졌으며, 내 입이 내 원수들을 향하여 크게 열렸으니, 이는 내가 주의 구원으로 말미암아 기뻐함이니이다…풍족하던 자들은 양식을 위하여 품을 팔고 주리던 자들은 다시 주리지 아니하도다. 전에 임신하지 못하던 자는 일곱을 낳았고, 많은 자녀를 둔 자는 쇠약하도다."(삼상 2:1,5)

이스라엘이 홍해를 앞에 두고 있을 때 그 뒤로 바로의 군대가 무서운 기세로 달려들었습니다. 그러나 이스라엘이 홍해를 지난 다음에는 바로의 군대가 죽임을 당하여 해변에 죽은 시체로 남았습니다.

"그 날에 여호와께서 이같이 이스라엘을 애굽 사람의 손에서 구원하시매 이스라엘이 바닷가에서 애굽 사람들이 죽어 있는 것을 보았더라."(출 14:3)

겸비케 하는 상황 속에서 자신들을 낮추는 겸손한 사람들은 자기들을 높여주시는 그러한 때를 만나게 되면, 그들의 영적인 원수들이 그러한 모습을 띠게 될 것입니다.

2. 겸손한 자들을 높여주시는 하나님의 때

비천한 처지에 있는 사람들이 자연스럽게 던지는 질문은 "파수꾼이여 밤이 어떻게 되었느뇨?"(사 21:1,12)일 것입니다. 그리고 우리가 그 질문에 대해 해답을 줄 수 없지만 그 겸손한 영혼들에게 보편적으로는 말해 줄 수는 있습니다.

첫째, 겸비한 자들을 높여주시는 하나님의 행사의 영광과 가치에 비추어 생각하면 '그 때까지 너무 길다.'고 생각할 수 없습니다.

그 때가 되면 하나님의 영광이 너무나 크고 놀라워서 지금까지 기다려왔던 그 모든 과정의 기간이 결단코 길었다고 계산될 수 없다는 말입니다. 밭에 곡식을 심으면 정원의 잡초처럼 금방 열매를 맺는 것이 아닙니다. 3, 4개월을 기다려야 합니다. 그 곡식이 익으면 얼마나 귀한 것인지 생각하면, 추수할 때까지 기다려야 할 기간이 길게 여겨지지 않습니다. 사도는 겸비한 처지에 있는 사람이 높여짐을 받는 것을 그러한 관점으로 보고 있었습니다.

"우리의 잠시 받는 환난의 경(輕)한 것이 지극히 크고 영원한 영광의 중(重)한 것을 우리에게 이루게 함이니."(고후 4:17)

그 사실을 믿는 자는 믿음의 눈으로 그 약속을 바라보며 그 성취를 내

다보고 있습니다. 그리고 그 약속이 성취될 때에 그것이 얼마나 가치 있을지도 알고 있습니다. 그래서 기다리는 기간을 기쁨으로 참아낼 수 있는 것입니다. 그러니 그 약속의 때가 금방 도래할 것으로 여겨지는 것입니다.

"하물며 하나님께서 그 밤낮 부르짖는 택하신 자들의 원한을 풀어 주지 아니하시겠느냐? 그들에게 오래 참으시겠느냐? 내가 너희에게 이르노니 속히 그 원한을 풀어 주시리라. 그러나 인자가 올 때에 세상에서 믿음을 보겠느냐 하시니라." (눅 18:7,8)

둘째, 그 약속이 성취될 때에 비로소 바로 '그 때가' 약속 성취를 위해 '가장 적당한 때' 임이 드러나게 될 것입니다.

"범사가 기한이 있고 천하 만사가 다 때가 있나니." (전 3:1)

그 점을 분별하고 일을 하는 것이 지혜의 큰 부분입니다. 무한하신 지혜로우신 하나님께서 '깜박 실수'로 가장 '적확한 때'를 놓칠 리가 없음을 우리는 확신합니다.

"그는 반석이시니, 그가 하신 일이 완전하고, 그의 모든 길이 정의롭고 진실하고 거짓이 없으신 하나님이시니, 공의로우시고 바르시도다." (신 32:4)

그러나 하나님께서 무엇을 하시든지 다른 모든 요점에서와 같이 그 일을 처결하심에 대하여도 가장 엄격한 검증을 견뎌내실 것입니다.

"하나님께서 행하시는 모든 것은 영원히 있을 것이라. 그 위에 더 할 수도 없고 그것에서 덜 할 수도 없나니, 하나님이 이같이 행하심은 사람들이 그의 앞에서 경외하게 하려 하심인 줄을 내가 알았도다." (전 3:14)

사실은 우리를 높여주시는 가장 적당한 때가 아닌데도 불구하고 우리가 이해하지 못하는 어떤 상황들이 발생하여 마치 '가장 적당한 때'인 것처럼 여겨질 수 있습니다. 그런 일이 여러 차례 있을 수 있습니다. 그래서 예수님께서는 이렇게 말씀하셨습니다.

"예수께서 이르시되 내 때는 아직 이르지 아니하였거니와 너희 때는 늘 준비되어 있느니라."(요 7:6)

셋째, 하나님께서는 모든 상황을 다 알고 계시니 하나님의 영광과 우리의 유익을 위해서 최상의 때가 언제임을 알고 계십니다.

우리를 높이실 가장 정확한 때를 하나님은 아십니다. 그래서 그 상황의 의미가 우리 앞에 완전하게 밝히 드러날 때가 오게 하십니다. 그제야 우리는 바로 그때야말로 우리가 높임을 받을 최상의 적시(適時)임을 알게 될 것입니다. 그보다 조금만 더 빨랐거나 늦었어도 되지 않을 뻔하였음을 알게 될 것입니다. 하나님의 자녀가 자기를 낮추었던 상황에서 들어 올려 높임을 받게 될 참되고 옳은 때가 오게 되면, 한 순간도 더 지체되지 않고 그 일이 즉시 성사될 것입니다.

"이 묵시는 정한 때가 있나니 그 종말이 속히 이르겠고 결코 거짓되지 아니하리라. 비록 더딜지라도 기다리라 지체되지 않고 반드시 응하리라."(합 2:3)

우리 눈에 보여 지체되어 보인다 하여도 적당한 때를 넘겨 미루거나 연기되지 않을 것이란 말입니다.

넷째, 이런 확고한 믿음을 가지면 우리의 마음이 얼마나 놀랍게 안식할 수 있을까를 생각해 보십시오.

그러한 믿음만 갖는다면 '때가 되기 전에' 자기가 높여지는 것을 오히려 두손을 들고 마다할 것입니다. 화가 난 아버지가 던져주는 덜 익은 과실을 원하는 것처럼 어리석은 자녀는 없을 것입니다. '일분도 늦거나 빠르지 않고 정확한 때에 높여주시는 일이 반드시 일어나리라.' 는 확고한 믿음을 가질 수만 있다면, 진정 '견실한 안식' 을 얻게 될 것입니다. 틀림없습니다. 왜냐하면 하나님께서 그렇게 말씀하셨기 때문입니다. 그 상황이 너무나도 절망적이고 나아갈 길목에 난제들이 산더미처럼 쌓여 막고 있는 처지일지라도, '정한 때' 가 되면 하나님께서 모든 것을 물리치시고 높여 주실 것입니다.

"이 묵시는 정한 때가 있나니 그 종말이 속히 이르겠고 결코 거짓되지 아니하리라 비록 더딜지라도 기다리라 지체되지 않고 반드시 응하리라."(합 2:3)

죽은 것처럼 고요하다가 갑작스럽게 일어나는 돌풍 속에서 그 한 비유를 얻을 수 있습니다. 겸손한 사람을 높여 주시기 전에 하나님께서는 사람을 비천한 상황들로 몰아가 극도의 절망에 빠지는 시점에까지 가게 하시는 것이 일반적입니다. 아브라함의 칼이 이삭의 목을 겨냥하자마자 바로 그 때 하나님의 음성이 들렸습니다. 바울 역시 고백하였습니다.

"형제들아 우리가 아시아에서 당한 환난을 너희가 알지 못하기를 원치 아니하노니, 힘에 지나도록 심한 고생을 받아 살 소망까지 끊어지고, 우리 마음에 사형 선고를 받은 줄 알았으니, 이는 우리로 자기를 의뢰하지 말고 오직 죽은 자를 다시 살리시는 하나님만 의뢰하게 하심이라."(고후 1:8, 9)

다섯째, 조급한 생각으로 일이 금방 이루어질 것처럼 보이기도 함을 유념하고 조심해야 합니다.

우리가 바라는 높아짐이 바로 이 때에 이루어진다는 생각을 할 때가 있지만, 사실 그것은 우리의 조급함이 이끌어낸 생각에 불과할 때가 많습니다. 우리 생각에는 그 일이 저 언덕 너머 있다고 생각하는데, 사실은 아직도 그 일이 멀었습니다. 우리에게 비천하게 되는 낙담의 때가 언제인지 우리가 판단하지 못하는 것처럼, 우리가 그런 비천에서 높아지는 적당한 때가 언제인지에 대해서도 판단할 수 없습니다. 보편적으로는 하나님께서 당신의 백성들이 처한 비천한 처지를 끝까지 계속 끌고 나가신 후에야 그 높여주시는 일을 하십니다.

여섯째, 하나님께서는 그리스도가 지상에 계실 때에 겪게 하셨던 과정을 우리에게도 동일하게 적용하시기도 하십니다.

다시 말하면 교회와 각 개인 신자를 향한 섭리의 모든 경륜 속에서 그 '사랑하시는 아들'의 본을 답습하게 하신다는 것입니다.

"하나님이 미리 아신 자들을 또한 그 아들의 형상을 본받게 하기 위하여 미리 정하셨으니 이는 그로 많은 형제 중에서 맏아들이 되게 하려 하심이니라." (롬 8:29)

그리스도께서는 지상에 계실 때 내내 '슬픔의 사람'이셨습니다. 시간이 흘러가면서 눈물은 더 굵어졌습니다. 급기야는 죽음의 잔을 무릅쓰셨습니다. 그런 다음에 장사(葬事)되었습니다. 세상이 그 무덤 문을 돌로 인봉(印封)하여 놓기도 하였습니다. 세상은 그 일을 하고 나서 '그를 완전히 제거했으니 더 이상 우리를 괴롭히지 못할 것이라.'고 생각했습니다. 그러나 그들은 아주 큰 실수를 하였습니다. 완전히 잘못된 판단을 한 것입니다. 그리스도를 제거했다고 생각했을 그 때는 '하나님의 때'가 아직 오지 않았던 것 뿐이었습니다. 그 때는 하나님의 섭리의 경륜상 아직 그리스도께서 '높아지실 때'가 아니었을 뿐입니다. 그와 같이 그리스도의 백성들이 정말 주목할 만하게 높아지는 것은 바로 이 '위대한 주님의 본'을 따른 모양새를 띨 것입니다.

일곱째, 하나님의 섭리의 또 다른 목표는 믿는 자들로 하여금 오직 주님만을 신뢰하고 그 안에서만 소망을 가지게 하시는 것입니다.

하나님께서는 그들로 자기 자신이나 자신의 기반이 되었던 모든 것을 버리고 오직 주님만 의뢰하고 주님만 소망하게 하실 목표를 세우시고 섭리하십니다.

"너희가 범사에 순종하는지 그 증거를 알고자 하여 내가 이것을 너희에게 썼노라."(고후 2:9)

지상에 있는 그리스도인들이 믿음의 삶을 영위하게 하시는 것이 하나님의 목표입니다. 육감을 통해서 도움을 얻는 방식으로 믿음생활을 하면 훨씬 더 쉬울 것 같지만, 믿음이 인간의 육감과 반대로 작용할 때 가장 고상하다는 것이 틀림없습니다. 믿음을 견지하는 순수한 기둥들, 곧 하나님의 능력과 말씀만을 의지하여 서 있을 때에 그 믿음이 정말 순전합니다.

"그가 백 세나 되어 자기 몸이 죽은 것 같고 사라의 태가 죽은 것 같음을 알고도 믿음이 약하여지지 아니하고, 믿음이 없어 하나님의 약속을 의심하지 않고 믿음으로 견고하여져서 하나님께 영광을 돌리며."(롬 4:19, 20)

그처럼 일이 더 이상은 갈 수없는 절망의 시점까지 진행되었을 때에 믿음의 여부가 드러납니다.

여덟째, 정리하자면 약속에 따라 높여주시는 때보다 높여주시는 하나님의 은택을 받기 위한 '바른 마음의 준비'가 앞선다는 것입니다.

물론 높여주시는 모든 경우에 그 원칙이 다 해당되지는 않을 수 있습니다. 일반적인 섭리로 높여주시는 경우에는 엄격하게 그런 절차를 따라 진행되지 않을 수도 있기 때문입니다. 그러나 이때 유의해야 할 점이 있습니다. 사람들이 준비되기도 전에 하나님께서 일방적으로 높여주시는 경우가 있을 때는 기쁨으로가 아닌 분노로 그 사람들을 내던지시는 경우에 해당된다는 점입니다.

"내가 분노하므로 네게 왕을 주고 진노하므로 폐하였노라."(호 13:11)

그러니 하나님의 섭리에 따라서 온전하게 높여지기를 바란다면, 어떤 방도를 통해서든지 바른 준비를 하기 위해 주어진 '그 연단'을 피하려고 해서는 안 됩니다. '연단' 없이 '높임'을 받고자 한다면, 하나님께서는 불순물이 섞이어 연단을 감당하지 못할 은(銀) 같이 여기시어 그들을 버리십니다.

"풀무불을 맹렬히 불면 그 불에 납이 살라져서 단련하는 자의 일이 헛되게 되느니라. 이와같이 악한 자가 제거되지 아니하나니, 사람들이 그들을 내버린 은이라 부르게 될 것은 여호와께서 그들을 버렸음이라."(렘 6:29, 30)

아홉째, 바른 준비는 '바른 겸손'을 내용으로 합니다.

"여호와여 주는 겸손한 자의 소원을 들으셨사오니, 그들의 마음을 준비하시며 귀를 기울여 들으시고."(시 10:17)

그 일을 이루기 위해서는 많은 수고가 필요합니다. 그 문제는 우리가 판단하기에 매우 어려운 또 다른 요점입니다. 우리는 욥의 경우를 보면서, 오랫동안 그를 꺾으시는 하나님의 섭리로 말미암아 그 심령이 속에서 매우 낮아지게 되었다는 생각이 듭니다. 그의 친구들을 통해서도 그렇게 되었다고 생각하고 싶습니다. 그런데 욥은 우리의 기대처럼 두 가지 고난을 다 겪어내었습니다. 그러나 하나님께서는 욥을 더 낮추어 겸손케 하시려고 욥과 직접 대면하여 말씀하실 필요가 있음을 아셨습니다.

"그 때에 여호와께서 폭풍우 가운데에서 욥에게 말씀하여 이르시되."

하나님께서 친히 하신 말씀을 통해서 욥은 무릎을 꿇게 되었습니다.

"보소서 나는 비천하오니 무엇이라 주께 대답하리이까 손으로 내 입을 가릴 뿐이로소이다. 내가 한 번 말하였사온즉 다시는 더 대답하지 아니하겠나이다." (욥 40:4,5)

그 정도면 충분히 겸손해졌다고 생각할 법도 합니다. 자신도 그리 생각했을 것입니다. 그러나 하나님께서는 '더 깊은' 겸손이 욥에게 필요하다 여기셨습니다. 그래서 하나님께서는 그의 겸손을 위해서 말씀하기 시작하셨습니다. 결국 욥은 그 겸비함 속에서 티끌 속에 눕게 되었습니다.

높임 받기 위해서 욥은 마지막까지 내려간 것입니다. 그 일을 겪은 후에야 하나님께서 그를 위해서 예비하신 영광을 얻게 된 것입니다.

19 겸손한 마음의 요건들

하나님의 높여주심의 영광을 위한 준비단계로서의 겸손한 마음을 가지기 위하여 여섯 가지의 의식(意識)이 선행되어야 한다고 저는 생각합니다.

첫째, 자신이 너무 악한 죄인이라서 높임받기에는 전혀 합당치 못하다는 의식을 깊이 가져야 합니다.

욥은 하나님께 아뢰었습니다.

"나는 미천하오니 무엇이라 주께 대답하리이까? 손으로 내 입을 가릴 뿐이로소이다."(욥 40:4)

우리가 이런 의식을 가지기 위하여 비천한 처지에 오래 머물 수가 있습니다. 자신들이 선하다는 자긍심을 가지고 있는 사람들일수록 자신들의 입장에 대해 더 많은 선입견에 빠져 있을 수 있습니다. 그런 이들이 자신들의 됨됨이에 대해서는 까맣게 잊고, 하나님께서 은혜를 공평하지 못하게 베푸신다고 생각하기 쉽습니다. 하나님께서 다른 사람들보다 자기들을 아주 혹독하게 다루신다고 생각하는 것입니다. 엘리후는 비천한 처지 아래 있는 욥이 그런 허물어진 생각을 하고 있다고 지적하였습니다.

"그대는 실로 내가 듣는 데서 말하였고 나는 그대의 말소리를 들었느니라. 이르기를 나는 깨끗하여 악인이 아니며 순전하고 불의도 없거늘 참으로 하나님이 나에게서 잘못을 찾으시며 나를 자기의 원수로 여기사 내 발을 차꼬에 채우시고 나의 모든 길을 감시하신다 하였느니라. 내가 그대에게 대답하리라. 이 말에 그대가 의롭지 못하니 하나님은 사람보다 크심이니라."(욥 33:8-12)

우리가 알기로도 사람들은 하나님의 섭리의 정당성과 공평성을 인하여 하나님의 명예를 옹호하기보다는 자신들이 처한 비천한 처지를 들어서 자신의 명예가 훼손당하고 있다는 구실을 대는데 훨씬 더 익숙합니다. 세상 사람들은 큰 고통을 받는 사람일수록 죄가 더 클 것이라고 생각들을 하고 있음을 염두에 둔 처사이지요.

"또 실로암에서 망대가 무너져 치어 죽은 열여덟 사람이 예루살렘에 거한 다른 모든 사람보다 죄가 더 있는 줄 아느냐? 너희에게 이르노니 아니라. 너희도 만일 회개하지 아니하면 다 이와 같이 망하리라."(눅 13:4,5)

또한 그렇게 행동하는 데는 우리의 부패한 본성도 함께 작용합니다. 그러나 하나님께서는 질투하시는 하나님이십니다. 하나님 당신이 멸시 당하는 것처럼 보일 때, 우리가 존귀하다 여기는 것을 가지고 하나님의 명예를 입증하는 데 길을 내게 하실 것입니다.

둘째, 높여주시는 때에 대하여 우리는 하나님의 기뻐하심에 전적으로 의존해야 합니다.

하나님께서는 약속하시고 나서 이루실 때까지 상당한 시간의 공백을 우리에게 허락하십니다. 그러나 우리의 시간은 항상 준비되어 있습니다. 그러므로 우리 손으로 그 시간을 무리하게 당기려 하지만 그것은 적당한 때를 기다리는 방법이 아닙니다. 뿐만 아니라 하나님의 시간도 아닙니다. 그런데도 우리는 하나님의 말씀이 실패했다고 생각하는 데까지 기꺼이 나아갑니다. 그러나 그것은 우리 자신이 실수하여 성급하게 내린 결론에 지나지 않습니다.

"내가 놀라서 이르기를 모든 사람이 거짓말쟁이라 하였도다."(시 116:11)

여러 성도들이 이런 방식으로 많은 고통을 당했습니다. 그럼으로써 그런 시간의 공백이 저절로 채워지게 내버려 두는 방법을 배웠습니다. 그러나 약속의 성취는 하나님을 의지하고 그 기간을 참아내는데 있습니다. '여자의 후손'에 대한 하나님의 약속을 믿는 하와는 그 약속을 그런 식으로 사용하였습니다.

"아담이 그의 아내 하와와 동침하매 하와가 임신하여 가인을 낳고 이르되 내가 여호와로 말미암아 득남하였다 하니라."(창 4:1)

아브라함도 자기가 받은 약속을 10년을 기다린 다음에 그런 식으로 믿고 사용하였습니다.

"사래가 아브람에게 이르되 여호와께서 내 출산을 허락하지 아니 하셨으니 원하건대 내 여종에게 들어가라 내가 혹 그로 말미암아 자녀를 얻을까 하노라 하매 아브람이 사래의 말을 들으니라."(창 16:2)

하나님의 자녀들이 그런 식의 실수를 하였다 할지라도 너무 낙담하지 마십시오. 약속을 자신들에게 적용하느라고 지나치게 거칠게 구는 실수를 했을지라도 낙담은 마십시오. 그들은 시간을 약속에 적용하는 일에서도 실수를 하는데, 그 실수는 모든 세대의 성도들이 저지른 실수들입니다. 그들은 나중에 그 실수를 회개하였고 그 실수의 어리석음을 알았습니다. 그래서 그 문제는 하나님께 맡겨야 될 문제로 알았습니다. 그런 다음에야 약속이 그 정한 때에 성취되었습니다. 그런 처지들 속에서 그들은 그냥 그와 같은 상태로 진행해 나갔고, 때의 문제는 온전히 주님께 맡겼습니다.

셋째, 그 약속의 성취 방식과 경로에 대해서도 온전히 주님의 뜻에 맡긴다는 의식을 가져야 합니다.

사람들은 약속 성취의 방식에 대해서도 약속 성취의 때에 대해서처럼 자기들의 생각에 빠져 덤빕니다. 그 약속을 이행하시는 주님의 특별한 방식을 생각하지 않고 자기 뜻대로 방식을 정하려고 한다는 말입니다. 그래서 교만한 마음으로 자기 원하는 방식대로 되지 않으면 곧 넘어집니다.

"나아만이 노하여 물러가며 이르되 내 생각에는 그가 내게로 나와 서서 그의 하나님 여호와의 이름을 부르고 그의 손을 그 부위 위에 흔들어 나병을 고칠까 하였도다."(왕하 5:11)

그러나 주님께서는 백성들로 하여금 그 문제에 대해서도 손을 떼게 하십니다. 온전히 주님께 그 문제를 맡기도록 하십니다. 나아만의 경우에서와 같습니다.

"나아만이 이에 내려가서 하나님의 사람의 말대로 요단 강에 일곱 번 몸을 잠그니 그의 살이 어린 아이의 살 같이 회복되어 깨끗하게 되었더라."(왕하 5:14)

일이 성취되는 방식의 문제에 대한 우리의 지식은 매우 좁은 한계 내에 국한되어 있습니다. 우리의 눈을 하나만 가로 막고서 있어서 때로는 다른 것을 보지 못할 수도 있습니다. 그러나 하나님께서는 우리를 비천한데서 건져내시는 데도 수많은 방도를 갖고 계십니다. 우리는 그저 우리 식대로 하나 밖에는 모릅니다. 주님께서 백성들을 높여주실 때 그들이 전혀 예기치 못했던 매우 강력한 방식으로 그 일을 하십니다. 그것도 백성들이 대단한 기대감을 가졌던 영역들에서 오는 반복되는 좌절감을 맛본 후에 그 일을 하십니다.

넷째, 우리를 높여주시는 정도의 문제도 주님의 뜻에 온전히 맡겨야 합니다.

우리가 시간 세계 속에서 높임을 받느냐 아니냐의 문제까지도 다 우리 주님의 뜻에 맡겨야 합니다. 우리가 아무리 서둔다 할지라도 주님께서는 백성된 우리로 아주 쇠약해지게 내버려두실 수도 있습니다. 이제는 더 이상 감당해낼 수 없는 상태까지 갔으니 이제야말로 높여주셔야 합당하다고 생각할 수도 있습니다. 그런데도 불구하고 높여주실 기미가 전혀 보이지 않습니다. 오히려 주님 보시기에 선하다 여기시면 우리로 더 무거운 짐을 지게 하시기도 합니다. 그런 경우에 우리는 시간 세계에서 조금이라도 높여주신다면 만족하겠다는 생각을 가지게 인도함을 받습니다. 우리를 얼마나 많이 높여주실 것인지에 대하여는 우리가 간여할 일이 아니라는 의식으로 말입니다.

"왕이 사독에게 이르되 보라 하나님의 궤를 성읍으로 도로 메어 가라. 만일 내가 여호와 앞에서 은혜를 입으면 도로 나를 인도하사 내게 그 궤와 그 계신 데를 보이시리라. 그러나 그가 이와 같이 말씀하시기를 내가 너를 기뻐하지 아니한다 하시면 종이 여기 있사오니 선히 여기시는 대로 내게 행하시옵소서 하리라."(삼하 15:25, 26)

다섯째, 높임의 정도를 주님께 맡기고 우리가 할 일은 주님을 기다리면서 계속 기도하는 것입니다.

"모든 기도와 간구를 하되 항상 성령 안에서 기도하고 이를 위하여 깨어 구하기를 항상 힘쓰며 여러 성도를 위하여 구하라."(엡 6:18)

자기들을 겸비케 하는 처지 속에 너무 오래 있었으니 기쁨으로 주님을 기다리는 일은 더 이상 무의미하다고 생각하면서 포기하는 것은 교만입니다. 하나님께 굴복할 마음이 없는 불손한 심령입니다.

"무리와 말을 할 때에 그 사자가 그에게 이르니라. 왕이 이르되 이 재앙이 여호와께로부터 나왔으니 어찌 더 여호와를 기다리리요."(왕하 6:33)

여섯째, 우리를 연단하시는 하나님의 목적을 온전하게 활용하지 못한 잘못을 생각하고 애통한 마음을 가져야 합니다.

"무지한 말로 이치를 가리는 자가 누구니이까? 나는 깨닫지도 못한 일을 말하였고 스스로 알 수도 없고 헤아리기도 어려운 일을 말하였나이다."(욥 42:3)

교만한 마음은 연단 중에서 느끼는 고통을 계속 주목하면서 말하게 합니다. 교만은 그런 자세를 견지하면서 시련의 여러 울타리를 걷어차며 그런 것들을 거듭해서 바라보게 합니다. 그러나 하나님의 성령께서 그 연단의 고통 국면 이상으로 시선을 옮겨 자신의 행실을 되돌아보게 하십니다. 그를 높여주기 전에 그 시련의 과정을 지나게 하는 것이 옳다고 여기시어 그렇게 하시는 것이니 그 하나님의 처사는 정당한 것입니다. 그리고 성령께서는 그 사람으로 하여금 자기의 행실들을 더듬어 보게 하시어 공정하게 자신을 판단하게 하십니다. 그러면 그 사람은 자신을 정죄하고 주님 앞에 입을 막게 되는 것입니다.

이것이 바로 약속의 방식으로 시간 세계에서 하나님의 사람들을 높여 주시기 전에 선행해야 하는 겸손의 과정입니다.

20 하나님의 높여주심의 절정

우리는 이제 시간 세계가 끝나고 저 세계 속에서 만나게 될 그 '높여주심의 절정'을 생각해 보기로 합니다.

1. 이 높여주심의 본질에 대하여

이에 대하여 다섯 가지 항목으로 나누어 숙고해 보는 것이 좋습니다.

첫째, 비천한 처지에서 하나님을 바라보며 자신을 낮추는 겸손한 모든 이들이 이 영광으로 높여질 것이라는 확실한 보장이 있습니다.

하나님의 자녀들 모두가 각자 시간 세계 속에서 높여주심을 만나게 된다고 확답할 수는 없습니다. 그러나 하나님의 자녀들은 어떤 처지에 있는 어느 누구라도 저 세상에서는 반드시 그 영광의 절정으로 높여질 것을 확신할 수 있습니다.

"만일 땅에 있는 우리의 장막집이 무너지면, 하나님께서 지으신 집 곧 손으로 지은 것이 아니요 하늘에 있는 영원한 집이 우리에게 있는 줄 아느니라."(고후 5:1)

하나님의 겸손한 자녀들이 아침과 저녁을 '역경(逆境)의 빵'으로 때우고, 항상 환난의 물을 마실 수 있습니다. 그럴지라도 하나님의 그 겸손한 자녀들이 저 세상에서는 달고 풍성한 것을 틀림없이 먹고 마실 것입니다. 그 확신을 가지고 그 날을 바라며 기다리는 것이야말로 '역경과 환난의 떡의 쓴 맛'을 완화시켜주고, 그 겸손한 성도들로 하여금 그 중에도 힘을 내게 할 것입니다.

둘째, 오는 세계에서 만나는 그 높여주심은 완전한 것이 될 것입니다.

"그러나 너희가 이른 곳은 시온 산과 살아 계신 하나님의 도성인 하늘의 예루살렘과 천만 천사와 하늘에 기록된 장자들의 모임과 교회와 만민의 심판자이신 하나님과 및 온전하게 된 의인의 영들과…"(히 12:22,23)

그들이 처하였던 모든 시련과 용광로를 달구는 풀무불과 같은 단련의 깊은 골짜기에서 완전하게 구출받을 것입니다. 그들이 정말 무수한 많은 날들을 곤고하게 지나게 하였던 질고가 어떠하였다 하여도 그러할 것입니다. 나사로는 그때에 자기의 궁핍과 지독한 고통으로부터 구출받았습니다. 나사로는 부자의 문 앞에 누워 있는 비참한 고통에서 뿐 아니라 모든 질고에서 완전하게 구출 받았습니다.

"나사로라 이름하는 한 거지가 헌데 투성이로 그의 대문 앞에 버려진 채 그 부자의 상에서 떨어지는 것으로 배불리려 하매 심지어 개들이 와서 그 헌데를 핥더라. 이에 그 거지가 죽어 천사들에게 받들려 아브라함의 품에 들어가고…"

(눅 16:21,22)

그는 비천한 처지에서 한꺼번에 완전하게 벗어나 높임을 받은 것입니다. 그 때에는 모든 불완전한 것도 끝이 날 것이고 사람들 간의 우열(優劣)의 차이도 없어질 것입니다. 그 때에는 서로 충돌하고 괴롭게 하는 일이나 환난이나 불확실성이나 죄도 다 끝이 날 것입니다. 거기 당도하기까지 오랜 세월이 걸렸다해도 그들이 한꺼번에 영광의 절정에 이르게 될 그 순간은 정말 복될 것입니다.

셋째, 그들은 '낮은 조건들' 로부터 일으키심을 받을 뿐 아니라 요셉처럼 높은 자리에 앉혀지게 될 것입니다.

요셉은 감옥에서 풀려 나왔을 뿐 아니라 애굽 땅을 다스리는 사람이 되었습니다. 그와 같이 주님의 겸손한 백성들은 '들림' 받아 높은 곳으로 '올리움' 받게 될 것입니다.

"이에 그 거지가 죽어 천사들에게 받들려 아브라함의 품에 들어가고."(눅 16:22)

그들이 이 땅에서 영적으로 최선의 자리에 있었지만 그 자리는 낮은 위치였습니다. 그러나 이제 그들은 가장 높은 하늘에 앉힌 바 될 것입니다.

"내가 그 둘 사이에 끼었으니 차라리 세상을 떠나서 그리스도와 함께 있는 것이 훨씬 더 좋은 일이라 그렇게 하고 싶으나."(빌 1:23)

"올라가셨다 하였은즉 땅 아래 낮은 곳으로 내리셨던 것이 아니면 무엇이냐? 내리셨던 그가 곧 모든 하늘 위에 오르신 자니 이는 만물을 충만하게 하려 하심

이라."(엡 4:23 ; 엡 4:9,10)

그들은 이 세상의 비천한 처지에서 거름더미를 둘러쓰지 않으면 안 되었을 때가 흔하였습니다. 그러나 그때가 되면 그리스도의 보좌에 그리스도와 함께 앉힌바 될 것입니다.

"이기는 그에게는 내가 내 보좌에 함께 앉게 하여 주기를 내가 이기고 아버지 보좌에 함께 앉은 것과 같이 하리라."(계 3:21)

지금은 그들이 땅에 붙어 있고, 사람들한테 '우리가 너를 넘어 지나가게 엎드리라.'는 말을 듣고 있습니다. 그러나 그 때가 되면 그들이 해와 달과 별들 위에 있는 하늘의 궁정에 좌정하게 될 것입니다. 그들은 들려져 '높은 상태와 조건,' 아니 '완전한 상태'로 들어가게 될 것입니다. 그들의 모든 고통과 불안은 끝이 날 것입니다. 그들은 작고 수치스러운 조건으로부터 벗어나서 영광의 상태로 진보될 것입니다. 짓진 것 같은 슬픈 삶이 이제는 충만한 기쁨의 삶으로 바뀔 것입니다. 그들은 비천한 처지 대신 영원한 영광과 존귀의 옷을 입을 것입니다.

넷째, 무엇보다 더 중요한 것은 궁극적으로 그들이 높여진 다음에 다시 낮은 데로 내던져지는 일은 영원토록 일어나지 않을 것이란 사실입니다.

우리가 시간 세계에서 높임을 받을 때에는 '우리의 모든 연단이 이제 끝났다.'고 생각하는 경향이 있습니다. 그러나 우리의 결론이 너무 성급했다는 것을 아는 데 오래 걸리지 않습니다. 시간 세계 속에서는 언제든 사라졌던 '구름'이 다시 되돌아올 수 있습니다.

"내가 형통할 때에 말하기를 영원히 흔들리지 아니하리라 하였도다. 여호와여 주의 은혜로 나를 산 같이 굳게 세우셨더니 주의 얼굴을 가리시매 내가 근심하였나이다."(시 30:6, 7)

그러나 영원 세계 속에는 그런 시련이 완전하게 끝이 나고, 싸움은 종식되며, 보상과 승리의 시간만이 존재합니다.

다섯째, 결국 그때가 되면 비천한 처지에서 가졌던 그 어떠한 불안도 남아 있지 못할 것이고, 도리어 영광스럽고 바람직한 효력을 얻게 될 것입니다.

물론 성도들이 이 지상세계에서 겪었던 그 비천한 처지들을 기억 할 것을 저는 조금도 의심하지 않습니다. 부자가 지옥에서 지상에 있는 다섯 형제들을 생각하고 있습니다. 또 자기가 세상에서 얼마나 호화롭게 지냈는지와, 나사로가 자기의 문 앞에 앉아 구걸하던 일들을 기억하였습니다. 그러니 성도들이 자기들이 이 땅에서 치렀던 무거운 연단을 완전히 기억할 것임을 누가 의심할 수 있겠습니까?

"큰 소리로 불러 이르되, 거룩하고 참되신 대주재여 땅에 거하는 자들을 심판하여, 우리 피를 갚아 주지 아니하시기를 어느 때까지 하시려 하나이까 하니." (계 6:10)

그러나 그때가 되면 고통스러웠던 지나간 일들이 그저 흘러간 물처럼 기억될 것입니다. 건강을 회복하게 된 사람이 병상에 누워 있던 일들을 그저 추억처럼 기억하지 않습니까? 만일 그런 병상의 고통도 없었다면 현재 건강의 상태를 달게 느끼는 일도 없을 것입니다. 분명히 홍해의 해변은 다른 어느 곳 보다 이스라엘로 하여금 하늘 높이 노래를 부르도록 도와준 장소였습니다. 지상에서 성도들이 당하는 그 비천한 처지는 하늘에서 그와 같은 용도로 사용될 것입니다.

"하나님의 종 모세의 노래, 어린 양의 노래를 불러 이르되 주 하나님 곧 전능하신 이시여 하시는 일이 크고 놀라우시도다. 만국의 왕이시여 주의 길이 의롭고 참되시도다."(계 15:3)

2. 하나님의 정하신 그 '영광의 때'

하나님께서는 각 성도 마다를 위하여 이 영광의 높아짐을 만나는 때를 정해 놓으셨습니다. 우리는 그 때를 알지 못합니다. 다만 우리가 그 일에 대하여 일반적으로 다음과 같이 말할 수는 있습니다.

첫째, 우리가 이 세상에서 감당할 소임이 다 끝날 때가 바로 그 때입니다.

하나님께서는 각 사람마다에 감당할 임무와 싸워야 할 일과 시련과 이룩해야 할 일을 지정하여 주셨습니다. 그 하나님 맡기신 일이 이루기까지 이 세상에서 우리는 일종의 '죽지 않는' 존재로 거합니다.

"때가 아직 낮이매 나를 보내신 이의 일을 우리가 하여야 하리라 밤이 오리니 그 때는 아무도 일할 수 없느니라."(요 9:4)

"예수께서 대답하시되 낮이 열두 시간이 아니냐? 사람이 낮에 다니면 이 세상의 빛을 보므로 실족하지 아니하고 밤에 다니면 빛이 그 사람 안에 없는 고로

실족하느니라."(요 11:9,10)

여기서 우리에게 맡기신 '소임,' 또는 '일' 이란 무엇입니까?

위대하신 구주께서 하나님의 영광과 우리 이웃의 유익을 도모하도록 우리에게 맡겨주신 일을 말합니다.

"네 손이 일을 얻는 대로 힘을 다하여 할지어다. 네가 장차 들어갈 스올에는 일도 없고 계획도 없고 지식도 없고 지혜도 없음이니라."(전 9:10)

우리가 비천한 처지에 있더라도 그 일이 이루기까지 계속 그 일을 진행하여 나가는 것을 만족하게 여겨야 합니다. 그 일을 마침으로 우리의 세대를 섬기는 소임을 다 하기까지 아직은 우리가 높이 들려지기에 합당한 때가 오지 않았습니다.

우리가 감당할 고난의 시련은 무엇입니까?

주님의 신비로운 몸인 교회를 위하여 우리에게 할당된 고난의 몫이 있습니다. 머리되신 구주께서 여러 지체들에게 각 사람의 분량을 따라 나눠 주신 몫이 있다는 말입니다. 우리에게 할당된 그 몫을 다 이루기까지 그 높여주시는 때는 오지 않습니다. 바울은 이 세상에서의 자기의 삶을 '그 목표를 이루기 위해 진행하는 일'로 보았습니다.

"나는 이제 너희를 위하여 받는 괴로움을 기뻐하고 그리스도의 남은 고난을 그의 몸 된 교회를 위하여 내 육체에 채우노라."(골 1:24)

둘째, 그 높여 주시는 일이 실제로 일어날 때에는 '정말 정확한 때에 이 일이 일어났구나.' 하고 감탄하게 될 것입니다.

늦지도 빠르지도 않게 일이 잘 되었음을 알게 될 것이란 말입니다. 하늘이 지상보다 항상 좋고, 절대적으로 말해서 땅에 있는 것보다 하늘에 있는 것이 나은 것은 사실입니다. 그러나 하나님의 명예와 하나님의 뜻을 섬기는 차원에서 하늘에 있는 것보다 땅에 있는 것이 더 나을 때가 있는 것입니다.

"그러나 만일 육신으로 사는 이것이 내 일의 열매일진대 무엇을 택해야 할는지 나는 알지 못하노라. 내가 그 둘 사이에 끼었으니 차라리 세상을 떠나서 그리스도와 함께 있는 것이 훨씬 더 좋은 일이라 그렇게 하고 싶으나, 내가 육신으로 있는 것이 너희를 위하여 더 유익하리라. 내가 살 것과 너희 믿음의 진보와 기쁨을 위하여 너희 무리와 함께 거할 이것을 확실히 아노니."(빌 1:22-25)

그렇게 오랫동안 비천한 처지에서 지내온 일, 그 보다 더 빨리 그 비천에서 벗어나지 못한 것이 하늘에서는 결단코 슬픔으로 기억될 수 없을 것입니다.

3. 결론적 적용

그러니 겸손한 사람들은 자기들이 처한 비천한 처지가 어떠하다 해도 그 확신을 결코 저버리지 않도록 노력해야 합니다.

하늘에서는 결국 높임을 받게 될 것이라는 사실을 자신에게 늘 주지

시키며 확증해야 합니다. 항상 그 점을 마음에 두고 스스로 위로를 받도록 하십시오. 왜냐하면 하나님께서 그리 말씀하셨기 때문입니다.

"궁핍한 자가 항상 잊어버림을 보지 아니함이요."(시 9:18)

그렇게 밤이 오래 끄는 것 같아 지루하더라도 아침은 반드시 오게 되어 있습니다. 그러니 인내로 온전함을 이루도록 하십시오. 농부는 자기가 뿌린 씨앗이 추수 때에 몇 십배로 다시 돌아옴을 바라고 기다립니다. 상인(商人)은 자기의 배가 돌아오기를 기다립니다. 점포 주인은 연말연시 명절의 대목을 기다립니다. 그 때를 위해 물품들을 떼어다 들여 놓습니다. 이러한 모든 일은 오랜 인내를 필요로 합니다. 그런데 어째서 그리스도인이 그 인내를 갖지 못하겠습니까? 자기가 영광스럽게 높아지는 그 정한 때가 반드시 오는데 어찌 참고 기다리는 것을 마다하겠느냐는 말입니다.

우리는 '우리 몫에 들어 있는 굽은 것'(the Crook in the lot)에 대한 말씀을 여러 시간 들었습니다. 자기에게 주어진 '낮은 몫'으로 만족하며 심령의 겸손함을 가지는 것이, '높은 몫' 속에서 교만한 것 보다 훨씬 더 탁월함을 들었습니다. 우리는 자신의 비천한 처지 속에 자신을 겸비하게 낮추라는 하나님의 부르심을 받았습니다. 그리고 그런 경우에 우리를 높여주시는 하나님의 은혜의 확실성도 깨달았습니다.

결론적으로 말씀드립니다.

아무리 높은 처지에서 교만한 자들이 뽐내고 있더라도 그들을 부수어 산산조각 내시는 하나님이 살아계십니다. 반면에 겸손한 자들로 궁극적으로 개선가를 부르도록 높이시는 분이 바로 그 하나님이십니다. 그 진리를 자신에게 늘 상기시키며 견고한 확신으로 흔들리지 마십시오.

영의 생각, 육신의 생각 On Spiritual Mindedness

존 오웬 지음 │ 서문강 옮김 │ 신국변형 양장 360면 │ 값 16,000원

원제는 On Spiritual Mindedness로서 로마서 8장 6절의 "육신의 생각은 사망이요 영의 생각은 생명과 평안이니라."를 기초 본문으로 저자가 당시 목양하던 회중들에게 진정한 '영적 생각의 방식'을 연속 강론한 것이다. 저자는 '마음의 생각과 그 방식이 구원받은 이후 그리스도인의 성화생활을 지로하는 결정적 방향타임을 역설한다. 이 책을 다 읽고 나서 독자마다 성령께서 마태로 하여금 예수님의 산상설교를 마무리하게 하던 그 진술의 능력을 반드시 음미하게 될 것이다.

고린도전서 13장 사랑 Charity and Its Fruits

조나단 에드워즈 지음 │ 서문강 옮김 │ 신국변형 양장 456면 │ 값 20,000원

조나단 에드워즈는 자신의 정체성을 진정한 설교자로서 헌신하는 데서 보여주었는데, 본서가 바로 그에 대한 가장 좋은 예증일 것이다. 성령님께 사로잡힌 사도 바울이 고린도전서 13장에 진술해 놓은 '사랑'의 진면모를 그가 가진 모든 신적 은사와 은혜의 촉수로 더듬어내어 자기 회중들에게 연속 강론한 것을 묶어 이 책을 펴냈다. 이 책은 한번만 읽으면 단맛이 다 빠지는 종류의 책이 아니고 여러 차례 반복하여 읽을수록 그 영적 진미를 더 느끼게 하며, 하나님의 복음의 은혜의 풍성함에 겨워 더욱 더 만족을 주기에 충분하다.

사망의 잠 깨워 거듭나게 하는 말씀 Sermons in the Natural man

윌리엄 쉐드 지음 │ 서문강 옮김 │ 신국변형 양장 336면 │ 값 16,000원

"사람이 거듭나지 아니하면 하나님 나라를 볼 수 없느니라…물과 성령으로 나지 아니하면 들어갈 수 없느니라"(요 3:3)고 하신 말씀은 예수 그리스도를 믿음으로 말미암아 구원에 이르는 복음의 이치에 눈을 뜨는 일은 거듭난 사람에게만 가능하다는 의미이다. 아직 거듭나지 못한 상태에 있는 자연인들은 영적으로 죽은 자들로서 깊은 사망의 잠을 자는 자들이다. 교회를 다니거나 교회 밖에 있거나 자연인의 상태에 있으면 그 이치를 모른 채 사망의 잠에 빠져있게 된다.

간절목회 An Earnest Ministry

존 에인절 제임스 지음 │ 서문강 옮김 │ 신국변형 양장 392면 │ 값 18,000원

이 책은 분명 '진정한 목회'를 지로하는 불후의 고전(古典)이다. 저자는 "하나님의 열심을 품어 사람들을 정결한 처녀로 그리스도께 중매하려 하던"(고후 11:2) 모든 사도들이 견지하던 사역의 본질과 실천을 '간절한 열심(earnestness)이라는 개념 속에 응집시키고 있다. 그것을 분석하고 종합하고 적용하여 모든 사역자들에게 도전하고 격려한다. 실로 이 책은 리처드 백스터의 '참 목자상'(Reformed Pastor), 찰스 브릿지스(Charles Bridges)의 '참된 목회'(Christian Ministry)와 함께 나란히 '목회학'의 3대 고전이라 불려지기에 충분하다.

구원을 열망하는 자들을 위하여 The Anxious Inquirer

존 에인절 제임스 지음 │ 서문강 옮김 │ 신국변형 양장 256면 │ 값 13,000원

영국에서 19세기 후엽 첫 출간 당시 50만부가 팔린 고전으로, 영적 각성을 받아 자신의 죄인됨과 구원에 대한 '절박한 근심'을 하는 이들을 위한 책이다. 빌립보 감옥의 간수가 바울과 실라에게 "선생들아 내가 어떻게 하여야 구원을 얻으리이까?"(행 16:30)라고 간절하게 물을 것과 같은 단계에 있는 이들을 가리켜 'Anxious Inquirer'(염려하여 묻는 자)라고 하는데, 이 책은 이 상태에 있는 이들을 구원으로 인도하시는 하나님의 성령님의 말씀이 담겨 있다. 이미 그리스도 안에 있다 여기는 이들도 이 책을 통해 자신의 믿음의 신적 기원 여부를 가늠할 수 있을 것이다.

고통 속에 감추인 은혜의 경륜 The Crook in the Lot

토마스 보스톤 지음 | 서문강 옮김 | 신국변형 양장 328면 | 값 16,000원

"하나님께서 행하시는 일을 보라 하나님께서 굽게 하신 것을 누가 능히 곧게 하겠느냐?"(전 7:13)를 주제로 지상 성도들의 단골 메뉴인 '고통'의 문제를 하나님의 은혜와 그 능하신 손 아래서 어떻게 접근해야 하는지를 가르치고 있다. 하나님께서는 지상의 자녀들 각자에게 분정(分定)된 몫을 주시되, 그 속에 반드시 '굽은 것'을 넣어 주시어 그로 인해 '고통'을 느끼게 하신다. 그리하시는 하나님의 목적은 그들로 '고통 자체가 아니라 그것을 방편 삼아 사랑하시는 자녀를 향해 그리스도 안에서 예정하신 그 하늘에 속한 신령한 '은혜의 경륜'을 이루고자 하심이다.

요한계시록 그 궁극적 승리의 보장

서문강 지음 | 신국변형 양장 320면 | 값 16,000원

이 책은 '요한계시록 바르게 깊이 읽기'를 선도할 개혁주의적 강해서다. 저자는 1:3의 말씀, "이 예언의 말씀을 읽는 자와 듣는 자와 그 가운데에 기록한 것을 지키는 자는 복이 있나니 때가 가까움이라." 하신 것에 착안하여, 성경의 다른 65권의 책들과 같이 동등하게 묵상하고 강론되어 섭취할 영적 양식임을 확신한다. 또한 현대의 그리스도인들은 요한계시록을 처음 받은 초대교회 성도들보다 그리스도의 재림에 더 가까이 서있으니, 요한계시록의 메시지야말로 그 어느 때 보다 절박하게 필요함을 저자는 역설한다.

믿음의 깊은 샘 히브리서 시리즈(전 6권 완간)

아더 W. 핑크 지음 | 서문강 옮김 | 신국변형 양장

오늘을 사는 우리에게 로마서가 믿음의 본질을 창조주 하나님과 인간의 관계에 기초하여 접근하게 한다면, 히브리서는 그리스도를 믿는 자들로 하여금 그 믿음의 절대성을 확신하게 하며, 어떤 이유로도 믿기 이전의 상태로 회귀하게 하려는 사탄의 간계를 물리치고 믿음의 경주를 완주하게 하는 능력과 위로의 깊은 샘을 제공한다. 이 강해서 저자는 교회사상 유명한 세계적인 40여종의 히브리서 강해서와 주석서를 참고하여 예리하고 종합적인 성경관으로 면밀하게 강해해 나간다. 이 강해서는 로이드 존스의 로마서 강해와 쌍벽을 이루며 한국교회와 그리스도인들을 받쳐줄 것이 틀림없다.

시편 119, 말씀을 사모하여 헐떡이는 사람

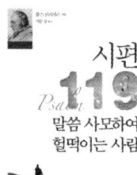

찰스 브리지스 지음 | 서문강 옮김 | 신국변형 양장

시편 전체의 대강령이라 할 수 있는 119편 전편을 섬세한 영적 촉수(觸手)로 읽어낸 목양적(牧羊的) 고전이다. 스펄전 목사가 참된 신앙의 3 요소로 줄기차게 강조한 '참된 성경 교리, 체험, 실천'의 실상을 이 책의 모든 지면에서 만난다. 주의 말씀과, 기도와, 은혜의 능력으로 순종하여 말씀을 실행하는 역동성은 지상에 있는 하나님의 자녀들의 선명한 표지다. "내가 주의 계명을 사모하므로 입을 열고 헐떡였나이다."(시 119:131) "눈을 열어서 주의 법의 기이한 것을 보게 하소서."(시 119:17,18) 하늘 시민권을 가진 이는 이 책에서 더 큰 확신과 영적 진보의 영광을 맛보게 될 것이고, 영적 안일에 빠진 사람은 각성을 받아 '주의 말씀을 사모하여 헐떡임'의 행복을 회복할 것이다.

청교도신앙사

역자 서문 강 목사

그는 현재 서울 녹번동의 중심교회 담임목사이다. 고려대 신문방송학과, 총신대 신학대학원을 졸업하고, 미국의 Reformed Theological Seminary에서 '강해설교의 회중 반응과 그에 대한 목회적 대응'이라는 논문으로 목회학 박사(D. Min)가 되었다. 그 학위 논문의 우수성 때문에 그 학교 D. Min 프로그램 논문지도교수와 설교학 객원교수로 봉직하였다. 1988년 이래 칼빈대학에 출강하고 있다. 문서 선교의 소명도 받아, 로이드 존스 '로마서 강해 전 14'권을 비롯하여, 존 칼빈, 존 오웬, 토마스 보스톤, 조나단 에드워즈, 조지 휫필드, 스펄전, 아더 핑크, 제임스 보이스 등 역사상 유명한 개혁주의 신학자들과 목회자들의 저서 수십 권을 번역하였다. 저서로는 '요한계시록, 그 궁극적 승리의 보장'외 2권이 있다.

고통 속에 감추인
은혜의 경륜

초판 1쇄 펴낸날   2013년 2월 25일
　　3쇄 펴낸날   2017년 12월 15일

지은이　　토마스 보스톤
옮긴이　　서문강
펴낸이　　전수빈
펴낸곳　　청교도신앙사

주소　　　서울시 은평구 녹번로3길 2(녹번동)
전화　　　02-354-6985(Fax겸용)
전자우편　smkline@naver.com
등록　　　제 8-75(2012.8.21)

디자인　　백현아
출력,인쇄　예원프린팅

파본이나 잘못된 책은 구입처에서 바꾸어 드립니다.

ISBN 978-89-87472-28-7
값 16,000원